区域创新链质量形成机制及跃迁路径：
基于江苏实践的研究

王文平◎著

科学出版社
北 京

内 容 简 介

区域创新链是创新驱动区域发展的结构支撑，本书在创新理论、灰色系统等相关理论基础上，将建模分析及计算机仿真等定量分析方法引入区域创新链质量管理领域，考虑区域创新链的多阶段、多目标及多资源协同性，从结构性和过程性视角，将区域创新链分解为知识创新、研发创新及产品创新环节，并从创新资源投入、创新资源配置、产出全过程，以及各环节、各阶段间协同关系，界定区域创新链质量内涵，测算区域创新链质量指数，进而基于扩展灰色关联分析，识别促进性和抑制性关键因素，研究区域创新链质量形成机理。最后，针对江苏构建区域创新链实践，提出创新资源驱动与创新产出牵引等不同质量跃迁路径。

本书对区域创新管理、区域创新政策等相关领域的研究人员具有重要参考价值，同时也可作为创新管理、管理科学与工程等专业博士生、硕士生的参考用书。

图书在版编目(CIP)数据

区域创新链质量形成机制及跃迁路径：基于江苏实践的研究/王文平著.
—北京：科学出版社，2023.6
ISBN 978-7-03-072502-8

Ⅰ. ①区⋯ Ⅱ. ①王⋯ Ⅲ. ①区域经济发展-产业链-研究-江苏 Ⅳ. ①F127.53

中国版本图书馆 CIP 数据核字（2022）第 099249 号

责任编辑：徐　倩／责任校对：姜丽策
责任印制：张　伟／封面设计：无极书装

科学出版社 出版
北京东黄城根北街 16 号
邮政编码：100717
www.sciencep.com
北京厚诚则铭印刷科技有限公司印刷
科学出版社发行　各地新华书店经销

*

2023 年 6 月第 一 版　开本：720×1000　1/16
2024 年 1 月第二次印刷　印张：13 1/4
字数：267 000

定价：146.00 元
（如有印装质量问题，我社负责调换）

前 言

一、本书研究的意义

随着新型全球化的深入，高端人才、研发资本、技术等创新资源在全球范围内加速流动与重组，建设高质量区域创新链成为各国抢占未来全球创新制高点的关键举措。与此同时，"一带一路"倡议、"双循环"战略及新发展格局的提出，进一步促进了创新资源跨国界、跨区域地有序自由流动和高效配置，为我国各区域在全球范围内吸聚、配置高端创新资源，打造自主、可控、领先的高质量区域创新链，破解当前区域产业转型升级瓶颈，推动经济高质量发展创造了前所未有的历史机遇。

区域创新链是在政府、企业、高校及科研院所等多主体协同作用下，以在区域内外吸聚、共享及协同配置创新资源为支撑，由知识创新、研发创新及产品创新等不同环节相互作用所构成的动态、可持续的创新系统。从长远战略和未来发展考虑，配置有限创新资源，实现区域创新链的原始创新和核心技术领先、关键产品自主可控等战略目标尤为重要。现有研究大多基于成本-收益框架分析区域创新链或区域创新系统，主要聚焦短期的技术商业应用及产品市场收益，缺乏从基础研究和知识创新源头方面对可持续性区域创新质量的关注，而只有基于基础原理、关键知识环节配置创新资源，才能建立可持续的区域乃至国家的竞争优势，从根本上避免核心技术、关键零部件等潜在的"卡脖子"风险。因此，高质量区域创新链，是在新发展格局下驱动我国各区域经济高质量发展的引擎，研究我国区域创新链质量形成机制及跃迁路径设计，对当前创新驱动我国经济高质量发展具有重要理论意义和应用价值。

改革开放四十多年来，江苏作为中国创新引领发展的典型示范区域，基于比较优势全面融入全球价值链，构建起与快速增长的生产能力相适应的区域创新链。但在当前"一带一路"倡议、"双循环"战略引领的新发展格局下，之前以模仿、引进及跟踪创新为主要特征的江苏创新链，已难以适应江苏经济转型升级和高质量发展的需求。尽管江苏与麻省理工学院、牛津大学等世界著名高校，以及全球大部分国家、地区建立了基础研究和产业研发的合作关系，但由于江苏创新资源吸聚与投入总量有限，基础研究、应用研究、试验发展等不同环节的创新资源存在配置失衡且协同性有待提升，尤其是基础研究投入强度与发达国家相比较低，对研发人员创新积极性激励不足，缺少具有国际影响力的本土创新型跨国企业和具有国际竞争力的品牌和产品等原因，表现出：知识创新环节跟踪模仿多、原始创新少；研发及产品创新环节技术引进多，自主创新少，尤其在半导体加工、电子芯片等领域关键技术对外依存度较高，关键零部件、基础软件等"卡脖子"情形凸显；虽然专利申请量相比其他省份较多，但重点产业关键核心技术的专利、国（境）外专利偏少，总体质量、国际化水平和转化率低等突出问题。因此，构建以注重原始创新推动、核心技术突破及产品创新引领为内涵的江苏创新链，不仅对推动江苏高质量发展，建设开放式创新高地至关重要，而且对提升我国区域创新链发展水平有重要参考价值。

因此，本书在区域创新链及质量内涵界定、结构分析的基础上，解析区域创新链质量形成机制及跃迁路径，并以江苏为对象，从江苏创新链质量测度，创新链关键影响因素识别，江苏创新链跃迁路径设计，以及针对性政策建议和对策措施分析等方面，进行具体的实践研究，有望为提高我国区域创新链质量提供理论、方法支持及现实参考。

二、本书研究的主要过程

本书充分考虑了区域创新链中多创新主体、多创新环节在资源间的竞争性、时间上的序贯性和目标间的冲突性，聚焦区域创新链不同环节的创新资源投入、创新资源配置及产出的协同过程，系统展开研究。首先，在系统综述现有国内外相关研究的基础上，从结构性和过程性视角界定区域创新链质量内涵，进而从创新资源投入、创新资源配置、产出三个阶段，知识创新、研发创新、产品创新三个环节，以及各环节、各阶段间的协同性出发，构建区域创新链质量影响因素指标体系。其次，借鉴前景理论及协同理论，构建各环节、各阶段的质量指数、协同质量指数及区域创新链质量指数；并针对问题特征，建立基于遗传算法的扩展灰色关联分析模型，识别促进性和抑制性关键因素，分析区域创新链质量的形成机制。最后，采用灰色预测模型及影响因素边际效应仿真分析，设计区域创新链质量跃迁的差异化路径。

在针对江苏实践的研究方面，首先，调研、分析重点高校、科研院所、研发机构、典型产业园区、优势产业及独角兽企业等主要创新主体的创新资源投入、配置、利用及创新产出状况，选取能反映区域创新链各环节的创新资源吸聚与投入、配置与利用以及创新成果产出等方面的代表性指标，通过《中国科技统计年鉴》《中国统计年鉴》《江苏统计年鉴》等统计年鉴，科睿唯安"高被引科学家"

等权威榜单,《全球创新指数报告》,中央及地方政府公报,以及《全国技术市场统计年报》等收集相关数据,对江苏创新总体状况和创新链质量现状进行定量评价分析。其次,基于区域创新链、创新链结构及创新链质量内涵,构建包含创新资源投入、创新资源配置、产出三个阶段,知识创新、研发创新、产品创新三个环节,以及各环节、各阶段间协同性的江苏创新链质量形成影响因素指标体系,进而测度2009—2018年江苏创新链各环节、各阶段质量指数、协同质量指数及江苏创新链质量指数,系统地分析江苏创新链中各环节、各阶段的质量现状与变化趋势,并利用基于遗传算法的扩展灰色关联分析模型,识别影响江苏创新链质量形成的促进性、抑制性关键因素,解析质量-环节-影响因素之间的相互作用关系,分析质量形成机制的江苏实践过程。在此基础上,建立灰色预测模型,分析江苏创新链质量指数未来的变化趋势,在各影响因素的不同干预强度及不同干预时间下,仿真分析其对江苏创新链质量指数影响的边际效应,识别江苏创新链质量跃迁的关键影响因素,并结合促进性、抑制性关键因素分析和全球典型区域创新链质量演化过程,从创新要素驱动与创新产出牵引两种视角,双向设计江苏创新链质量跃迁路径。最后,基于2016年至2020年4月由江苏省人民政府、科学技术厅、教育厅、财政厅等部门发布的,与江苏创新链建设密切关联的主要政策文本分析,并针对江苏创新链质量存在的主要问题,以实现江苏创新链质量跃迁为目标,提出有针对性的政策建议与对策措施。

三、本书的主要观点

本书创新性地从结构性和过程性视角出发,将区域创新链的结构划分为知识创新、研发创新与产品创新三个环节,将区域创新质量形成过程划分为创新资源投入、创新资源配置和产出三个阶段,以化解区域创新链多主体间的目标冲突性、多阶段间的时间序贯性及多资源间的配置竞争性;并从三个环节、三阶段及其协同性出发,定量测度区域创新链质量;将区域创新链质量形成视为多创新主体的多目标、多创新资源投入及不同时点的多创新阶段的动态协同过程。而区域创新链质量跃迁,需要从关注短期、单环节收益,转化为关注区域内外部多种创新资源、多创新主体及创新链多阶段间的系统性、整体性及动态优化,进而通过识别既有区域创新链质量形成的促进性和抑制性关键因素,以及未来区域创新链质量的关键影响因素,设计区域创新链质量动态跃迁路径。

在区域创新链质量形成及跃迁路径设计机理的研究基础上,对江苏创新链质量现状及形成机制的实践研究表明了以下内容:①目前在江苏创新链知识创新与研发创新环节上的创新资源投入占比相对较低;知识创新环节产出虽多但重大原始创新成果相对较少，研发创新环节高价值专利占比不高；产品创新环节的科学研究与发展（research and development，R&D）经费投入规模虽大但强度较低。②江苏创新链质量指数在2009—2018年整体呈上升趋势，仅2013年、2018年有小幅下降；不同环节和阶段的质量表现存在差异，其中知识创新环节、研发创新环节创新资源投入质量指数及产品创新环节创新资源配置质量指数呈现下降趋势。③产品创新环节创新资源配置质量抑制了江苏创新链整体质量的形成；知识创新环节创新资源投入质量、知识创新环节创新资源配置质量和江苏创新链协同质量对江苏整体质量形成的促进作用较弱，有待提升；江苏创新链质量形成的促进性关键因素是新产品产出质量、产品创新环节创新人才投入质量和产品创新环节创新人才配置质量，抑制性关键因素是知识创新环节创新资本配置质量和产品创新环节创新资本配置质量。提升江苏创新链质量的关键，在于抓住"一带一路"倡议及"双循环"战略下的发展机遇，聚合区域内外智力、智能和智慧，并高效配置创新资源，重点优化知识创新、产品创新环节的创新资源投入结构，提高创新资源的有效利用率，形成自主、可控、先进的高质量区域创新链。④产品创新环节的创新资本投入质量和创新资本配置质量对江苏创新链质量指数的边际效应较强，是江苏创新链质量跃迁的关键影响因素。⑤针对江苏创新链质量跃迁，从提升各环节创新资源质量的驱动力和创新产出的牵引力出发，提出以下路径：面向江苏创新链整体质量提升，以知识、产品创新环节为核心，提高人才、资金等创新资源的配置和利用效率，激活知识创新及产品创新环节每个"细胞"的创新活力，形成创新资源"内涵高质量、配置高效率"的资源配置效率驱动跃迁路径；面向江苏创新链创新资源投入质量改进，以产品创新环节为重点，依托"一带一路"倡议下沿线各国资源互补、互联互通，发挥企业创新主体作用，提升国际创新资源吸聚能力，重视海外先进技术引进的全球创新资源吸聚增强路径；面向江苏创新链产出质量改进，以提高各创新环节产出质量为目标，通过原创性基础理论、产业关键核心技术等创新成果的产出，结合市场机制形成创新资源积累和利用持续良性循环的创新产出驱动跃迁路径；面向江苏创新链中不同质量的协同改进，通过对多种路径策略的混合应用，还提出了创新资源配置效率驱动-吸聚增强的质量跃迁混合路径、创新资源配置效率驱动-产出牵引的质量跃迁混合路径以及创新资源吸聚增强-产出牵引的质量跃迁混合路径。针对江苏实际，目前以创新资源配置效率优化以及创新资源吸聚为主的创新资源配置效率驱动-吸聚增强的创新链质量跃迁混合路径最优，其中知识创新、产品创新环节的跃迁重点在于提升创新资源利用效率，优化资源配置结构，同时产品创新环节也要通过吸引创业天才和创新人才，培育"隐形冠军"企业，吸引产业领军企业，提升全球创新资源吸聚能力。

为推动江苏创新链质量跃迁，本书从政策目标、政策制定主体、政策作用对象、政策内容设计、政策工具组合、政策执行效果等方面提出以下政策建议：以江苏创新链跃迁为主线，加强不同环节政策目标之间的协同，使知识创新环节的先进性、技术创新和产品创新环节的实用性、营利性等不同目标形成合力，以修补创新链的断裂点；通过优化机构设置、明确权责划分、创新管理职能等加强各层级政策制定部门联动，从简政放权、市场化改革等方面营造全球创新链跃迁的政商环境；强化面向中小企业、"草根"创业者的政策支持，提高政策作用对象的精准性，有效激发江苏创新链创新主体活力；面向江苏创新链跃迁中原始创新自主、关键技术可控、产品创新领先等关键突破点，抓住"一带一路"倡议带来的全球创新资源优化配置机遇，将提升各环节创新资源内涵和配置质量作为政策内容设计要点；以优化江苏创新链创新资源配置质量为重点，发挥财政补贴、税收优惠、平台搭建、海外机构、服务外包等政策工具的组合效应；根据政策重要性合理设置政策执行力度，建立江苏创新链相关政策后评估和动态优化机制。在此基础上，从江苏创新链跃迁本质出发，围绕知识创新由跟踪模仿向原始创新升级、研发创新从技术引进向自主可控转变、产品创新由模仿改进转化为率先突破等目标，有针对性地提出以下对策措施：制订面向重大科学研究与应用目标导向的知识创新发展规划，在科研和产业之间，形成一个完整的知识"流动和增值"链；保障知识创新研发经费的持续加大投入，形成政府财政支持、企业研发投入和社会资金注入等多元化吸聚机制；培育原始创新支撑体系，通过以增加知识价值为导向的薪酬奖励制度改革等，激发知识创新人才活力；积极推行以科学水平与学术贡献为重点的代表作评价制度，建立有利于原创性成果产出的分类评价机制；积极发展江苏与"一带一路"沿线国家间的技术交流与合作，以高层次国际研发创新交流活动为抓手，形成研发创新资源全球整合机制；借助国家科技重大专项和重大工程，在江苏创新链的上下游创新主体间构建水平、垂直交叉的网络化、矩阵式技术创新联盟，重点打造江苏新型、高效的研发机构与创新平台；完善知识产权保护制度，构建以知识产权质量提升与成果转化为目标的评价机制；发挥"一带一路"倡议支撑作用及"双循环"战略引领作用，拓展创新创业基地和人才工作平台的全球发展空间，多渠道吸引海外高层次人才，完善产品创新资源投入机制；以产品创新为导引，围绕江苏产业链部署创新链、资金链和配套政策链，从根本上解决"两张皮"、消除"剪刀差"，构建产品创新率先突破激励机制；建立知识创新环节与产品创新环节的市场导向转换机制、多层次的融资机制、宽容失败的接力机制等，营造开放、协同的创新生态环境，立足于江苏先进制造和智能制造业等优势领域，面向全球创新链的知识创新高效率、研发创新高精尖和产品创新高端化，聚集全球创新资源，推动江苏创新链质量向中高端跃迁。

四、本书的逻辑结构

本书内容包括七章,首先,对全书研究背景、研究目的、研究内容及研究方法进行阐述,提出了本书研究的主要创新之处;其次,对创新链内涵、区域创新链及其质量内涵、结构等进行了概念界定,并从区域创新链质量形成机制、跃迁路径等方面进行文献综述,在此基础上,从区域创新链质量形成及跃迁路径设计机理、江苏创新链质量现状调研及分析、江苏创新链质量形成机制,以及江苏创新链跃迁路径设计四个方面展开研究;最后提出江苏创新链质量跃迁政策建议与对策措施。具体逻辑结构如图 0-1 所示。

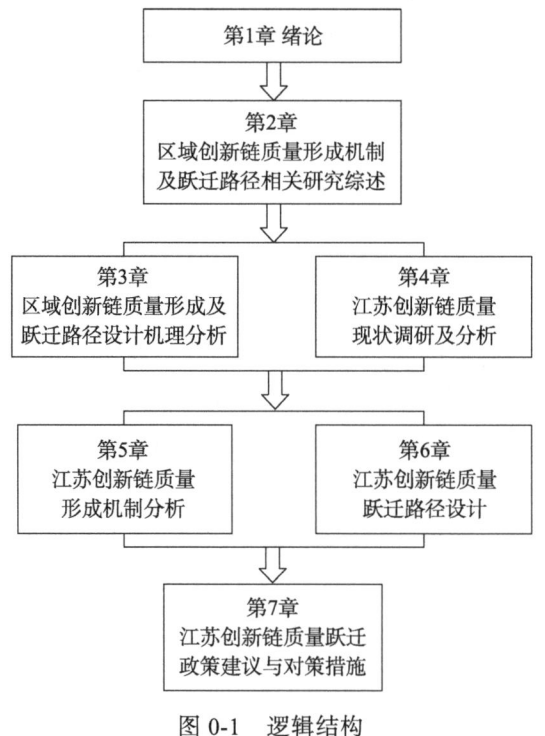

```
第1章 绪论
    ↓
第2章 区域创新链质量形成机制及跃迁路径相关研究综述
    ↓
第3章 区域创新链质量形成及    第4章 江苏创新链质量
跃迁路径设计机理分析           现状调研及分析
    ↓
第5章 江苏创新链质量           第6章 江苏创新链质量
形成机制分析                   跃迁路径设计
    ↓
第7章 江苏创新链质量跃迁
政策建议与对策措施
```

图 0-1　逻辑结构

王文平
2022 年 7 月

目 录

第1章 绪论 ... 1
- 1.1 研究背景 ... 3
- 1.2 研究目的 ... 4
- 1.3 研究内容 ... 5
- 1.4 研究方法 ... 6
- 1.5 主要创新之处 ... 7

第2章 区域创新链质量形成机制及跃迁路径相关研究综述 ... 9
- 2.1 创新链内涵及结构相关研究 ... 9
- 2.2 区域创新链内涵相关研究 ... 10
- 2.3 区域创新链质量内涵相关研究 ... 12
- 2.4 区域创新链质量形成机制相关研究 ... 15
- 2.5 区域创新链质量跃迁路径相关研究 ... 16
- 2.6 文献述评 ... 18

第3章 区域创新链质量形成及跃迁路径设计机理分析 ... 19
- 3.1 区域创新链结构及质量内涵界定 ... 19
- 3.2 区域创新链质量指数构建 ... 24
- 3.3 区域创新链质量形成的关键因素识别 ... 33
- 3.4 基于区域创新链质量指数预测及影响因素干预的跃迁路径设计 ... 38

第4章 江苏创新链质量现状调研及分析 ... 43
- 4.1 江苏创新总体现状 ... 43
- 4.2 江苏创新链内涵与结构分析 ... 58
- 4.3 江苏创新链创新资源投入质量现状 ... 60
- 4.4 江苏创新链创新资源配置质量现状 ... 69

4.5 江苏创新链产出质量现状 ·· 76

第 5 章 江苏创新链质量形成机制分析 ·· 86
5.1 江苏创新链质量形成机制发展历程 ·· 86
5.2 江苏创新链质量指数构建 ·· 89
5.3 江苏创新链质量形成关键因素分析 ·· 97
5.4 质量–环节–影响因素相互作用分析 ·· 106

第 6 章 江苏创新链质量跃迁路径设计 ·· 111
6.1 江苏创新链质量指数预测及影响因素边际效应分析 ·· 111
6.2 典型区域创新链质量跃迁路径对比分析 ·· 119
6.3 创新资源驱动路径与创新产出牵引路径设计 ·· 124

第 7 章 江苏创新链质量跃迁政策建议与对策措施 ·· 130
7.1 江苏创新链质量形成相关政策现状调研 ·· 130
7.2 政策建议 ·· 153
7.3 对策措施 ·· 157

参考文献 ·· 166

附录 ·· 172

  附录 A 江苏创新链质量影响因素指标体系构建的调查问卷 ·· 172

  附录 B 江苏创新链质量影响因素原始数据（2009—2018 年） ·· 177

  附录 C 江苏创新链质量指数测算结果数据（2009—2018 年） ·· 180

  附录 D 江苏创新链质量灰色关联分析结果数据（2009—2018 年） ·· 181

  附录 E 江苏创新链质量影响因素灰色预测数据（2019—2023 年） ·· 182

  附录 F 江苏创新链质量指数预测数据（2009—2023 年） ·· 185

  附录 G 江苏创新链质量边际效应前 5 项、前 10 项以及前 15 项影响因素
     干预模拟结果（2019—2023 年） ·· 186

  附录 H 江苏创新链质量跃迁路径仿真结果（2019—2023 年） ·· 187

  附录 I 江苏创新链主要相关政策汇总 ·· 189

  附录 J 创新政策工具分类 ·· 199

第 1 章

绪 论

实践唯物主义认为，创新包含在人类物质资料的生产与再生产，以及社会生产、生活方式的全部历史之中，表现为生产力、生产关系、社会制度的不断变化与更新。纵观人类发展历史，创新始终是一个国家、一个民族发展的重要力量，也是推动人类社会进步的重要力量。中华民族曾经在天文历法、数学、农学、医学等诸多领域取得举世瞩目的成就，以四大发明为首的发明创造为推动世界文明做出了巨大贡献，因而成为世界各国学习的榜样。然而，当英国、美国、德国等国家分别通过第一次、第二次工业革命成为全球领航者时，清政府的骄傲自满与闭关锁国导致中华民族与世界脱轨，由此我国历经了一个多世纪的深重苦难，直到新中国的成立。改革开放以来，我国实现了从站起来、富起来向强起来的转变，成功走完现代化建设的"前半程"，积极参与全球产业分工，综合国力显著增强。但是这一成就的取得主要依靠的是要素驱动和投资驱动，随着人口红利消退以及与世界前沿科技水平差距的缩小，我国面临着发达国家先进技术和发展中国家低成本竞争的双重挤压，过去建立在简单劳动力、自然资源等初级生产要素基础之上，以高投入、高消费、高污染为特征的粗放型经济发展模式已难以支撑发展需求，改革随之进入深水区与攻坚区，亟须以创新作为引领发展的第一动力，点燃创新驱动新引擎，突破经济发展中的瓶颈，化解深层次矛盾，以此加速经济增长方式的转变，实现经济健康可持续发展。

区域经济学和新经济地理学学科的发展表明区域，而非国家，才是创新的实际空间单位。即使在一国内部，创新也同样呈现出非均衡性特征。以我国为例，经济区域按六大综合经济区可分为东北区（辽、吉、黑及内蒙古东部）、黄河中下游经济区（京、津、冀、鲁、内蒙古中西部、晋、豫）、长江中下游区（沪、苏、浙、皖、赣、鄂、湘）、东南沿海区（闽、粤、桂、琼、港、澳）、西南区（川渝、滇、黔、藏）和西北区（陕、甘、青、宁、新）；按九大都市圈可划分为吉黑都市圈（以长春、哈尔滨为中心）、沈大都市圈（以沈阳、大连为中心）、京津冀都市圈（以北京、天津、石家庄为中心）、济青都市圈（以济南、青岛为中心）、长江中下游都市圈（以南京、扬州、合肥为中心）、上海大都市圈（以上海、苏州、无锡、常州、宁波、杭州为中心）、珠江三角洲都市圈（以广州、深圳、珠海为中心）、湘鄂赣都市圈（以武汉、长沙、南昌为中心）和成渝都市圈（以成都、重庆为中心）。其中每个经济区域都有不同的定位，例如京津冀都市圈建设旨在有序疏解北京非首都功能，使其全国政治中心、文化中心、国际交往中心、科技创新中心等核心功能更加优化；珠江三角洲都市圈的战略定位则为深化改革先行区、扩大开放的重要国际门户、世界先进制造业和现代服务业基地等。由于高端创新资源的稀缺性，区域间围绕创新进行合理的分工合作，能够使其得到最高效的利用，最大化整体产出，从而优化国家的宏观经济布局与整体经济发展。

　　链路思想在研究问题中的运用已普遍存在于生物学、自然科学、管理学等各门学科之中，例如生物链、供应链等。创新同样是由原始创新思想产生、研究成果转化和创新产品实现等一系列相互关联的创新活动组成的链式系统，前一阶段的创新产出会对后一阶段的创新活动产生影响，由此产生了创新链的概念。区域创新链是指区域层面的创新链，即以吸聚、共享及配置创新资源为支撑，由知识创新、研发创新及产品创新等不同环节相互作用所构成的区域创新系统，是国家创新体系的重要组成部分。而自改革开放以来，我国通过承接发达国家产业转移，吸引外部资本和技术，利用低成本优势参与全球产业链分工，提高技术进步水平和产品生产能力，形成了以模仿式创新、跟随式创新、消化吸收再创新为主要特征的区域创新系统。随着人口红利、资本红利、环境红利和制度红利的逐步释放，我国经济正在进入以增速调整、结构优化、动力转换为主要特征的经济发展新常态，亟须从要素驱动向创新驱动、从追赶型经济向创新型经济转变。党的十九大报告指出中国经济已由高速增长阶段转向高质量发展阶段，高质量发展的关键，是提高创新质量，是构建起以原始创新、突破式创新为核心的高质量区域创新链。因此，构建自主、可控、领先的高质量区域创新链，是驱动区域及国家层面经济高质量发展的引擎，而提升创新资源投入、配置及产出全过程质量是支撑区域构建以创新自主、核心技术可控为内涵的高质量创新链的关键。同时，知识创新、研发创新及产品创新的创新方式、水平及各环节间的协同状态，决定了区域创新链质量。

　　江苏作为全国首个创新型省份建设试点省，牢记为全国探路的职责使命，面向科技前沿和重大创新需求，积极展开战略部署，争当高质量发展表率，并取得了一系列显著成效。据统计，全国15.1%的领跑技术分布在江苏，全省生物医药、航空航天、新能源等重点行业产值增幅也十分可观；但与此同时，发展阶段的转变也让江苏的短板越发凸显，例如缺乏自主创新、技术受制于人、产业低位徘徊、实体经济动力衰减等。基于此，本书深入探讨区域创新链质量形成机制及其跃迁路径，并以江苏为对象进行实践层面的应用研究，具有重要理论意义、现实意义和应用价值。

1.1 研究背景

进入 21 世纪以来，以新一代信息技术为首要驱动力的新一轮科技革命和产业变革蓄势待发，高端人才、研发资本等创新资源在全球范围内加速流动与重组，各国通过不断加强信息技术、数字技术等融合创新，抢占未来全球创新制高点。2008 年金融危机之后，资本主义国家主导的全球化模式矛盾日益凸显，单边主义、逆全球化思潮不断涌现。与此同时，秉承构建人类命运共同体的理念，中国提出"一带一路"倡议，以及加快构建以国内大循环为主体、国内国际双循环相互促进的新发展格局，不仅为我国通过国际、国内资源循环耦合、互联互通，促进创新要素有序自由流动、资源高效配置，创造了前所未有的历史机遇，也对我国区域创新链的构建提出了更高要求。

区域创新链指以跨区域吸聚、共享及配置创新资源为支撑，由知识创新、研发创新及产品创新等不同环节相互作用所构成的创新系统。自主、可控、领先的高质量区域创新链，是驱动区域经济高质量发展的引擎，知识创新、研发创新及产品创新的创新方式、水平及各环节间的协同状态，决定了区域创新链质量；在更大范围内吸聚、配置高端创新资源，是支撑区域构建以创新自主、核心技术可控并引领为内涵的高质量创新链的关键。因此，识别影响区域创新链质量提升的关键因素，并提出促进区域创新链中知识创新环节由跟踪模仿向原始创新升级、研发创新环节从技术引进向自主可控转变、产品创新环节由模仿改进转化为率先突破的区域创新链质量跃迁路径，对推进区域高质量发展，具有重要的理论意义与应用价值。

江苏作为我国经济和制造业大省，既是我国经济由要素驱动向创新驱动转型和高质量发展的先行者，也是"一带一路"倡议实践的引领者。改革开放四十多年来，江苏基于比较优势全面融入全球价值链，构建起与快速增长的生产能力相适应的区域创新链，但是其以模仿、简单引进及跟踪创新为主的特征注定无法满足江苏经济转型升级与高质量发展的需求，突出表现在：知识创新环节跟踪模仿多、原始创新少；研发创新环节技术引进多、自主创新少（尤其是在半导体加工、电子芯片等领域关键技术对外依存度高，关键零部件"卡脖子"现象严重），专利虽多但总体质量、国际化水平和转化率低[2017 年，江苏专利申请总量超 400 万件、专利授权总量超 200 万件，成为全国首个发明专利申请总量突破 100 万件的省份，但是重点产业关键核心技术的专利、国（境）外专利较少，例如 2017 年全省专利产业化率为 33.8%，仍不够活跃；2018 年江苏专利合作条约（Patent Cooperation Treaty，PCT）专利申请数为 0.55 万件，仅为广东省的 21%]。制约江苏构建知识创新环节高效率、研发创新环节高精尖、产品创新环节高端化的高质量区域创新链的深层次原因主要包括：在全球范围内流动、配置的前沿性和活性创新资源不足；有效研发投入不足和高端研发人员缺乏；以及创新链各环节存在资源错配和协同性较低等问题。具体而言，尽管江苏与全球很多国家、地区及机构（如麻省理工学院、牛津大学等世界著名学府）建立了科技合作关系，但由于缺少具有国际影响力的本土创新型跨国企业，以及创新资源投入的提升空间较大（2018年江苏的R&D经费投入强度为2.7%，而北京、上海分别达到6.17%和4.16%），导致未能有效地在全球范围内吸聚和配置创新资源，创新的国际化水准亟待提高。同时，江苏在基础研究、应用研究和试验发展等环节存在资源错配和协同不足现象，如2017年三个环节的R&D人员全时当量占比为3.41%、5.69%和90.9%，专利的总体实施率为47.3%。如何抓住"一带一路"倡议及"双循环"新发展格局下的历史机遇，基于信息技术、数字技术的连接和融合，高效地配置创新资源，解决江苏在关键产业环节存在的核心技术缺失和自主创新能力亟待提高等问题，是江苏当前破解转型升级瓶颈、推动经济高质量发展的关键。因此，调研分析江苏创新链不同环节创新资源丰度、全球化吸聚配置及各环节协同状态，评价、动态监测江苏创新链质量现状，把握江苏创新链质量水平及主要存在问题，识别影响江苏创新链质量提升的促进性和抑制性关键因素，并提出促进江苏创新链质量跃迁的路径，对推进江苏高质量发展、建设开放式创新高地，具有重要的现实意义。

1.2　研究目的

（1）区域创新链是创新驱动区域发展的结构支撑，高质量的区域创新链是构建高质量国家创新系统的关键。本书从结构性、过程性视角，界定区域创新链质量内涵，测算区域创新链质量指数，研究区域创新链质量形成机理，从提升区域创新链质量的维度，为我国建设高质量的国家创新系统提供新视角。

（2）在对区域创新链内涵及其质量相关文献进行综述的基础上，从结构性和过程性视角界定区域创新链质量内涵；借鉴前景理论中的参照依赖与损失规避假设，提出区域创新链质量的测度方法；通过扩展灰色关联分析公理体系，建立扩展灰色关联分析模型，解析区域创新链质量形成机制，为区域高质量发展提供理论支撑。

（3）以江苏创新链为研究对象，对近年来江苏创新链质量进行现状分析与质量指数测算，识别其促进性、抑制性关键因素；构建区域创新链质量影响因素边际效应模型，筛选出边际效应较高的江苏创新链质量影响因素，并借鉴典型区域创新链的演进模式，提出适合江苏创新链质量跃迁的路径；面向江苏创新链质量跃迁路径，在对当前相关政策体系进行梳理及量化分析后，针对其不足之处提出相应的政策建议和对策措施，为江苏及其他区域有关部门制定提升区域创新链质量的政策提供理论依据与决策支持。

1.3 研究内容

本书围绕区域创新链质量形成机制及跃迁路径展开，主要研究内容包含以下几点。

（1）区域创新链质量形成机制及跃迁路径相关研究综述。对有关区域创新链内涵和结构，区域创新链质量内涵、形成机制和跃迁路径的相关研究进行系统的归纳与总结，理清当前研究的理论背景与理论演化进程，为从结构性和过程性视角界定区域创新链质量内涵，构建区域创新链质量影响因素指标体系，测算区域创新链质量指数，识别促进性和抑制性关键因素，分析区域创新链质量形成机制，并设计质量跃迁的路径奠定理论基础。

（2）区域创新链质量形成及跃迁路径设计机理分析。首先，从结构性和过程性视角界定区域创新链结构及质量内涵，通过文献研究和专家调查，构建包含区域创新链创新资源投入质量、创新资源配置质量、产出质量三个维度的区域创新链质量影响因素指标体系；其次，借鉴前景理论及协同理论，构建区域创新链质量指数及协同质量指数，进而建立基于遗传算法的扩展灰色关联分析模型，测算区域创新链质量影响因素的灰色关联系数，识别促进性、抑制性关键因素，分析区域创新链质量的形成机制；最后，基于灰色预测模型对区域创新链质量的影响因素进行边际效应分析，识别边际效应较高的影响因素，进而设计区域创新链质量的差异化跃迁路径。

（3）江苏创新链质量现状调研及分析。重点对江苏创新链的发展现状进行调研与分析，为后续明确江苏创新链质量内涵及质量指数构建提供现实依据。首先，基于优劣势（strength-weakness-opportunity-threat，SWOT）分析法调研江苏创新的总体现状；其次，结合第 3 章中区域创新链质量内涵以及江苏实际情况，分析江苏创新链结构及质量内涵；在此基础上，基于《中国科技统计年鉴》《中国统计年鉴》《江苏统计年鉴》等统计年鉴，科睿唯安"高被引科学家"等权威榜单，《全球创新指数报告》，中央及地方政府公报，以及《全国技术市场统计年报》等中的相关数据，分别从江苏创新链知识创新、研发创新及产品创新三个环节的创新资源投入质量、创新资源配置质量和产出质量三个方面，对江苏创新链质量现状展开具体分析。

（4）江苏创新链质量形成机制分析。首先，分析江苏创新链质量形成总体状况；其次，根据第 3 章区域创新链质量影响因素指标体系及区域创新链质量指数构建方法，构建江苏创新链质量指数，通过《中国科技统计年鉴》《中国统计年鉴》《江苏统计年鉴》等统计年鉴，中央及地方政府公报等收集相关数据，计算2009—2018年江苏创新链质量指数；最后，基于遗传算法-扩展灰色关联分析模型计算各个影响因素的灰色关联系数，识别江苏创新链质量形成的促进性、抑制性关键因素，分析质量-环节-影响因素的相互作用关系。

（5）江苏创新链质量跃迁路径设计。基于江苏创新链质量指数的灰色预测模型和影响因素边际效应分析，预测江苏创新链质量指数的未来变化趋势，识别未来江苏创新链质量提升的关键影响因素，进而通过对比分析全球典型区域的创新链质量演化路径，并结合第5章既有江苏创新链质量形成的促进性、抑制性关键因素，从创新要素驱动与创新产出牵引两种视角，设计江苏创新链质量的差异化跃迁路径。

（6）江苏创新链质量跃迁政策建议与对策措施。根据当前江苏创新链质量存在的问题与质量跃迁路径的设计，从江苏创新链质量跃迁本质出发，以知识创新由跟踪模仿向原始创新升级、研发创新从技术引进向自主可控转变、产品创新由模仿改进向率先突破转化为目标，有针对性地提出政策建议与对策措施。

1.4 研究方法

本书综合运用定性与定量的研究方法，具体如下。

（1）文献研究法。首先，系统综述现有区域创新链质量形成机制及跃迁路径的相关研究成果。具体地，对创新链、区域创新链内涵，以及区域创新链质量测算、区域创新链质量形成机制和跃迁路径等相关领域的文献资料进行搜集、整理及系统综述。其次，结合历年《全球创新指数报告》《中国区域科技创新评价报告》《中国区域创新能力报告》等对区域创新链质量的评价框架及指标，构建区域创新链质量影响因素指标体系；最后，调研分析2016年至2020年4月由江苏省人民政府、科学技术厅、教育厅、财政厅等部门发布的，与江苏创新链建设密切关联的171条主要政策文本及政府年度工作报告等，解析江苏创新链质量的现状。

（2）对比分析法。为分析江苏创新链质量现状，本书运用国内典型省份间的横向对比，以及江苏省创新链质量相关指标在时间维度的纵向分析方法，具体地，通过纵向对比江苏2010—2018年的R&D经费内部支出等相关指标，分析江苏创新链在创新资源投入质量方面的发展状况等。此外，为研究江苏创新链质量跃迁路径，采用对比分析法，分析国外典型区域创新链质量跃迁路径。具体地，选取创新资源吸聚能力突出的美国旧金山湾区、具有产学研一体化优势的德国巴登-符腾堡州、依靠二次创新迅速崛起的日本首都圈这三大区域的创新链质量跃迁路径作为具体研究对象，对比分析三者创新链质量跃迁路径的主要特点，为江苏创新链质量跃迁路径设计提供现实参考。

（3）实证研究法。本书通过《中国科技统计年鉴》《中国统计年鉴》《江苏统计年鉴》等统计年鉴，科睿唯安"高被引科学家"等权威榜单，《全球创新指数报告》，中央及地方政府公报，以及《全国技术市场统计年报》等收集相关数据，测算 2009—2018 年江苏创新链质量指数、各个影响因素的灰色关联系数和灰色关联度，识别促进性、抑制性关键因素。具体地，通过实证研究方法，系统分析江苏创新链各环节、各阶段的质量现状与变化趋势，明确当前江苏创新链质量存在的主要问题，为分析区域创新链质量形成机制及跃迁路径提供理论支撑。

（4）建模仿真法。在对江苏创新链质量指数测算、关键因素识别的实证研究的基础上，本书采取建模仿真方法，以江苏创新链质量指数提升为目标，设计江苏创新链质量跃迁差异化路径。具体地，将江苏创新链作为一个复杂协作系统，分析其发展变化的内在规律，进而对创新链质量跃迁模拟仿真，即模拟在不同干预强度和干预时间下各个影响因素的边际效应，进而仿真干预后的江苏创新链质量指数的发展变化情况，以此识别江苏创新链质量边际效应高的影响因素，为质量跃迁路径的设计提供参考；再基于模拟仿真方法，对比不同跃迁路径对江苏创新链质量的提升效果，为差异化跃迁路径选择、政策建议及对策措施制定提供理论支撑。

1.5 主要创新之处

本书主要创新之处如下。

（1）充分考虑区域创新链多主体间的目标冲突性、多阶段间的时间序贯性以及多资源间的配置竞争性，创新性地从结构性和过程性视角，将区域创新链划分为知识创新、研发创新与产品创新三个环节，将区域创新质量形成过程分为创新资源投入、创新资源配置和产出三个阶段，进而将区域创新质量形成视为多创新主体的多目标、多创新资源投入、不同时点及多创新阶段的动态协同过程；区域内外部多种创新资源、多创新主体及创新链多阶段间的系统性、整体性及动态协同优化，决定了区域创新链质量的跃迁，从而突破现有研究和实践中存在的关注短期、单环节收益的局限。

（2）提出实现区域创新链质量跃迁的本质是促进知识创新、研发创新和产品创新三个环节以及创新资源投入、创新资源配置和产出各阶段间协同作用下的整体性、动态性系统优化，进而将区域创新链质量作为各阶段、各环节质量的协同集成，同时借鉴前景理论和协同理论创新性地构建了区域创新链质量指数，为深入分析区域创新链及其各环节、各阶段质量的变化趋势提供了量化分析工具。

（3）拓宽了灰色关联分析公理体系，提出扩展灰色关联分析模型，以克服现有模型无法将系统正向关联与负向关联因素纳入同一分析框架的缺陷,并将遗传算法与所提出的扩展灰色关联分析模型相结合,构建了遗传算法–扩展灰色关联分析模型,并基于所构建的模型分析既有区域创新链质量形成的促进性和抑制性关键因素,揭示了区域创新链质量形成的内在机理。

(4)针对区域创新链质量形成的动态性,构建 GM(1,1)灰色预测模型,预测区域创新链动态变化趋势,基于各环节、各阶段影响因素对质量指数的边际效应进行仿真分析,识别未来区域创新链质量跃迁的关键影响因素;并结合区域创新链质量形成的促进性和抑制性关键因素,设计区域创新链质量跃迁路径,克服了现有相关研究和实践中存在的针对单一时点进行静态分析的局限。

(5)针对当前江苏创新链中基础研究原始创新不足、集成电路等产业部分关键核心技术缺失、产品率先突破性创新较少等突出问题,提出江苏创新链质量跃迁的关键是知识创新环节由跟踪模仿向原始创新升级、研发创新环节从引进模仿向自主可控转变、产品创新环节由模仿改进转化为率先突破;并从增强创新资源投入及配置质量的驱动力和创新产出的牵引力出发,提出不同情景下江苏创新链质量的差异化跃迁路径,以上是江苏实践研究的创新。

第 2 章

区域创新链质量形成机制及跃迁路径相关研究综述

为把握区域创新链质量相关领域的研究现状,本章针对现有创新链、区域创新链的内涵和结构,以及区域创新链质量的内涵、形成机制和跃迁路径的相关研究进行系统的归纳与总结,理清当前研究的理论背景与理论演化进程,为本书后续分析区域创新链结构与质量内涵,研究区域创新链质量影响因素并构建质量指数,进而设计质量跃迁路径等奠定研究基础。

2.1 创新链内涵及结构相关研究

"创新"(innovation)一词最早由美籍奥地利经济学家熊彼特(Schumpeter)于 1912 年提出,他认为创新是在生产体系中引入一种生产要素的新组合,引起生产函数的变动,以获取潜在利润[1]。这种新组合包括新产品、新技术、新市场、原材料的新供应来源和新创新资源投入。与"发明"(invention)不同,创新不是单纯地属于技术范畴,还属于经济范畴,它不仅是指科学技术上的发明创造,更是指把已发明的科学技术引入到企业,并形成一种新的生产能力,因此创新也被称为"创造性的破坏过程"。直到 20 世纪五六十年代,由于凯恩斯主义已无法解释现有问题,熊彼特的创新理论才开始被理论界逐渐重视。随后,Solow[2]和 Romer[3,4]等学者将技术创新引入到新古典经济增长模型中,不断丰富其理论内涵。创新环境的剧烈变化,又推动着创新范式从线性到非线性、从封闭到协同、从独立到系统的嬗变[5]。20 世纪 70 年代《工业经济的创新》[6]的出版标志创新经济学的诞生,该学科将创新看作专业化模式、贸易和经济长期差异背后的首要因素,侧重研究技术创新的扩散、技术创新的轨道和范式等理论问题,并衍生出创新系统理论[7]。在之后不断的实践中,又形成了企业创新系统、国家创新系统、区域创新系统、产业创新系统等系统范式[8]。

创新链的概念最早由 Visvanathan[9]于 1977 年提出,被认为是"创新过程中各个活动组成的链条"。运用链的思路来研究问题已十分广泛,如生物链、供应链、产业链、价值链、信息链等,蕴涵着系统(或体系)的分析思路。吴晓波和吴东基于创新的涵盖范围——新思想、新发明的产生,新产品的设计开发,新的生产流程,新的营销策略和新市场的开发扩散等,认为创新链是创新中"环环相扣的一系列职能活动的序列集合"[10]。

学者对创新链结构的划分大多是依据对创新全过程的分析,大致包含两种划分方法:①从技术开发到产品扩散。《奥斯陆手册》中提出创新是通过开发新技术将其转化成生产力和成果并扩散的全过程[11];吴晓波和吴东也提出创新的本质包含了从技术走向市场,并创造出商业价值的整条链[10]。②从知识收集到产品扩散。较早提出"创新价值链"的 Hansen 与 Birkinshaw[12]认为创新的实质在于通过资源、信息和能力的整合实现价值增值,并将其过程划分为创意的产生、创意的转换和创意的传播三个阶段。兰海[13]认为要将创新投入到产业链中,转化为生产力,即把消费需求转化为供给能力。廖理等[14]以产业创新为例,认为创新链始于基础性创新,后趋于改良性创新;当改良性创新趋于稳定之后,创新链的增长来自可以拓展市场的营销创新;重大的技术突破又再次带来根本性变化,打断原来的创新进程。综上所述,创新链结构的划分基本遵循:知识创新环节,主要产出新的科学原理,与基础研究相对应;研发创新环节,主要产出新的技术,与应用研究相对应;产品创新环节,主要产出新的产品,与试验发展相对应[15~18]。关于创新链的相关研究大致可划分为四个阶段,其中第一阶段认为,创新链是发端于基础科学研究终于商业化应用的正向线性创新链;第二阶段认为,创新链是更强调市场的反向反馈线性创新链;随着创新行为的增多和复杂化,第三阶段认为,创新链趋于非线性化,且与创新链的投资和公司战略密切相关;在跨企业边界、跨产业部门的新的商业环境下,第四阶段形成了循环创新链模式,组织的边界变得更加开放,创新链中的不同环节被打散并系统整合,有利于组织的持续变革。

2.2 区域创新链内涵相关研究

在地理学中,"区域"是指有明确边界的地域空间,包括自然、人文、经济等区域。Cooke[15]对国家创新系统(national innovation system,NIS)进行改进,认为针对区域维度研究是至关重要的,并首次提出"区域创新系统"(regional innovation system,RIS)概念,将它定义为企业及其他机构经由以根植性为特征的制度环境所形成的交互学习系统。随着全球一体化和国际边界的日益模糊,Ohmae[16]认为区域取代国家,成为真正意义上的经济利益体,区域之间的差异导致许多创新政策与制度需要落实到区域层面,而无法统一到国家层面[17]。王松等[18]

指出区域创新链在创新系统理论中起到衔接宏观层面和微观层面的作用，并结合参与主体、资源支撑、对象范围和创新产出四方面界定了区域创新链的内涵。

江苏创新链指具体到江苏省这一层面的区域创新链，是我国国家创新系统中重要且不可或缺的一部分。2006年我国提出建设创新型国家的战略，随后江苏也提出要率先建成创新型省份，通过创新破解发展难题[19]。自2013年"一带一路"倡议实施以来，参与"一带一路"海陆交汇点建设更是为江苏与世界各地的创新合作提供了广阔的平台，合作形式多样，合作领域广泛，合作内容也不断深化[20]。对于江苏创新链的现状有不少学者进行了研究，其中部分文献仅针对江苏创新链的某一环节进行现状分析。首先，在创新资源的吸聚与投入环节，有文献从人才总体规模、人才行业分布、人才创业生态体系等方面分析了江苏"一中心"建设的人才现状，指出江苏人才基础较好，但存在高层次创新人才不足、自主创新能力较弱、人才国际化水平不高且对本土人才吸引力不强等瓶颈，人才管理理念、产业层次以及服务体系等方面也存在不足[21]。也有学者从创新战略定位、创新资本、先进技术、高端人才等方面出发，对北京、上海、广东、江苏、浙江三省两市的全球创新资源要素的引进和利用情况进行比较分析，并指出江苏在整合全球创新资源上存在的问题和不足[22]。其次，在创新资源配置环节，现有文献主要是从创新资源配置效率及创新组织机构和创新项目等配置结构展开。在创新资源配置效率方面，有学者选取科技资源投入、科技成果转化、科技社会贡献以及科技创新环境四个维度，基于因子分析法横向对比了2016年我国各省市的科技资源配置水平，发现江苏的投入仅次于上海，但是创新创业氛围、创新成果产出以及配套服务相比北京、上海和广东还有较大提升空间[23]。在创新组织机构方面，有学者分析了江苏重大创新平台建设的现状，指出了其数量与规划布局都相对落后的短板，为"十四五"期间追赶差距提出了健全机制、设立专项资金等政策建议[24]。有学者基于协同创新理论，对2015年江苏、广东两省共166家高校的资源投入与科技成果转化数据进行回归分析，发现江苏高校的资源投入效率高于广东高校，且政府资源对江苏高校的正向作用也显著强于广东高校[25]。也有课题组通过问卷调查和人员访谈，调研江苏22家代表性高新技术企业各自的创新发展制约因素[26]。在创新合作项目方面，有研究基于广义分位数回归法分析2000—2017年省级跨区域合作的面板数据，认为江苏所属的一类地区（还包括北京和上海）中高校的创新资本投入只对具有中等创新能力的高校的创新产出产生正向显著影响，因此，江苏高校应注重产学合作质量，优先选择与本校优势学科和重点发展领域相关的项目，且应努力克服重科技论文发表而轻科研成果转化的倾向；企业需杜绝短期投机行为，深入参与产学合作；政府在加强对高校创新的宏观引导的同时应减少直接干预[27]。最后，在创新成果产出环节，现有文献一般以科技论文指标代表区域的知识创新水平,例如,从国内论文发表数、国外论文发表数、论文被引数和论文所在学科等定量方面进行考量[28],也有学者提出结合引用内容评价、引用位置等进行综合考量[29]。有学者仅针对技术创新成果进行现状分析,从江苏高校近年来申请专利的趋势、申请专利种类构成、PCT 专利等方面,发现 2015 年江苏高校中表现突出的主要是部属高校,其原始创新能力较强、注重成果转化,但是专利价值还有待提高[30]。

另一部分研究面向的则是江苏创新链整体。有学者从科技人才规模、科技人才结构、科技人才开发投入、科技人才创新成果产出和科技人才环境这 5 个维度构建区域科技人才竞争力评价指标体系,并使用主成分分析进行指标筛选,基于 2015 年的数据得到江苏科技人才综合竞争力位居全国前列的结论[31]。也有学者采用主成分分析、相关分析、对比分析等方法,基于 2012 年的数据从创新投入、产出和环境 3 个维度发现江苏处于相对领先位置,但和北京、上海差距显著,仍需整合相对优势资源,加强基础研究和应用研究,实现创新投入、产出与环境间的良性互动[32]。还有学者采用耦合协调度评价模型从时空两维度对我国东、中、西部中 11 个省区市的区域经济、科技创新与科技人才三大子系统在 2008—2017 年的耦合协同关系进行分析,研究指出,江苏省的三大子系统间的协调度为 0.777,为中级协调等级,反映出江苏整体处于较高的协调发展水平阶段;且三大子系统形成了相互促进的良性循环,适合实施创新发展战略[33]。另外有研究将区域创新系统分解为两个相互关联的创新链型子阶段(科技研发子阶段、经济转化子阶段),构建 DEA(data envelopment analysis,数据包络分析)模型并将江苏(2007—2009 年)与 5 个 R&D 投入相当的国家(2004—2006 年)进行对比,发现江苏在这两个创新链型子阶段都有较大提升空间,但它们之间的协同是较强的[34]。

2.3　区域创新链质量内涵相关研究

质量(quality)的概念最早可追溯到《周礼·冬官考工记·总叙》中的"天有时,地有气,材有美,工有巧,合此四者,然后可以为良",即产品的固有特性符合工匠经验的程度。20 世纪初,工业革命带来生产力的巨幅提升,科学管理之父泰勒在企业内部将管理功能分离出来,指派专人去指导工人并检测半成品、成品的合格情况,此时的质量被提升至一种科学概念,可以理解为产品的固有特性符合技术标准的程度[35]。20 世纪 20 年代,美国贝尔电话实验室的工程师休哈特将数理统计方法用于预防产品缺陷,他认为质量不仅体现在独立于人的客观存在上,也体现在人对客观真实的主观思考与感受上。20 世纪 50 年代,美国通用电气公司的费根堡姆和质量管理专家朱兰、戴明等先后提出全面质量管理(total quality management，TQM）的思想，旨在以顾客满意最大化为导向开展产品设计、生产、运营等活动，同时使企业获利，强调全组织、全员、全过程参与。费根堡姆认为"质量并非意味着最佳，而是客户使用和售价的最佳"；朱兰提出"质量是一种适用性，即产品在使用期间能满足使用者的要求"；戴明也认为"质量不是来自于检验，而是来自于过程的改进"。上述研究中质量意味着既要使产品线全过程符合标准规范，保证产品自然固有特性优秀，也要使产品能满足直接顾客的需求和组织内部的利益。二战后日本经济的腾飞离不开符合其国情的质量管理理念的运用。石川馨[36]将质量与公司经营紧密联系在一起，认为质量包含四个方面：狭义的质量特性（性能、纯度、尺寸等），和成本、价格有关的特性（损耗、生产效率、原材料费等），和量、交货期有关的特性（生产量、销售量、库存量等），以及产品出厂后的跟踪特性（安全性、产品责任、可靠性等）。而田口玄一则创造了田口方法，其根据商品卖出后给顾客或社会带来的损失来衡量质量。此后，质量越来越受关注，应用范围也由最初仅面向企业的产品领域，逐渐延展至其他组织及服务、环境、制度、工程等各个领域，内涵不断得到丰富，并形成了"大质量"的概念[37]。

在诸多质量内涵界定中，克劳斯比提出"质量就是符合要求"，并应不断地加以衡量以确保其符合相应的要求，由此厘清质量问题的边界，被学界认为是经典的质量管理基本理念[38]。国际标准化组织（International Organization for Standardization，ISO）也在此基础上结合实践，给出了普遍适用的质量概念：一组固有特性满足需求的程度。其中，固有特性指存在于质量载体本身且区别于其他事物的特征；需求包括（组织、顾客及相关方）明示的、通常隐含的或必须履行的需求或期望，不同的相关方有不同的需求，在不同的时间需求也会动态改变[39]。并且 ISO 9000 族标准还区分了产品质量、过程质量和系统质量，这是本书后文中界定区域创新链质量及其评价指标体系的重要参考。

在衡量产品质量的相关研究中，有学者选取技术复杂度或单位价值来测算出口产品的质量[40,41]。而施炳展和邵文波指出技术复杂度只强调技术特性不同，产品质量更强调产品内的垂直差异（如高端鞋子较低端鞋子有更高的舒适度），并参考之前学者提出的产品质量包括产品客观特性（如耐用性、安全性、兼容性等）、由口碑、广告、历史等因素形成的社会特性（品牌信任度、品牌忠实度、品牌社会地位等）以及消费者从产品中获得的某种心理和视觉满足感（产品设计的美观度等），构建计量模型并得出企业最优产品质量由需求量、固定投入效率和生产效率所决定的结论[40]。

在过程质量的衡量方面，有学者使用质量功能展开（quality function deployment，QFD）从使用个性化语言系统的学习者需求中提取出过程质量特性，包括分级别、功能性、引导性、互动性、个性化、主动性和智能性[41]。有研究将教育过程分为直接过程（学生的学习与发展）和间接过程（学校开展的教育教学活动、学生管理活动等），认为前者的质量评价标准为学生在学习与发展中自我构建的主动性和科学性，后者为学校、老师在多大程度上提高了学生自我构建的主动性和科学性[42]。还有的研究将过程详细刻画出来并给予分析，例如对冷链物流服务各阶段的输入、输出设置测量点，提取出该过程质量包括系统性、过程性、全面性、动态性和先进性五个特性[43]。

在系统质量的衡量方面，有学者从微观角度，用工业全要素生产率[44]、绿色全要素生产率[45]等效率指标来评价工业系统的质量，用高技术产业比重、中高端制造业出口产品质量与竞争力[46]等结构指标来衡量出口质量。也有学者从协同角度，认为经济发展质量系统（发展速度、效益、结构优化）、效率系统（市场资源配置、生产服务供给）、动力系统（已实现的创新商业化价值和潜在价值）三个子系统的协同发展保证了制造业发展质量[47]。还有学者考虑了时间动态，如在分析新中国成立以来工业高质量发展内涵的基础上，构建产出效率、结构优化、技术创新、就业吸纳与产业协同等八个维度的指标体系来评价工业质量[48]。在医疗护理等服务质量评价领域，"结构-过程-结果"已成为应用较成熟的标准框架，其中结构是指医疗信息质量和系统稳定性，过程是指系统使用情况以及使用者满意度，结果是指远程医疗对个人以及医院的影响[49]。综上，评价一个系统的质量，可以从系统的组织、过程以及产出特性三个方面去衡量。其中，组织特性衡量的是系统制定战略和规划流程的能力，过程特性衡量过程顺利完成的程度，而产出特性反映了成果自身的基本属性以及创造的价值属性。

综上所述，我们将区域创新链质量的内涵界定为：区域创新链的一组固有特性满足区域创新需求的程度。纵观已有研究，关于提取需求的方式，有以下几种：第一，从主、客观两方面提取，例如，将公共社会服务要求分为相关法律、法规等文件的需求（客观）以及各利益相关者的需求（主观）[50]；将区域总体质量需求分为产品与商业服务、公共服务、生态环境质量需求（客观）以及区域居民满意需求（主观）[37]。第二，根据不同主体提取，例如，有学者认为在国家创新系统的科研质量管理系统中，国家科技项目应起到宏观调控作用，企业多偏向开发性的研究活动，追求知识的共享，对质量管理刚性要求较高；而高校与科研机构以基础创新、研发创新为主，对知识的创新程度要求较高，多追求科研质量的柔性管理[51]；义务教育的质量既体现国家统一标准的要求，也包含个体个性发展的需要[52]。第三，根据不同功能提取，例如，根据质量功能展开理论与Kano模型，将个性化语言学习系统的学习者需求分解为学习过程需求、资源需求、内容需求和环境需求。第四，根据过程顺序提取，例如，按研发国际化前、中、后所进行的活动的不同来提取需求[53]；按科研准备过程、科研辅助过程、科研执行过程分别设定质量需求,以管控科研风险[54]。

考虑到区域创新链质量的特点,我们按照过程划分,将其区域创新需求分解为创新资源投入需求、创新资源配置需求以及产出需求。区域创新系统是国家创新系统的一部分,这决定了它不是完全独立的,需要考虑国家对其的需求[55]。大国之间的竞争主要集中在前沿重大科技创新领域[56],包括原始创新、集成创新和引进消化吸收再创新三类,对外开放是为了发挥创新资源整合的更大作用,提升自身自主创新能力,从而能持续共赢、创造更多价值,这就要求加大创新人才、创新资本等高端创新资源的投入,改善创新资源配置结构,提高创新资源的配置和利用效率,在知识创新环节产出具有原创性和高价值的科学成果,研发创新环节自己掌握核心技术,产品创新环节量产先进产品、占领市场、获得利润。所以,区域创新链质量包含创新资源投入质量、创新资源配置质量和产出质量,三者缺一不可。

2.4 区域创新链质量形成机制相关研究

质量是一组固有特性满足需求的程度,从质量维度对创新及区域创新系统的评价研究尚处于起步阶段。将"创新质量"作为一个整合概念提出的 Haner[57]认为,创新质量是创新绩效在每个领域的总合,包括产品或服务的质量、过程质量及企业管理质量,并提出了"潜能–过程–结果"框架来评价创新质量:创新潜能是指组织制定与其战略一致的创新策略,提升其满足利益相关者需求的能力,创新潜能的评价包括对客户需求的了解程度、创新尝试的成功率等;创新过程指实施一项创新必须采取的一系列步骤,包括上市时间、效率、生产率、产品开发人员配置水平的有效性等;创新成果即产品或服务的质量,包括客户增值、产品投资回报率等。杨幽红[58]认为企业的创新质量是"创新所提供的产品、服务、过程,市场或是经营管理的组织、方法的特征满足顾客需求的程度及所含不良的免除程度",属于"大质量"的范畴。基于文献分析方法,周冠华和杨幽红[59]在系统梳理了创新和质量各自的影响因素后,提出了评价创新质量要考虑的影响因素包括领导(承诺授权、自身能力)、员工(员工参与、员工能力)、顾客市场(顾客需求、市场环境)、过程管理(资源投入、检测分析、信息传递)、战略(供应商关系、激励机制)、技术(外部技术、内部技术)、文化(国家或民族文化、企业文化)七个方面。和 Haner 相似,有学者认为创新质量是企业经营绩效在每个子领域的总合,对其评价包括最终产品或服务的质量、企业运作的过程质量及企业经营质量三个方面,并且采用主成分分析法和因子分析法,评价了我国中小型高科技企业的创新质量[60]。此外,有学者以企业专利包含知识的复杂程度评价创新质量,设计基于专利分类的知识宽度指标，基于GLS（generalized least squares，广义最小二乘法）回归模型研究了海外并购过程对企业创新质量的提升作用[61]。

上述研究都是从企业出发评价其创新质量，除此之外，还有产业、区域或国家视角的创新质量研究。从产业的视角，有研究认为高技术产业创新质量就是高技术产业创新满足自身及与其相关联的中低技术产业发展需求的程度，结合创新的循环过程，将产业创新质量的评价划分为创新生成质量、创新应用质量、创新扩散质量和创新转化质量四部分，并基于此构建高技术产业创新质量评价体系，采用主成分分析法确定指标权重并直接通过各指标与权重的乘积之和测度创新质量[62]。有学者以区域内发明专利数与申请专利数的比值代表区域的创新质量，基于此建立面板门槛回归模型，研究区域高技术产业创新质量的作用机制[63]；有学者采用专利授权和专利付费期长度等指标衡量区域的创新质量，并结合回归分析方法评价我国东、中、西部的区域创新质量的差异[64]；同样基于专利数据，还有研究结合信息熵模型设计指标并分析了我国产学研合作关系强度及创新质量[65]。

2.5 区域创新链质量跃迁路径相关研究

提升区域创新能力，需要以促进区域创新链质量跃迁为目标，寻找跃迁路径并完成创新链质量的优化。在创新及创新系统质量的跃迁路径相关研究中，不同学者从企业、产业、区域和国家等视角出发进行了跃迁路径的设计。在企业创新质量跃迁方面，有学者以海尔集团为例研究企业创新能力演化路径，认为海尔集团创新能力演化是以二次创新能力为起点，向集成创新能力过渡，最终生成原始创新能力的动态累积过程[66]。还有研究分析了我国的企业创新现状，提出了基于产品升级的企业自主创新路径，具体包括替代跨国公司产品的产品升级、利用行业边界模糊的产品升级、适应国际产业转移的产品升级、针对行业标准变化的产品升级、加快模仿创新过程的五种产品升级创新路径[67]。

在产业或产业集群的创新质量跃迁方面，有学者研究创新驱动下传统产业向战略性新兴产业的转型升级，提出的升级路径包括：培育壮大新兴产品及业务、有效融合创新链与传统产业链、加强创新要素的集聚[68]。有研究分析战略性新兴产业的创新路径，将产业的技术分为功能模块技术和架构规则技术，其中模块技术又分为关键模块和外围模块，并结合案例提出了外围模块高端渗透路径、关键模块重点突破路径、架构规则颠覆重构路径和模块–架构耦合升级路径[69]。有研究针对产业集群创新系统的优化问题，提出集结型优化路径、联盟型优化路径和配置型优化路径三种方案，集结型优化路径由产业集群创新的主导企业发起，产业集群创新系统其他要素向主导企业及整个企业群集结；联盟型优化路径即建立

第 2 章　区域创新链质量形成机制及跃迁路径相关研究综述

产业技术创新战略联盟，形成技术创新合作组织或联盟契约组织体；配置型优化路径即政府主导或直接调动创新资源向某一产业或产业集群倾注，进而改善该产业集群创新系统的结构及运行模式[70]。有学者研究京津冀产业协同创新路径，基于对京津冀产业基础、创新系统以及京津冀产业发展需求的分析，提出了"强点、成群、组链、结网成系统"的协同创新路径：强点指壮大行业领军企业；成群指在核心企业的引领和政府力量的推动下形成创新群落；组链指以产业转移为契机，加强京津冀区域整体的产业链条规划和建设；结网指围绕产业链、创新链、科技链，企业之间以及各创新相关主体间形成相对稳定的创新网络，最终使京津冀发展成为具有一定结构、层次、功能并不断演化与升级的产业创新生态系统[71]。

除了产业或产业集群的创新质量跃迁路径外，还有大量学者研究区域创新系统质量跃迁问题，既有对过去演化路径的总结分析，也有对未来跃迁路径的设计。在区域创新系统质量的过去演化路径方面，有学者对比了硅谷、新竹科学工业园和中关村科技园的区域创新系统质量演化路径，研究发现硅谷是自下而上或自发形成的演化路径，硅谷新关联关系的形成是组织自发试错的结果；而新竹科学工业园和中关村科技园则是自上而下的演化路径，是相关部门通过创新环境构建和吸引留学人员创业推动的[72]。也有学者认为区域创新系统在其不断发展和完善的过程中会经历三个阶段，分别为封闭式区域创新系统、内部开放式区域创新系统和开放式区域创新系统[73]。封闭式区域创新系统阶段尚未形成完善的合作及资源共享机制，创新网络规模和密度较小；内部开放式区域创新系统的区域内部创新资源共享机制已经形成，创新网络趋于完善；开放式区域创新系统中连接区域内外的资源共享机制已经形成，创新网络逐渐演化成跨区域边界的超本地化创新网络。

针对区域创新系统的优化及质量跃迁路径设计问题，当前研究较多基于系统科学，关注重点在于系统内的创新主体及创新主体间的交互模式[74]。有研究将区域创新系统按阶段分为知识创新、研发创新和产品创新三个环节，并考察了各环节的创新效率，针对不同区域在各环节效率的差异，提出了不同的效率提升路径，如单边突破式提升路径，即将效率相对较低的环节作为突破口，加强该环节管理；扬优补劣渐进式提升路径，即先将优势发挥到最大，同时着力弥补劣势；跳跃式发展路径，在条件具备的情况下实现跳跃式发展。还有学者研究欠发达地区的创新发展路径，认为西部利用承接产业转移所带来的创新能量，以及区域内和区域间的产学研合作与联系，可以推动区域创新系统质量的跃迁，从而实现自身跨越式发展[75]。有文献基于对区域科技创新平台网络结构与功能的分析，认为区域科技创新是一种持续的社会交互创新资源配置，它的实现需要良好的网络环境，而区域科技创新平台将直接推动并加速区域经济科技的发展。研究者据此提出了基于政府主导、政产学研合作和企业主导的区域科技创新平台的网络化发展路径[76]。同样，有学者基于意大利 Trentino（特伦蒂诺）地区的案例研究发现，政府参与下的高校、研究所以及企业创新活动在区域创新系统的构建中具有重要作用，创新主体间的研究合作及国际联系是区域创新系统质量跃迁的关键决定因素[77]。

2.6　文献述评

结合对相关研究的梳理，现有研究大多在企业、区域及国家层面，基于结果性指标，测量创新质量，缺少从创新资源投入、利用和配置全过程的内涵解析及测算，而仅依据结果性指标，不仅无法打开创新形成过程的"黑箱"，而且难以从源头和本质，为政府及企业等创新主体识别创新过程中内在关键要素的缺失及短板提供针对性理论支持。区域创新是通过知识创新、研发创新和产品创新各环节，将不同的创新资源集成、配置，并形成满足区域发展需求的链式过程，因此，面向区域创新链的创新质量内涵解析、测算、形成机理研究及跃迁路径设计，可以为探索区域创新质量形成的本质提供理论支撑。为此，本书从区域创新链入手，剖析区域创新链质量形成机制及跃迁路径，并以江苏为例，提出不同情景下江苏创新链质量的差异化跃迁路径和政策建议。

第 3 章

区域创新链质量形成及跃迁路径设计机理分析

第 2 章文献综述提出，现有研究由于缺少对区域创新链质量从创新资源投入、利用和配置全过程的内涵界定及定量测算，忽视了区域创新链质量结构性和过程性特征分析等，难以提出有效的区域创新链提升路径。因此，本章针对区域创新链质量的形成机制及跃迁路径，首先，从结构性和过程性视角界定区域创新链质量内涵，并通过文献研究和专家调查，从创新资源投入、创新资源配置、产出三个阶段，知识创新、研发创新、产品创新三个环节，以及各环节、各阶段间的协同性出发，构建区域创新链质量的影响因素指标体系。其次，在构建指标体系的基础上，借鉴前景理论及协同理论，测度知识创新环节创新资源投入质量指数、研发创新环节创新资源投入质量指数、产品创新环节创新资源投入质量指数、知识创新环节创新资源配置质量指数、研发创新环节创新资源配置质量指数、产品创新环节创新资源配置质量指数、知识创新环节产出质量指数、研发创新环节产出质量指数、产品创新环节产出质量指数及各环节、各阶段协同质量指数，进而测算区域创新链质量指数。再次，建立基于遗传算法的扩展灰色关联分析模型，计算影响因素灰色关联系数和灰色关联度，识别既有区域创新链质量形成的促进性和抑制性关键因素，分析区域创新链质量的形成机制；然后采用灰色预测模型开展影响因素边际效应仿真分析，识别未来区域创新链质量跃迁的关键影响因素。最后，结合既有区域创新链质量形成关键因素和未来区域创新链的关键影响因素，提出区域创新链质量跃迁的差异化路径。

3.1 区域创新链结构及质量内涵界定

3.1.1 区域创新链结构分析

创新之父熊彼特认为，创新是一个经济范畴而非单纯的技术范畴，不仅指科学原理、基本规律的发明创造等知识创新，更指把已发明创造的科学原理和基本规律引入企业，开展技术转化、技术发明等研发创新活动，进而通过试制、开发产品等产品创新形式，以新产品为载体进入市场，并形成一种新的生产能力。这个观点深刻影响后来学者对于创新本质内涵的理解，也突显出科学原理、基本规律等知识创新与以新产品为载体的商业化生产之间存在的巨大差距，而这个差距需要一种结构来衔接和支撑。《奥斯陆手册》（第三版）将创新界定为通过开发新技术将其转化成生产力和成果并扩散的全过程。这个概念反映了创新是基于一系列相互影响、紧密衔接的转换环节所构成的完整体系，以一种区别于传统的新颖的运作方式，把各类生产要素转换成具有更高绩效特征的产品和服务的一个系统的过程。可以看出，创新的本质包含了从基本原理、规律等知识到技术、从技术走向市场，并创造出商业价值的一条链式结构。综合上述对创新内涵的经典论述发现，创新涵盖范围非常广泛，涉及新思想、新原理的提出等知识创新活动，新技术开发、新的生产流程设计等研发创新活动，和新产品设计开发、新的营销策略与新市场的开发扩散等产品创新活动，而这些彼此衔接、环环相扣的一系列职能活动的序列集合可以用一条创新链来表示，这些职能活动分布在创新链的环节之中。如图 3-1 所示，本书认为创新链是由包含原理探索、规律分析、理论研究等创新活动的知识创新环节，包含技术研发、技术转化、流程设计、原型机开发等创新活动的研发创新环节，以及包含以产品为载体的工程设计、试制生产、市场开拓、品牌建设等创新活动的产品创新环节构成的，互相影响、彼此协同、紧密衔接的一种链式结构。

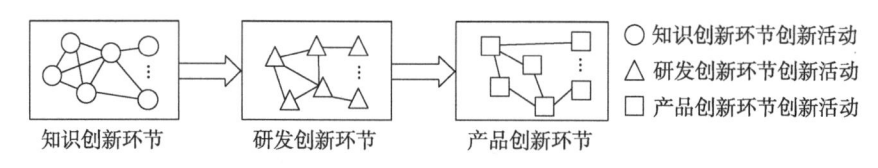

图 3-1 创新链结构示意图

由于创新链知识创新、研发创新和产品创新环节及各类创新活动间的相互作用和影响不断变化，形成创新链的模式各有不同，具体包含起始于基础科学研究、终结于商业化应用的正向线性创新链模式，强调市场的反向反馈线性创新链模式，非线性创新链模式和循环创新链模式。正向线性创新链模式描述了从包含基础研究、原始创新的知识创新环节，到包含技术开发、技术转化的研发创新环节，再到包含通过产品开发占领、开拓产品市场的产品创新环节的线性过程，呈现的是一条正向线性创新链。反向反馈线性创新链模式强调了创新链知识创新、研发创新和产品创新环节相互渗透、相互影响，特别是产品创新环节对知识创新环节的影响，即市场化需求对原始创新供给的影响，呈现的是一条反向反馈线性创新链。非线性创新链模式的创新链知识创新、研发创新和产品创新环节中高校、科研院所和企业等各类创新主体之间存在多重互动和学习的类型，导致三个环节互相存在技术改进、成本降低、不同的制约和动力因素等多种类型的反馈，呈现的是一条非线性创新链。循环创新链模式认为创新是一种无序的现象，更强调一种跨组织边界、跨环节的开放性，使得创新链中的知识创新、研发创新和产品创新环节被打散到不同的组织中运行，并通过系统整合实现互融互通、形成循环体系，呈现的是一条循环创新链。

区域是指一定的地域空间和土地的界限划分，基于创新链内涵及创新链模式，界定区域创新链内涵。如图 3-2 所示，本书认为区域创新链是以区域创新发展需求为导向，在政府、企业、高校及科研院所等各类创新主体共同参与下，以及人才、资本、技术等多类创新资源协同下，知识创新、研发创新及产品创新环节中

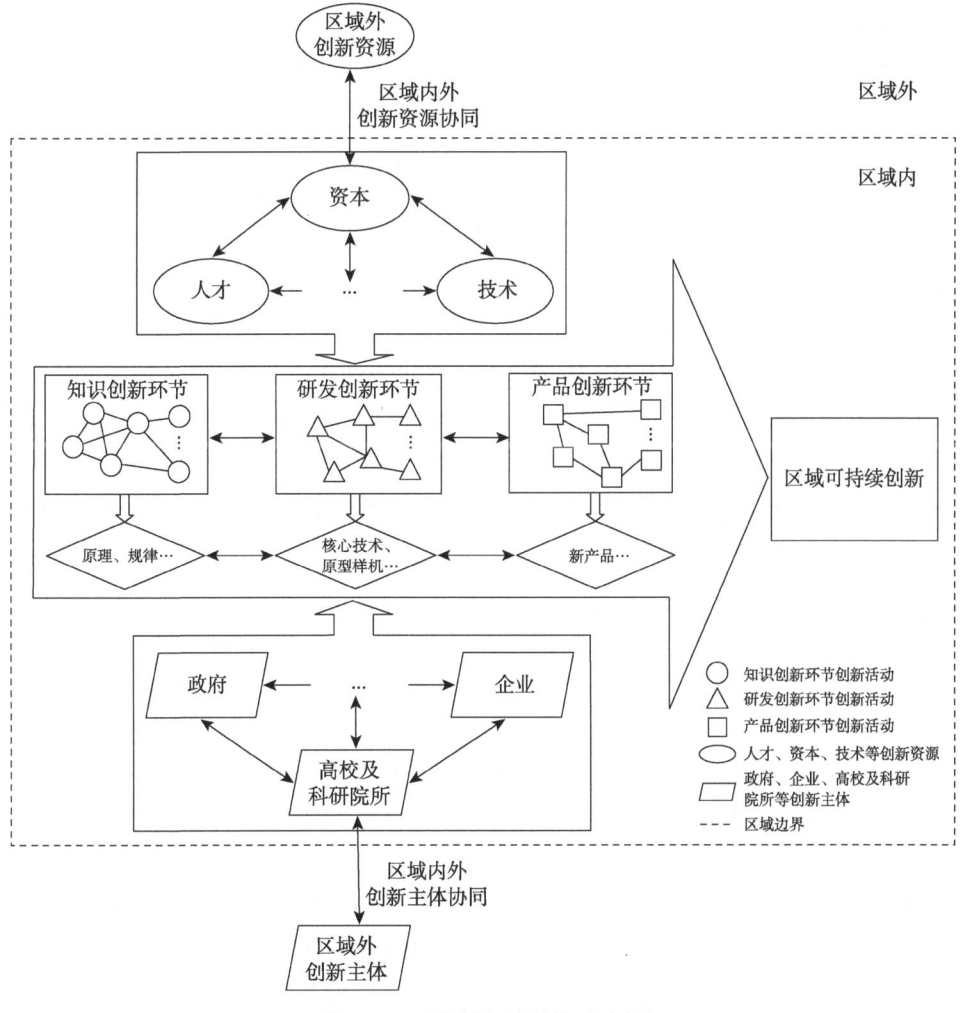

图 3-2 区域创新链结构示意图

各类创新主体，吸聚、配置和利用创新资源，进行原始创新、技术研发、新产品开发等创新活动，产出论文专著、专利、新产品等创新成果，形成区域内外部创新主体协同、创新资源协同及创新环节间协同的创新系统，共同实现区域可持续创新的动态过程。

区域创新链内涵具有以下核心特征：其一，创新资源协同。区域创新链上各类创新主体不仅可以从区域内部吸聚、投入和利用人才、资本、技术等创新资源，也可以从区域外部获取各类创新资源，这是区域内外部创新资源跨边界地协同。其二，创新主体协同。区域创新链涉及多创新主体共同参与，指向是区域内外部所有利益相关的创新主体，力求实现对区域内外部所有创新环节上创新主体的有效影响乃至可控。其三，创新目标协同。区域创新链的现实战略目标是实现价值创造，各类创新主体不仅要以自身利益获取为核心协调创新资源，更要以实现链上所有创新主体的价值创造为宗旨，对各个创新主体及创新资源进行统筹，进而实现跨主体的价值创造和创新协同。其四，环节协同。通过对有限创新资源在知识创新、研发创新和产品创新环节的合理配置，提升区域创新链整体在短期、中期和长期等不同时点的效能，进而实现区域可持续创新。

区域创新链知识创新环节的各类创新主体吸聚、利用区域内外部人才、资金等创新资源，在研发创新环节的技术需求和产品创新环节的产品需求导向下，开展原理探索、规律分析、理论研究等创新活动，产出科学论文、科技专著等创新成果。研发创新环节的各类创新主体吸聚和利用区域内外部创新资源，以知识创新环节的原始创新成果为基础，将理论知识转化为可使用的技术，开展技术研发、技术转化、流程设计、原型机开发等创新活动，产出发明专利等创新成果。产品创新环节的各类创新主体吸聚和利用区域内外部创新资源，在研发创新环节的基础上，开展工程设计、试制生产、市场开拓、品牌建设等创新活动，将技术转化为产品并实现大规模商业应用。

3.1.2 区域创新链过程分析

区域创新链是创新驱动区域发展的结构支撑，是以区域创新发展需求为导向，由知识创新、研发创新和产品创新等多环节构成，高校、科研院所和企业等多创新主体参与，开展基础研究、技术研发、新产品开发等各类创新活动，实现创新产生和增值的链式过程。在创新产生和增值过程中，区域内高校、科研院所和企业等创新主体并不是孤立存在的，各类创新活动存在环节间联系，知识创新、研发创新和产品创新环节的科学原理、突破式技术和创新性产品等创新成果是各个创新主体吸聚并投入创新人才、创新资本、技术等多种创新资源，基于各类创新活动配置和利用创新资源，最终共同作用形成的产物。将区域创新链看成一个机器，创新产生和增值过程实际是将人才、资金和技术等创新资源投入到机器中，经过机器对创新资源的配置和转化产出创新成果的过程，创新资源的投入和配置决定了创新产出的水平和质量。因此，可以将创新产生和增值过程划分为创新资源投入、创新资源配置和产出三个阶段。其中创新资源投入阶段是指区域创新链知识创新、研发创新和产品创新环节的政府、高校、科研院所和企业等创新主体，按照一定的科研平台、研发中心、产学研合作等组织结构形式，投入创新人才、创新资本和技术等创新资源的过程。创新资源配置阶段是指区域创新链知识创新、研发创新和产品创新环节，政府、高校、科研院所和企业等创新主体，在开展基础研究、技术研发、产品开发等创新活动中，合理配置和有效利用创新人才、创新资本和技术等创新资源的过程。产出阶段是指区域创新链知识创新、研发创新和产品创新环节，政府、高校、科研院所和企业等创新主体，在吸聚、投入和配置创新人才、创新资本和技术等创新资源，开展基础研究、技术研发、产品开发等各种创新活动的基础上，最终产出科学原理、突破式技术和创新性产品等创新成果的过程。

在区域创新链知识创新、研发创新和产品创新环节，从创新资源投入，到创新资源配置，再到产出过程中的创新资源类型、创新资源配置方式和产出形式均存在差异。在知识创新环节，各类创新主体面向基础研究吸聚和投入人才、资金等创新资源，基于原理探索、理论研究及规律分析等创新活动，合理配置和利用创新资源，产出科学论文、科技专著等创新成果。在研发创新环节，各类创新主体面向应用研究吸聚和投入人才、资金和技术等创新资源，在知识创新环节产出的科学原理、原始创新成果基础上，通过研发设计、技术引进与技术转化、干中学等创新活动，合理利用和配置创新资源，将理论知识转化为可使用的技术，产出以专利为主的创新成果。在产品创新环节，各类创新主体面向试验发展吸聚和投入人才、资金和技术等创新资源，开展生产试制、工程设计与市场开拓等创新活动，合理利用和配置创新资源，将技术转化为产品并实现大规模商业应用，以新产品为载体产出创新成果。

3.1.3 区域创新链质量内涵界定

"质量"是指一组固有特性满足需求的程度，固有特性指存在于质量载体本身且区别于其他事物的特征；需求包含组织、顾客等相关方明示和隐含的需求或期望。Haner 最先将"创新质量"作为一个整合概念提出，认为创新质量是一定时期内，创新涉及创新主体行为、创新产生方式、创新成果等各个领域所产生的客观影响的总和，包括组织管理质量、过程质量以及产品和服务质量，并提出了"潜能-过程-结果"框架分析创新质量。其中，创新潜能质量是指创新组织制定与其战略一致的创新策略，提升其满足利益相关者需求的能力，包括对创新需求的了解程度、创新尝试的成功率等；创新过程质量是指实施一项创新必须采取的一系列步骤，包括创新效率、创新人才配置水平的有效性等；创新成果质量指产品和服务的质量，包括创新增值、产品投资回报率等。可以看出，创新质量的本质是创新产生和增值过程中，经过创新资源投入、创新资源配置和产出等阶段，满足创新需求的程度。而区域创新链是创新驱动区域发展的结构支撑，区域创新链质量是区域创新链的固有特性满足区域创新需求的程度，因此，可以基于"潜能-过程-结果"分析框架界定区域创新链质量内涵。

区域创新链质量形成是知识创新、研发创新和产品创新等环节上的各类创新主体，经过创新资源投入、创新资源配置和产出等阶段，最终满足区域创新发展需求的链式过程。各环节、各阶段间的相互作用关系影响创新要素的组合和流动，进而影响区域创新链质量的形成。随着区域创新链中各环节、各阶段间的相互作用关系的不断变化，提高单一环节或阶段的质量已不足以提高区域创新链整体的质量，还应优化各环节、各阶段间的协同关系，进而使区域创新链质量整体达到最优。因此，区域创新链各环节、各阶段间的协同成为区域创新高质量发展的重要影响因素之一。协同是指两种或两种以上系统或系统要素之间配合得当、和谐一致、良性循环，进而实现同一目标最优化的相互关联的关系、过程或能力。区域创新链质量的协同是指知识创新、研发创新和产品创新三个环节的创新资源投入、创新资源配置和产出三个阶段之间形成和谐、平衡的关联关系，从而实现同一目标即区域创新链整体质量达到最优状态的过程。因此，本书基于 3.1.1 节区域创新链结构分析和 3.1.2 节区域创新链过程分析，将区域创新链质量内涵界定为区域创新链以知识创新、研发创新及产品创新等不同环节为结构支撑，以政府、高校、科研院所和企业为创新主体，在跨区域吸聚、共享及配置人才、资金和技术等创新资源，进行基础研究、技术突破和产品开发等创新活动，产出科学原理、突破式技术和创新性产品等创新成果的过程中，创新资源投入、创新资源配置以及产出阶段形成良性循环的协同关系，进而满足区域高质量发展需求的程度。其中，创新资源投入质量是指区域创新链为满足区域对创新的需求，知识创新、研发创新和产品创新环节的创新主体（政府、企业、高校、科研院所等）按照一定的组织结构形式（科研平台、研发中心、产学研合作等），投入创新资源（人才、资金、技术等）的能力属性。创新资源配置质量是指区域创新链在满足区域对创新需求的运行过程中，合理配置和有效利用各个环节创新资源的能力属性，主要表现为区域创新链各环节创新资源的配置结构与利用效率。产出质量是指区域创新链不同环节的创新主体按照一定的组织结构形式，吸聚、投入和配置创新资源，开展各种创新活动所产生的创新成果的基本属性或所创造的价值属性。

3.2 区域创新链质量指数构建

基于 3.1 节区域创新链结构及质量内涵界定，本节引入区域创新链质量指数，定量描述区域创新链质量的变化趋势，为后续研究区域创新链质量形成机制及跃迁路径奠定基础。指数（index）是一种反映复杂社会经济现象综合变动程度的相对数，将事物内部要素进行汇总整合,以反映不能直接对比的事物或系统变动的综合状况,因而成为分析区域创新链质量变化趋势的重要理论工具。区域创新链质量指数是描述区域创新链各环节、各阶段质量满足区域创新发展需求的综合变动程度的相对数。因此,本节首先从结构性和过程性视角,对区域创新链质量进行影响因素分析,建立区域创新链质量影响因素指标体系;其次基于前景理论中的参照依赖与损失规避假设和协同理论,构建知识创新环节创新资源投入质量指数、研发创新环节创新资源投入质量指数、产品创新环节创新资源投入质量指数、知识创新环节创新资源配置质量指数、研发创新环节创新资源配置质量指数、产品创新环节创新资源配置质量指数、知识创新环节产出质量指数、研发创新环节产出质量指数、产品创新环节产出质量指数及协同质量指数;最后基于各环节、各阶段质量指数和协同质量指数测算区域创新链质量指数。

3.2.1 区域创新链质量影响因素分析

1. 影响因素指标体系构建原则

区域创新链质量影响因素指标体系的构建应满足以下四个原则:①系统性原则。根据区域创新链创新资源投入质量、创新资源配置质量、产出质量的内涵,以及知识创新、研发创新、产品创新各环节的内涵和特点选择影响因素,各影响因素之间要有一定的逻辑关系,既相互独立,又彼此联系,共同构成一个有机统一体,以保证影响因素指标体系构建的层次性。②典型性原则。影响因素指标需具有较强的客观性,并真实、合理地反映区域创新链质量,不仅能反映各环节、各阶段质量满足区域对创新需求的程度,还能反映知识创新高效率、研发创新高精尖、产品创新高端化等基本特征。③科学性原则。确保选取的区域创新链质量影响因素指标能够通过观察、测试等方式得出结论明确的定性或者定量指标。一方面,影响因素指标不能过多、过细、过于烦琐、相互重叠,应具有很强的现实可操作性和可比性;另一方面,指标不能过少、过简,应避免指标信息遗漏、错误、失真等现象。④动态性原则。为体现区域创新链质量形成过程,指标的选择要充分考虑随时间动态变化下的区域经济社会的发展趋势、政策导向等。

2. 影响因素指标体系构建

根据上述四个基本原则,从结构性和过程性视角出发,结合区域创新链结构和质量内涵,构建区域创新链质量影响因素指标体系如下。

(1)构建一级指标。根据区域创新链质量的内涵,从区域创新链质量形成过程中的创新资源投入、创新资源配置、产出三个阶段出发,构建区域创新链质量影响因素指标体系的一级指标,包括区域创新链创新资源投入质量、区域创新链创新资源配置质量和区域创新链产出质量三个一级指标。

(2)划分二级指标。由于区域创新链包括知识创新、研发创新、产品创新三个环节，且各环节中创新资源投入、创新资源配置和产出阶段的具体表现存在差异，考虑各环节、各阶段间的协同关系，划分区域创新链质量影响因素指标体系的二级指标，具体包括知识创新环节创新资源投入质量、研发创新环节创新资源投入质量、产品创新环节创新资源投入质量、知识创新环节创新资源配置质量、研发创新环节创新资源配置质量、产品创新环节创新资源配置质量、知识创新环节产出质量、研发创新环节产出质量、产品创新环节产出质量和区域创新链协同质量。

（3）三级指标及具体指标的确定。本书三级指标及具体指标的确定主要包含指标初选、文献调查及专家调查三个步骤。

首先，从以下途径进行指标初选：①参考 Dutta 等学者[78]联合世界知识产权组织、欧洲工商管理学院、康奈尔大学发布的《2019 年全球创新指数报告》中，由 84 个基本指标构成的全球 142 个经济体的创新能力评价指标体系。具体地，创新投入阶段包含制度、人力、资本、基础设施、市场成熟度和商业成熟度等指标，产出阶段包含知识和技术输出以及创新产出等指标。②参考中国科学技术发展战略研究院发布的《中国区域科技创新评价报告》。具体地，从科技创新环境、科技活动投入、科技活动产出、高新技术产业化、科技促进经济社会发展等方面构建区域科技创新评价指标体系。③梳理与区域创新链相关的经典文献，重点参考文献中关于创新质量、创新链质量、创新投入、创新产出、创新效率等的量化指标。

其次，基于文献调查对初选指标进行定性筛选[79~81]。在研究区域创新链质量的影响因素时，有学者通过实证分析，认为阻碍区域创新链质量形成的主要创新资源是创新人才和创新资本[82]。而在量化创新资源投入水平时，学者往往选取 R&D 人员和 R&D 经费相关指标来衡量[83]。因此选取各环节创新人才投入质量和创新资本投入质量作为三级指标。同时，由于知识创新、研发创新和产品创新环节的内涵分别与中国国家统计局所界定的基础研究、应用研究和试验发展较为接近，因此选取基础研究、应用研究和试验发展的 R&D 人员全时当量、R&D 人员全时当量增长率、R&D 经费内部支出和 R&D 经费内部支出增长率共 12 个具体指标。其中，总量性指标反映区域创新链各环节创新资源投入规模，增长率指标可有效反映区域创新链各环节创新资源投入的增长速度。

在研究区域创新资源配置质量的影响因素时，学者往往会选取创新资源的分配比例和利用效率等指标[84,85]。在知识创新环节，本书参考《中国区域创新能力评价报告》，选取高等学校和研究与开发机构每万名研发人员发表科技论文数来衡量知识创新环节创新人才配置质量，同时，选取高校和科研院所研发经费内部支出额中来自企业资金的比例来衡量知识创新环节创新资本配置质量。在研发创新环节，选取规模以上工业企业就业人员中研发人员比例、规模以上工业企业研发活动经费内部支出总额占销售收入比例和每亿元研发经费内部支出产生的发明专利授权数（不含企业）三个具体指标衡量研发创新环节创新资源配置质量。在产品创新环节,选取规模以上工业企业每万名研发人员产生的新产品产值来衡量产品创新环节创新人才配置质量,选取规模以上工业企业新产品开发经费支出占应用研究 R&D 内部经费投入比例来衡量产品创新环节创新资本配置质量。

区域创新链产出质量反映区域创新链各环节创新成果的产出水平。知识创新环节中的原理探索、理论研究等基础研究成果主要用论文发表量和专著出版量等代理指标进行衡量[86,87]。因此,本书选取基础研究产出质量作为三级指标,高等学校和研究与开发机构发表科技论文数、出版科技著作数和二者分别的增长率作为具体指标。在研发创新环节,科研机构和部分企业以知识创新环节的基础研究成果为基础,将理论知识转化为可使用的技术,开展技术研发和科技研究,最终形成专利。《中国区域创新能力评价报告》选取发明专利授权数(不含企业)衡量区域高校和科研院所的技术研发水平,选取规模以上工业企业有效发明专利数衡量企业科技产出水平。余泳泽和刘大勇[88]选取专利申请数和专利授权量作为科研创新环节产出变量。因此,本书选取科研院所技术研发产出质量和规模以上工业企业专利产出质量两个三级指标,并将发明专利授权数、每万名研发人员发明专利授权数、发明专利授权数增长率(均不含企业),以及规模以上工业企业有效发明专利数、每万家规模以上工业企业平均有效发明专利数和规模以上工业企业有效发明专利数增长率作为具体指标。在产品创新环节,企业将技术转化为新产品并实现大规模商业应用。《中国区域创新能力评价报告》用规模以上工业企业新产品的销售收入衡量企业新产品的开发能力。因此,本书选取新产品产出质量作为三级指标,并将规模以上工业企业新产品销售收入、规模以上工业企业新产品销售收入占总销售收入比例和规模以上工业企业新产品销售收入增长率作为具体指标。

最后,在参考上述文献、报告、资料的基础上,本书通过专家调查法收集相关专家、学者的意见和观点,进一步筛选出可用于区域创新链质量影响因素的核心指标,并剔除考察期内数据不可观测以及存在信息失真的指标;同时,对上一步保留的指标进行了定量的相关性分析、判别能力分析、定性甄别捡回分析。具体过程如下。

(1)相关性分析筛选指标。相关性分析是研究两个及两个以上变量之间相互关系的统计分析方法,通过计算相关系数判断研究对象之间是否存在某种依存关系,以及该关系的相关方向和相关程度。借助相关性分析,剔除同一领域层内相关系数较大且显著的指标,从而克服了指标所反映的信息冗余问题。其中指标序列值 X_{ni} 与 X_{nj} 的相关系数 R_{ij} 计算如下:

$$R_{ij} = \frac{\sum_{n=1}^{m}(X_{ni}-\overline{X_i})(X_{nj}-\overline{X_j})}{\sqrt{\sum_{n=1}^{m}(X_{ni}-\overline{X_i})^2 \sum_{n=1}^{m}(X_{nj}-\overline{X_j})^2}} \quad (3-1)$$

通常，按照需求设定相关系数的临界值为 η，当 $|R_{ij}| > \eta$ 时，剔除其中相对次要的指标即可。

（2）判别能力分析筛选指标。判别能力分析是指通过计算指标的内部一致性系数来判断不同评价对象是否具备某一方面特征的能力。本书中指标判别能力是指标在某一时期内对区域创新链质量的贡献程度。如果指标无法对该时期区域创新链质量的某一方面特征进行区分，即该指标对评价结果的贡献极小，那么可以判定该指标的判别能力较差，应该从评价体系中剔除。指标内部一致性系数计算公式为

$$Q_i(t) = \left| \overline{X_i}(t) / S_i(t) \right| \quad (3-2)$$

其中，$Q_i(t)$ 表示指标 X_i 的内部一致性系数；$\overline{X_i}(t)$ 表示 t 时期评价对象的第 i 个指标 X_i 的平均值；$S_i(t)$ 表示 t 时期第 i 个指标 X_i 的标准差。指标的 $Q_i(t)$ 越小，说明该指标反映的一致性越差，其判别能力就越强；反之，$Q_i(t)$ 越大，指标一致性越好，判别能力越弱。

（3）定性甄别分析捡回指标。通过前期的相关性分析和判别能力分析，剔除了反映信息冗余和判别能力较差的指标，初步构建了区域创新链质量评价体系。但该评价体系主要是从统计学角度进行定量分析后获得的结果，可能存在因忽视指标的实际含义而造成的误删，因此有必要对前期结果进行理性甄别分析，捡回有实际价值的指标。

综上，在一级指标、二级指标、三级指标及具体指标的确定、识别、对应的基础上，构建区域创新链质量影响因素指标体系，如表 3-1 所示。

表 3-1 区域创新链质量影响因素指标体系

一级指标	二级指标	三级指标	具体指标
区域创新链创新资源投入质量	知识创新环节创新资源投入质量	知识创新环节创新人才投入质量	A_{11} 基础研究 R&D 人员全时当量 A_{12} 基础研究 R&D 人员全时当量增长率
		知识创新环节创新资本投入质量	A_{13} 基础研究 R&D 经费内部支出 A_{14} 基础研究 R&D 经费内部支出增长率
	研发创新环节创新资源投入质量	研发创新环节创新人才投入质量	A_{21} 应用研究 R&D 人员全时当量 A_{22} 应用研究 R&D 人员全时当量增长率
		研发创新环节创新资本投入质量	A_{23} 应用研究 R&D 经费内部支出 A_{24} 应用研究 R&D 经费内部支出增长率
	产品创新环节创新资源投入质量	产品创新环节创新人才投入质量	A_{31} 试验发展 R&D 人员全时当量 A_{32} 试验发展 R&D 人员全时当量增长率
		产品创新环节创新资本投入质量	A_{33} 试验发展 R&D 经费内部支出 A_{34} 试验发展 R&D 经费内部支出增长率

续表

一级指标	二级指标	三级指标	具体指标
区域创新链创新资源配置质量	知识创新环节创新资源配置质量	知识创新环节创新人才配置质量	B_{11} 高等学校和研究与开发机构每万名研发人员发表科技论文数
		知识创新环节创新资本配置质量	B_{12} 高校和科研院所研发经费内部支出额中来自企业资金的比例
	研发创新环节创新资源配置质量	研发创新环节创新人才配置质量	B_{21} 规模以上工业企业就业人员中研发人员比例
		研发创新环节创新资本配置质量	B_{22} 规模以上工业企业研发活动经费内部支出总额占销售收入比例 B_{23} 每亿元研发经费内部支出产生的发明专利授权数（不含企业）
	产品创新环节创新资源配置质量	产品创新环节创新人才配置质量	B_{31} 规模以上工业企业每万名研发人员产生的新产品产值
		产品创新环节创新资本配置质量	B_{32} 规模以上工业企业新产品开发经费支出占应用研究 R&D 内部经费投入比例
区域创新链产出质量	知识创新环节产出质量	基础研究产出质量	C_{11} 高等学校和研究与开发机构发表科技论文数 C_{12} 高等学校和研究与开发机构发表科技论文数增长率 C_{13} 高等学校和研究与开发机构出版科技著作数 C_{14} 高等学校和研究与开发机构出版科技著作数增长率
	研发创新环节产出质量	科研院所技术研发产出质量	C_{21} 发明专利授权数（不含企业） C_{22} 每万名研发人员发明专利授权数（不含企业） C_{23} 发明专利授权数增长率（不含企业）
		规模以上工业企业专利产出质量	C_{24} 规模以上工业企业有效发明专利数 C_{25} 每万家规模以上工业企业平均有效发明专利数 C_{26} 规模以上工业企业有效发明专利数增长率
	产品创新环节产出质量	新产品产出质量	C_{31} 规模以上工业企业新产品销售收入 C_{32} 规模以上工业企业新产品销售收入占总销售收入比例 C_{33} 规模以上工业企业新产品销售收入增长率

3.2.2 区域创新链协同质量指数测度

区域创新链质量的变化是知识创新、研发创新、产品创新三个环节的创新资源投入、创新资源配置和产出阶段之间互相协同，多种影响因素共同作用的结果，因此，本节基于 3.2.1 节区域创新链质量影响因素分析，引入区域创新链协同质量指数，衡量区域创新链质量各环节、各阶段间的协同程度。区域创新链协同质量指数构建如下，设区域创新链 $S = \{S_j\}$（$j = 1, 2, \cdots, 9$），其中，S_1 表示知识创新环节创新资源投入阶段，S_2 表示研发创新环节创新资源投入阶段，S_3 表示产品创新环节创新资源投入阶段，S_4 表示知识创新环节创新资源配置阶段，S_5 表示研发创新环节创新资源配置阶段，S_6 表示产品创新环节创新资源配置阶段，S_7 表示知识创新环节产出阶段，S_8 表示研发创新环节产出阶段，S_9 表示产品创新环节产出阶段。设区域创新链各环节、各阶段的影响因素序列为 $h_{ji}=(h_{j1},h_{j2},\cdots,h_{jn})$，其中，$n$ 为 S_j 的影响因素个数，$\alpha_{ji}\leqslant h_{ji}\leqslant\beta_{ji}$（$i=1,2,\cdots,n$），$\alpha_{ji}$、$\beta_{ji}$ 分别为 S_j 影响因素序列 h_{ji} 的上限和下限，即 α_{ji} 为研究周期内对应影响因素中所有数据的最小值，β_{ji} 为研究周期内对应影响因素中所有数据的最大值。

区域创新链协同质量指数是由各环节、各阶段之间的协同程度决定的，而各环节、各阶段之间的协同程度是由各自影响因素的有序程度决定的。因此，首先建立影响因素有序度指数，测算影响因素的有序程度。定义当 $i\in(1,k)$ 时，h_{ji} 为正向影响因素，此时影响因素数值的大小与系统的有序程度呈正向关系；当 $i\in(k+1,n)$ 时，h_{ji} 为负向影响因素，此时影响因素数值的大小与系统的有序程度呈负向关系。依据协同理论，影响因素 h_{ji} 的有序度指数 $\mu_j(h_{ji})$ 为

$$\mu_j(h_{ji})=\begin{cases}\dfrac{h_{ji}-\alpha_{ji}}{\beta_{ji}-\alpha_{ji}}, & i\in(1,k)\\[2mm] \dfrac{\beta_{ji}-h_{ji}}{\beta_{ji}-\alpha_{ji}}, & i\in(k+1,n)\end{cases}\quad(3\text{-}3)$$

由式（3-3）即可得到各环节、各阶段的各个影响因素的有序度指数，有序度指数的值满足 $\mu_j(h_{ji})\in[0,1]$，其数值的大小与各环节、各阶段的有序程度呈正向关系。

其次，采用几何平均法对区域创新链 9 个环节阶段对应所有影响因素的有序度指数进行集成，从而分别得到 9 个环节阶段的有序度指数，S_j 的有序度指数 $\mu_j(h_j)$ 为

$$\mu_j(h_j)=\sqrt[n]{\prod_{i=1}^{n}\mu_j(h_{ji})}\quad(3\text{-}4)$$

最后，为得到区域创新链协同质量指数，采用几何平均法，并加入时间维度，衡量区域创新链各环节、各阶段在一定时间内的协同程度。假设 S_j 在初始时刻 t_0 时，其有序度指数为 $\mu_j^0(h_j)$（$j=1,2,\cdots,9$），在时刻 t_1 时，其有序度指数为 $\mu_j^1(h_j)$（$j=1,2,\cdots,9$），通过几何平均法即可求得区域创新链协同质量指数 cor 为

$$\text{cor}=\sqrt[9]{\prod_{j=1}^{9}\left[\mu_j^1(h_j)-\mu_j^0(h_j)\right]}\quad(3\text{-}5)$$

其中，区域创新链协同质量指数 cor 的取值范围为 [0,1]，其数值越大，表示区域创新链各环节、各阶段间越协同。

3.2.3 区域创新链质量指数测度

基于 3.2.1 节区域创新链质量影响因素分析和 3.2.2 节区域创新链协同质量指数测度结果，本节根据影响因素指标的实际值，构建区域创新链质量指数，定量测算区域创新链质量。相对于区域创新链质量的提高而言，影响因素实际值降低带来的创新链质量的降低对经济高质量发展的负面影响更大。因此，可借鉴前景理论中的参照依赖与损失规避假设，通过将某一年份的区域创新链质量的影响因素序列设定为参考点，构造相对质量函数，对比任意年份与参考点在每个影响因素实际值上的差异，取值高于参考点的影响因素表示区域创新链质量的相对提升，低于参考点的影响因素表示创新链质量的相对降低，且低于参考点的影响因素带来的质量损失，要远大于高于参考点的影响因素带来的质量提升。然后通过变换参考点计算任意两个年份的相对质量值，进而测算不同时间点的区域创新链质量指数。

区域创新链质量指数构建过程如下，设区域创新链质量影响因素数据矩阵为 $A=(a_{ij})_{m\times n}$，其中 m 表示年份跨度，n 表示区域创新链质量影响因素指标体系中的影响因素数量，a_{ij} 表示第 i 年的第 j 个影响因素。设第 k 年影响因素序列 $A_k=(a_{k1},a_{k2},\cdots,a_{kn})^{\mathrm{T}}$，以表示第 k 年影响因素数据矩阵。基于前景理论，以第 k 年影响因素序列 A_k 为参考点，第 i 年影响因素序列 A_i 中第 j 个影响因素的相对质量为 $\varphi_j(A_i,A_k)$ [式（3-7）]。将所有影响因素的相对质量加总，得到第 i 年相对于第 k 年的质量函数 $\vartheta(A_i,A_k)$：

$$\vartheta(A_i,A_k)=\sum_{j=1}^{n}\varphi_j(A_i,A_k), \quad i,k=1,2,\cdots,m \tag{3-6}$$

$$\varphi_j(A_i,A_k)=\begin{cases} \sqrt{w_{jr}(a_{ij}-a_{kj})\Big/\sum_{j=1}^{n}w_{jr}}, & a_{ij}-a_{kj}>0 \\ 0, & a_{ij}-a_{kj}=0 \\ -\dfrac{1}{\theta}\sqrt{\left(\sum_{j=1}^{n}w_{jr}\right)(a_{kj}-a_{ij})\Big/w_{jr}}, & a_{ij}-a_{kj}<0 \end{cases} \tag{3-7}$$

$$w_{jr}=w_j/\max\{w_j\mid j=1,2,\cdots,n\}, \quad j=1,2,\cdots,n \tag{3-8}$$

其中，w_j 表示区域创新链质量影响因素数据矩阵 A 中第 j 个影响因素的权重值，本书选用熵权法得到，用以表示第 j 个影响因素在全部 n 个影响因素中的相对重要程度；w_{jr} 表示第 j 个影响因素相对于权重最大影响因素的权重值[式（3-8）]。影响相对质量 $\varphi_j(A_i,A_k)$ 的因素包括与参考点影响因素数据值之差和影响因素的相对权重值，体现了前景理论中的参照依赖与损失规避假设。参数 θ 表示区域创新链质量面对影响因素变差时的质量损失程度，通常，θ 越小表示影响因素变差时区域创新链质量的损失越严重。第 i 年的区域创新链质量影响因素序列 A_i 的总体质量函数为其所有相对质量函数的加总，即 $\sum_{k=1}^{m}\vartheta(A_i,A_k)$，归一化后，得到第 i 年的区域创新链质量指数 $\Phi(A_i)$，区域创新链质量指数 $\Phi(A_i)$ 越大，表示第 i 年的区域创新链质量越高。

$$\Phi(A_i)=\frac{\sum_{k=1}^{m}\vartheta(A_i,A_k)-\min_i\left\{\sum_{k=1}^{m}\vartheta(A_i,A_k)\right\}}{\max_i\left\{\sum_{k=1}^{m}\vartheta(A_i,A_k)\right\}-\min_i\left\{\sum_{k=1}^{m}\vartheta(A_i,A_k)\right\}} \quad (3-9)$$

除区域创新链质量指数之外，基于结构性和过程性视角，将此方法应用于区域创新链各环节和各阶段，计算区域创新链知识创新环节创新资源投入质量指数、研发创新环节创新资源投入质量指数、产品创新环节创新资源投入质量指数、知识创新环节创新资源配置质量指数、研发创新环节创新资源配置质量指数、产品创新环节创新资源配置质量指数、知识创新环节产出质量指数、研发创新环节产出质量指数和产品创新环节产出质量指数，以分析区域创新链各环节、各阶段质量现状和变化趋势，具体过程如下。

设第 i 年区域创新链知识创新环节创新资源投入质量、研发创新环节创新资源投入质量、产品创新环节创新资源投入质量的影响因素数据矩阵分别为 B_{1i}、B_{2i} 和 B_{3i}，知识创新环节创新资源配置质量、研发创新环节创新资源配置质量、产品创新环节创新资源配置质量的影响因素数据矩阵分别为 C_{1i}、C_{2i} 和 C_{3i}，知识创新环节产出质量、研发创新环节产出质量、产品创新环节产出质量的影响因素数据矩阵分别为 D_{1i}、D_{2i} 和 D_{3i}，基于区域创新链质量指数测算方法，得到第 i 年区域创新链知识创新环节创新资源投入质量指数、研发创新环节创新资源投入质量指数、产品创新环节创新资源投入质量指数分别为 $\Phi(B_{1i})$、$\Phi(B_{2i})$ 和 $\Phi(B_{3i})$，知识创新环节创新资源配置质量指数、研发创新环节创新资源配置质量指数、产品创新环节创新资源配置质量指数分别为 $\Phi(C_{1i})$、$\Phi(C_{2i})$ 和 $\Phi(C_{3i})$，知识创新环节产出质量指数、研发创新环节产出质量指数、产品创新环节产出质量指数分别为 $\Phi(D_{1i})$、$\Phi(D_{2i})$ 和 $\Phi(D_{3i})$，最终，可计算得到创新链协同质量指数为 $\Phi(E_i)$。

3.3　区域创新链质量形成的关键因素识别

区域创新链质量形成过程中，同时存在对其正向促进和负向抑制的环节、阶段、关键因素，对其定量识别是解析区域创新链质量形成机制的关键。因此，本节首先基于 3.1.3 节区域创新链质量内涵分析，界定区域创新链质量与各环节、各阶段及影响因素之间的关系，界定促进性、抑制性关键因素的内涵；其次，基于灰色关联分析理论，建立基于遗传算法的扩展灰色关联分析模型，并识别促进性、抑制性关键因素。

3.3.1　基于促进性和抑制性的区域创新链质量形成关键因素界定

区域创新链质量指数反映了区域创新链质量的大小，既取决于区域创新链各环节、各阶段满足区域经济发展的程度，又取决于各环节、各阶段间的有机协同。然而，区域创新链各环节、各阶段质量及协同程度与区域创新链整体质量的形成可能存在正向促进或负向抑制的关联关系。因此，基于 3.2.2 节区域创新链协同质量指数测度及 3.2.3 节区域创新链各环节、各阶段质量指数测算结果，分析区域创新链质量指数与各环节、各阶段质量指数、协同质量指数之间的关联程度和关联方向，可以识别具体环节、阶段对区域创新链质量形成所发挥的正向促进或负向抑制作用。

同理，区域创新链质量形成过程中，各个影响因素与区域创新链质量的关联程度大小和关联方向均不相同，有正向关联影响因素和负相关联影响因素，即存在促进性关键因素和抑制性关键因素。其中促进性关键因素是指与区域创新链质量正向关联程度高的影响因素，抑制性关键因素是指与区域创新链质量负向关联程度高的影响因素。因此，识别区域创新链质量形成的促进性、抑制性关键因素是解析区域创新链质量形成机制的关键。

3.3.2　基于遗传算法的扩展灰色关联分析模型

为识别区域创新链质量形成的促进性和抑制性关键因素，本书引入灰色关联分析理论，灰色关联分析是灰色系统理论的一个分支，通过比较不同数据序列曲线形状的相似程度，量化分析抽象系统形成与变化过程中的主要因素与次要因素[89]，为识别区域创新链质量形成的促进性和抑制性关键因素提供了理论支持和分析工具。因此，本节对灰色关联分析模型进行改进，以区域创新链质量指数作为反映系统整体行为特征的数据序列，即以知识创新环节创新资源投入质量指数、研发创新环节创新资源投入质量指数、产品创新环节创新资源投入质量指数、知识创新环节创新资源配置质量指数、研发创新环节创新资源配置质量指数、产品创新环节创新资源配置质量指数、知识创新环节产出质量指数、研发创新环节产出质量指数、产品创新环节产出质量指数、区域创新链协同质量指数和影响因素指标作为关联因子序列，分析具体环节、阶段与区域创新链质量形成的关联程度，识别区域创新链质量形成的促进性和抑制性关键因素，解析区域创新链质量的形成机制。

1. 扩展灰色关联分析模型

经典的灰色关联分析模型以灰色关联公理为基础，公理包括规范性、偶对对称性、整体性与接近性[90~92]。随着对灰色关联理论的深入研究[93]，以及以广义灰色关联分析模型为代表的改进模型的提出[94]，偶对对称性与整体性公理得到了充分的讨论与分析，而针对规范性公理的研究较少。规范性公理要求关联度取正值，即假定相关因素序列与系统特征行为序列间为正向关联关系，然而区域创新链质量形成过程中，各环节、各阶段质量、协同质量及影响因素与总体质量既可能存在正向关联，也可能存在负向关联。现有方法通过逆化算子或倒数化算子将负向关联转化为正向关联再研究，但在实际应用中，当系统内的相关因素较多且变化趋势差异较大时，往往难以判断每个因素的关联方向，也就无法将系统可能存在的正向关联与负向关联纳入同一分析框架内进行研究。基于以上分析，本节通过对灰色关联分析模型的扩展，构建包含负向关联的扩展灰色关联分析模型，以区域创新链质量指数作为反映系统整体行为特征的数据序列，以各环节、各阶段质量指数、区域创新链协同质量指数以及各个具体影响因素序列作为相关因素序列，识别促进性和抑制性关键因素，解析区域创新链质量形成机制。

扩展灰色关联分析模型构建如下，设区域创新链质量指数序列为 $X_0 = \{\phi(A_i)\} = \{\phi(A_1), \phi(A_2), \cdots, \phi(A_m)\} = \{x_0(1), x_0(2), \cdots, x_0(m)\}$，作为系统特征行为序列，其中 m 表示年份跨度，$\phi(A_i)$ 表示第 i 年区域创新链质量指数；设区域创新链知识创新环节创新资源投入质量指数、研发创新环节创新资源投入质量指数、产品创新环节创新资源投入质量指数、知识创新环节创新资源配置质量指数、研发创新环节创新资源配置质量指数、产品创新环节创新资源配置质量指数、知识创新环节产出质量指数、研发创新环节产出质量指数、产品创新环节产出质量指数和区域创新链协同质量指数序列，以及区域创新链各环节、各阶段的具体影响因素序列为 X_h，作为相关因素序列，其逆化象为 X'_h，其中 $h = 1, 2, \cdots, 10+n$，令 $M_h = \max\{x_h(k)\}$，并满足：

$$X_h = \{x_h(1), x_h(2), \cdots, x_h(m)\} \quad (3\text{-}10)$$

$$X'_h = \{M_h - x_h(1), M_h - x_h(2), \cdots, M_h - x_h(m)\} \quad (3\text{-}11)$$

其中，知识创新环节创新资源投入质量指数序列 $X_1 = \{\phi(B_{1i})\} = \{\phi(B_{11}), \phi(B_{12}), \cdots, \phi(B_{1m})\} = \{x_1(1), x_1(2), \cdots, x_1(m)\}$，研发创新环节创新资源投入质量指数序列 $X_2 = \{\phi(B_{2i})\} = \{\phi(B_{21}), \phi(B_{22}), \cdots, \phi(B_{2m})\} = \{x_2(1), x_2(2), \cdots, x_2(m)\}$，产品创新环节创新资源投入质量指数序列 $X_3 = \{\phi(B_{3i})\} = \{\phi(B_{31}), \phi(B_{32}), \cdots, \phi(B_{3m})\} = \{x_3(1), x_3(2), \cdots, x_3(m)\}$，知识创新环节创新资源配置质量指数序列 $X_4 = \{\phi(C_{1i})\} = \{\phi(C_{11}), \phi(C_{12}), \cdots, \phi(C_{1m})\} = \{x_4(1), x_4(2), \cdots, x_4(m)\}$，研发创新环节创新资源配置质量指数序列 $X_5 = \{\phi(C_{2i})\} = \{\phi(C_{21}), \phi(C_{22}), \cdots, \phi(C_{2m})\} = \{x_5(1), x_5(2), \cdots, x_5(m)\}$，产品创新环节创新资源配置质量指数序列 $X_6 = \{\phi(C_{3i})\} = \{\phi(C_{31}), \phi(C_{32}), \cdots, \phi(C_{3m})\} = \{x_6(1), x_6(2), \cdots, x_6(m)\}$，知识创新环节产出质量指数序列 $X_7 = \{\phi(D_{1i})\} = \{\phi(D_{11}), \phi(D_{12}), \cdots, \phi(D_{1m})\} = \{x_7(1), x_7(2), \cdots, x_7(m)\}$，研发创新环节产出质量指数序列 $X_8 = \{\phi(D_{2i})\} = \{\phi(D_{21}), \phi(D_{22}), \cdots, \phi(D_{2m})\} = \{x_8(1), x_8(2), \cdots, x_8(m)\}$，产品创新环节产出质量指数序列 $X_9 = \{\phi(D_{3i})\} = \{\phi(D_{31}), \phi(D_{32}), \cdots, \phi(D_{3m})\} = \{x_9(1), x_9(2), \cdots, x_9(m)\}$，区域创新链协同质量指数序列 $X_{10} = \{\phi(E_i)\} = \{\phi(E_1), \phi(E_2), \cdots, \phi(E_m)\} = \{x_{10}(1), x_{10}(2), \cdots, x_{10}(m)\}$。

灰色关联度的计算以邓氏灰色关联分析模型为基础，体现了点集拓扑空间与距离空间的结合。令 $\Delta_{0h}(k) = |x_0(k) - x_h(k)|$，$\Delta'_{0h}(k) = |x_0(k) - (M_h - x_h(k))|$，则点集拓扑空间的邻域 C 为

$$C \in [\min_h \min_k \{p_h \Delta_{0h}(k) + (1-p_h)\Delta'_{0h}(k)\}, \max_h \max_k \{p_h \Delta_{0h}(k) + (1-p_h)\Delta'_{0h}(k)\}] \quad (3\text{-}12)$$

$$p_h = \begin{cases} 1, & X_h 与 X_0 正向关联 \\ 0, & X_h 与 X_0 负向关联 \end{cases} \quad (3\text{-}13)$$

其中，$p_h \in P$ 表示 X_h 与 X_0 的正向或负向关联。在给定的 P 值下，$\lambda(X_0(k), X_h(k))$ 表示 X_h 与 X_0 在 k 点的灰色关联系数，$\lambda(X_0, X_h)$ 表示 X_h 与 X_0 的灰色关联度，其计算公式为

$$\lambda(X_0(k), X_h(k)) = p_h \frac{C_{\min} + \xi C_{\max}}{\Delta_{0h}(k) + \xi C_{\max}} + (p_h - 1)\frac{C_{\min} + \xi C_{\max}}{\Delta'_{0h}(k) + \xi C_{\max}} \quad (3\text{-}14)$$

$$\lambda(X_0, X_h) = \frac{1}{n}\sum_{k=1}^{n}\lambda(X_0(k), X_h(k)) \quad (3\text{-}15)$$

其中，$C_{\min} = \min_h \min_k \{p_h \Delta_{0h}(k) + (1-p_h)\Delta'_{0h}(k)\}$；$C_{\max} = \max_h \max_k \{p_h \Delta_{0h}(k) + (1-p_h)\Delta'_{0h}(k)\}$；$\xi$ 表示分辨系数，且 $\xi \in (0,1)$。

当 $p_h = 1$ 时，X_h 与 X_0 正向关联，则 $\lambda(X_0(k), X_h(k)) = \frac{C_{\min} + \xi C_{\max}}{\Delta_{0h}(k) + \xi C_{\max}}$，显然 $\lambda(X_0(k), X_h(k)) \in (0,1]$，并且 $\lambda(X_0, X_h) \in (0,1]$；同理，当 $p_h = 0$ 时，X_h 与 X_0 负向关联，则 $\lambda(X_0(k), X_h(k)) = -\frac{C_{\min} + \xi C_{\max}}{\Delta'_{0h}(k) + \xi C_{\max}}$，显然 $\lambda(X_0(k), X_h(k)) \in (-1,0]$，且

$\lambda(X_0, X_h) \in (-1, 0]$。灰色关联系数 $\lambda(X_0(k), X_h(k))$ 与灰色关联度 $\lambda(X_0, X_h)$ 满足扩展的灰色关联公理。

2. 基于遗传算法的扩展灰色关联分析模型 P 值测算

灰色关联度的计算是邓氏灰色关联分析模型向负向关联关系的扩展，问题的核心在于如何确定 P 值，即判断系统的众多影响因素与系统行为序列 X_0 是正向关联还是负向关联。由于灰色关联系数 $\lambda(X_0(k), X_h(k))$ 的点集拓扑空间取值区间 C 受 P 值的影响，因此对任意关联因子序列 X_h 关联方向判断的变化，都可能导致系统整体灰色关联度发生变化。

从系统整体考虑，P 值的确定应依据以下准则：①从距离空间出发，由接近性公理可知，关联因子序列 X_h 与系统行为序列 X_0 间关联度的绝对值越大，在距离空间中越接近，所以应选取满足 $\sum_{h=1}^{6+n} |\lambda(X_0, X_h)|$ 最大的 P 值；②从点集拓扑空间出发，点集拓扑空间的取值区间 C 反映系统点集的整体分布情况，其分布离散程度越低则代表关联因子序列中的离群数据点越少，所以应选取满足 $C_{\max} - C_{\min}$ 最小的 P 值。综合上述分析，建立如下非线性约束最优化问题。

在区域创新链质量形成关键因素的识别过程中，上述最优化问题难以直接求解，向量 P 的取值有 2^i 种可能，其数量随关联因子序列 X_h 个数的增加呈指数增长。本书采用遗传算法确定向量 P 的最佳取值，进而计算灰色关联系数与灰色关联度。遗传算法是一种通过模拟自然进化创新资源配置搜索最优解的方法，从随机产生的一组初始解开始，通过选择、交叉、变异等操作逐步迭代最终得到最优解[95]，具体如下。

（1）个体编码。编码是把一个问题的可行解从其解空间转换到遗传算法所能处理的搜索空间的转换方法。采用二进制编码，向量 P 即为遗传空间的个体，代表各个关联因子序列 X_h 与系统行为序列 X_0 的关联方向。

（2）初始化种群。初始化种群是一组个体的集合，随机生成一组初始向量 P 组成初始种群，不同个体取值的差异会导致其适应度的不同，并通过适应度函数进行选择。

（3）适应度函数。适应度函数决定个体繁衍后代的能力，适应度越高则繁衍后代的能力越强。以上述非线性约束最优化问题的目标函数作为适应度，即系统内所有关联因子序列 X_h 与系统行为序列 X_0 的灰色关联度的绝对值之和与其点集拓扑空间的区间长度之比

$$\text{fit}(P) = \frac{\sum_{h=1}^{6+n} |\lambda(X_0, X_h)|}{C_{\max} - C_{\min}} \quad (3\text{-}16)$$

（4）选择算子。选择操作是通过适应度选择优质个体而抛弃劣质个体的过程，体现了"适者生存"的原理。选择算子取轮盘赌算法，个体遗传的概率与其适应度成正比。

（5）交叉算子。交叉是指将两个相互交叉的染色体按某种方式相互交换其部分基因，从而形成两个新的个体。它是产生新个体的主要方法，决定了遗传算法的全局搜索能力。交叉算子取随机配对的单点交叉，在个体编码串中随机设置一个交叉点后，在该点相互交换两个配对个体的部分基因。

（6）变异算子。变异是指将个体染色体编码串中的某些基因座上的基因值用该基因座的其他等位基因来替换，从而形成一个新的个体。它是产生新个体的辅助方法，决定了遗传算法的局部搜索能力。变异算子采取单点变异操作，对个体编码串随机指定某一位基因进行变异操作。

（7）终止检验。终止检验是判断算法是否达到终止计算的条件，当迭代次数达到预设的代数时，算法终止。

3.3.3 促进性和抑制性关键因素识别

基于 3.3.1 节对区域创新链质量形成的关键因素界定，促进性关键因素是指与区域创新链质量正向关联程度高的影响因素，抑制性关键因素是指与区域创新链质量负向关联程度高的影响因素。而基于遗传算法的扩展灰色关联分析模型考虑了负向关联的影响因素识别，通过 P 值反映影响因素的正负向关联方向。当 $p_h = 1$ 时，X_h 与 X_0 正向关联，$\lambda(X_0(k), X_h(k)) \in (0,1]$，且 $\lambda(X_0, X_h) \in (0,1]$；当 $p_h = 0$ 时，X_h 与 X_0 负向关联，$\lambda(X_0(k), X_h(k)) \in (-1,0]$，且 $\lambda(X_0, X_h) \in (-1,0]$。因此，可以通过基于遗传算法的扩展灰色关联分析模型测算各个具体影响因素的关联强度大小和关联方向，识别区域创新链质量的促进性和抑制性关键因素。正向关联且灰色关联度较大的影响因素是促进性关键因素，负向关联且灰色关联度绝对值较大的影响因素是抑制性关键因素。

区域创新链质量促进性和抑制性关键因素识别过程如下，设区域创新链质量指数序列为 $X_0 = \{\phi(A_i)\} = \{\phi(A_1), \phi(A_2), \cdots, \phi(A_m)\} = \{x_0(1), x_0(2), \cdots, x_0(m)\}$，作为系统特征行为序列，其中，$m$ 表示区域的年份跨度，$\phi(A_i)$ 表示第 i 年区域创新链质量指数；设区域创新链各个具体影响因素序列为 $X_h = \{x_h(1), x_h(2), \cdots, x_h(m)\}$，作为相关因素序列，其中，$h = 11, 12, \cdots, 10+n$。基于式（3-10）至式（3-15），得到区域创新链质量各个影响因素与区域创新链质量指数的灰色关联度为 $\lambda(X_0, X_h)$。当 $\lambda(X_0, X_h) > 0$ 时，影响因素 h 与区域创新链质量呈正向关联，当 $\lambda(X_0, X_h) < 0$ 时，影响因素 h 与区域创新链质量呈负向关联。通过对正向关联和负向关联影响因素关联程度大小的排序，识别关联程度高的正向和负向影响因素，即区域创新链质量的促进性和抑制性关键因素。

3.4 基于区域创新链质量指数预测及影响因素干预的跃迁路径设计

区域创新链质量形成存在多主体间的目标冲突性、多阶段间的时间序贯性及多资源间的配置竞争性，因此，对区域创新链质量跃迁路径的设计，一方面，需要基于历史数据识别既有区域创新链质量形成的促进性和抑制性关键因素；另一方面，需要识别未来区域创新链质量提升的关键影响因素，以反映区域创新链质量形成及质量跃迁的整体性、系统性和动态性。因此，本节首先基于灰色预测模型，预测区域创新链质量影响因素及质量指数的变化；其次，在不同干预强度和干预时间下，进行影响因素边际效应分析，以识别对区域创新链质量提升影响最大的因素；最后，结合既有创新链质量形成的关键因素及未来创新链的关键影响因素，提出区域创新链质量差异化跃迁路径。

3.4.1 基于灰色预测模型的区域创新链质量指数预测

为分析区域创新链质量的未来变化趋势，需要对区域创新链质量指数进行预测，由 3.2.1 节可知，区域创新链质量指数的变化是多个影响因素共同作用的结果，因此，预测区域创新链质量指数的前提是预测各个影响因素的取值。灰色系统理论适用于研究小样本、贫信息的不确定性问题[96]，能够利用少量有效数据和灰色不确定性数据预测系统的发展趋势。而本书采用的区域创新链质量影响因素指标体系中的指标数据受部分指标数据缺失、统计口径变化等影响，单个指标的样本量较少，符合灰色系统理论的应用范畴。与需要依据过去大量数据才能整理出的经验性统计规律的一般的预测方法不同，GM(1,1)模型基于系统科学理论，通过对少量、不完全信息的生成、开发，提取有价值的信息，实现对系统运行行为、演化规律的正确描述，进而实现对指标未来变化的定量预测。因此，本书基于灰色预测法中的 GM(1,1)模型预测区域创新链质量影响因素的时间序列取值，并依据 3.3 节中基于遗传算法的扩展灰色关联分析模型预测区域创新链质量指数。

区域创新链质量指数预测方法如下，设区域创新链质量第 j 项影响因素的时间序列数据取值 $a_j^{(0)} = (a_j^{(0)}(1), a_j^{(0)}(2), \cdots, a_j^{(0)}(m))$，其中，$m$ 表示区域的年份跨度。$a_j^{(0)}$ 的一阶累加生成（1-AGO）序列为 $a_j^{(1)} = (a_j^{(1)}(1), a_j^{(1)}(2), \cdots, a_j^{(1)}(m))$，$a_j^{(1)}$ 的均值生成序列为 $z_j^{(1)} = (z_j^{(1)}(2), z_j^{(1)}(3), \cdots, z_j^{(1)}(m))$，其中，

$$a_j^{(1)}(k) = \sum_{i=1}^{k} a_j^{(0)}(i), \quad k = 1, 2, \cdots, m \quad (3\text{-}17)$$

$$z_j^{(1)}(k) = 0.5 a_j^{(1)}(k) + 0.5 a_j^{(1)}(k-1), \quad k = 2, 3, \cdots, m \quad (3\text{-}18)$$

第 3 章 区域创新链质量形成及跃迁路径设计机理分析

建立差分方程式（3-19）及其白化微分方程式（3-20）

$$a_j^{(0)}(k)+\alpha z_j^{(1)}(k)=\beta, \quad k=2,3,\cdots,m \tag{3-19}$$

$$\frac{\mathrm{d}a_j^{(1)}}{\mathrm{d}t}+\alpha a_j^{(1)}(t)=\beta \tag{3-20}$$

令 $u=[\alpha,\beta]^{\mathrm{T}}$，运用最小二乘法估计 u，则 $\hat{u}=[\hat{\alpha},\hat{\beta}]^{\mathrm{T}}=(B^{\mathrm{T}}B)^{-1}B^{\mathrm{T}}Y$，其中，

$$Y=\begin{bmatrix}a_j^{(0)}(2)\\a_j^{(0)}(3)\\\vdots\\a_j^{(0)}(m)\end{bmatrix}, \quad B=\begin{bmatrix}-z_j^{(1)}(2) & 1\\-z_j^{(1)}(3) & 1\\\vdots & \vdots\\-z_j^{(1)}(m) & 1\end{bmatrix}$$

求解白化微分方程，得到

$$\hat{a}_j^{(1)}(k+1)=\left(a_j^{(0)}(1)-\frac{\hat{\beta}}{\hat{\alpha}}\right)\mathrm{e}^{-\hat{\alpha}k}+\frac{\hat{\beta}}{\hat{\alpha}}, \quad k=0,1,\cdots,m \tag{3-21}$$

根据累减还原式 $\hat{a}_j^{(0)}(k+1)=\hat{a}_j^{(1)}(k+1)-\hat{a}_j^{(1)}(k)$，得到区域创新链质量第 j 项影响因素的预测值 $\hat{a}_j^{(0)}(k+1)$，进而得到区域创新链质量影响因素 $m+t$ 年的预测值。最后基于 3.2.3 节计算包含预测值的 $m+t$ 年区域创新链质量指数，具体过程如下，设区域创新链质量影响因素数据矩阵 $A=(a_{ij})_{(m+t)\times n}$，其中，$m$ 表示区域年份跨度，t 表示预测年份跨度，n 表示区域创新链质量影响因素数量，a_{ij} 表示第 i 年的第 j 个影响因素的数据值，前 m 年为真实值，第 $m+1$ 年开始到第 $m+t$ 年为灰色预测值。设第 k 年影响因素序列 $A_k=(a_{k1},a_{k2},\cdots,a_{kn})^{\mathrm{T}}$，表示第 k 年全部影响因素的数据值。基于前景理论，以第 k 年影响因素序列 A_k 为参考点，第 i 年影响因素序列 A_i 中第 j 个影响因素的相对质量为 $\varphi_j(A_i,A_k)$。将所有影响因素的相对质量加总，得到第 i 年相对于第 k 年的质量函数 $\vartheta(A_i,A_k)$：

$$\vartheta(A_i,A_k)=\sum_{j=1}^{n}\varphi_j(A_i,A_k), \quad i,k=1,2,\cdots,m+t \tag{3-22}$$

$$\varphi_j(A_i,A_k)=\begin{cases}\sqrt{w_{jr}(a_{ij}-a_{kj})\bigg/\sum_{j=1}^{n}w_{jr}}, & a_{ij}-a_{kj}>0\\0, & a_{ij}-a_{kj}=0\\-\frac{1}{\theta}\sqrt{\left(\sum_{j=1}^{n}w_{jr}\right)(a_{kj}-a_{ij})/w_{jr}}, & a_{ij}-a_{kj}<0\end{cases} \tag{3-23}$$

$$w_{jr}=w_j/\max\{w_j\mid j=1,2,\cdots,n\}, \quad j=1,2,\cdots,n \tag{3-24}$$

其中，w_j 表示区域创新链质量影响因素数据矩阵 A 中第 j 个指标的权重值，用以

表示第 j 个影响因素在全部 n 个影响因素中的相对重要程度；w_{jr} 表示第 j 个影响因素相对于权重最大影响因素的权重值，影响相对质量 $\varphi_j(A_i, A_k)$ 的因素包括与参考点影响因素实际值之差和影响因素的相对权重值，体现了前景理论中的参照依赖与损失规避假设；参数 θ 表示区域创新链质量面对影响因素变差时的质量损失程度，通常，θ 越小表示影响因素变差时区域创新链质量的损失越严重。第 i 年的区域创新链质量影响因素序列 A_i 的总体质量函数为其所有相对质量函数的加总，即 $\sum_{k=1}^{m} \vartheta(A_i, A_k)$，归一化后，得到第 i 年的区域创新链质量指数 $\phi(A_i)$，区域创新链质量指数 $\phi(A_i)$ 越大，表示第 i 年的区域创新链质量越高。

$$\phi(A_i) = \frac{\sum_{k=1}^{m} \vartheta(A_i, A_k) - \min_i \left\{ \sum_{k=1}^{m} \vartheta(A_i, A_k) \right\}}{\max_i \left\{ \sum_{k=1}^{m} \vartheta(A_i, A_k) \right\} - \min_i \left\{ \sum_{k=1}^{m} \vartheta(A_i, A_k) \right\}} \tag{3-25}$$

3.4.2 影响因素边际效应分析

通过对区域创新链质量影响因素预测值施加干预，分析在不同干预强度和干预时间下区域创新链质量指数预测值的变化程度，即为各个影响因素的边际效应。区域创新链质量影响因素的边际效应越强，表示该影响因素的改善对区域创新链质量指数的提升越明显。结合仿真建模方法，模拟各个影响因素干预下的质量指数预测值的变化程度，分析区域创新链质量影响因素的边际效应。构建区域创新链质量影响因素数据矩阵 $A = (a_{ij})_{(m+1) \times n}$，其中前 m 年为真实值，第 $m+1$ 年开始到第 $m+t$ 年为灰色预测值，再构建区域创新链质量影响因素数据矩阵 $A' = (a'_{ij})_{(m+t) \times n}$，

$$a'_{ij} = \begin{cases} a_{ij} + \varepsilon, & i > m, j = j_0 \\ a_{ij}, & \text{其他} \end{cases} \tag{3-26}$$

其中，A' 表示干预第 $m+1$ 年至第 $m+t$ 年第 j_0 个影响因素的数据矩阵；ε 表示干预强度。通过式（3-6）计算无干预下矩阵 A 对应的质量函数 $\vartheta(A_i, A_k)$，以及干预下 A' 对应的质量函数 $\vartheta'(A_i, A_k)$，则边际效应 $M_{j_0}(\varepsilon)$ 表示影响因素 j_0 在干预强度为 ε 时第 $m+t$ 年区域创新链质量指数相比不干预的情况下提升的程度，如式（3-27）所示。

$$M_{j_0}(\varepsilon) = \frac{\left(\sum_{k=1}^{m+t} \vartheta'(A_{m+t}, A_k) - \min_{1 \leqslant i \leqslant m+t} \left\{ \sum_{k=1}^{m+t} \vartheta'(A_i, A_k) \right\} \right) - \left(\sum_{k=1}^{m+t} \vartheta(A_{m+t}, A_k) - \min_{1 \leqslant i \leqslant m+t} \left\{ \sum_{k=1}^{m+t} \vartheta(A_i, A_k) \right\} \right)}{\max_{1 \leqslant i \leqslant m+t} \left\{ \sum_{k=1}^{m+t} \vartheta(A_i, A_k) \right\} - \min_{1 \leqslant i \leqslant m+t} \left\{ \sum_{k=1}^{m+t} \vartheta(A_i, A_k) \right\}}$$

$$\tag{3-27}$$

区域创新链质量影响因素的边际效应越强，说明该影响因素对未来区域创新链质量的提升效果越显著。基于边际效应分析，设计区域创新链质量跃迁差异化路径，可以有效提升未来区域创新链质量。

3.4.3 区域创新链质量跃迁差异化路径设计

本节基于 3.3.3 节促进性和抑制性关键因素识别，3.4.2 节影响因素边际效应分析以及区域创新链质量发展现状，面向区域创新链创新资源投入质量、创新资源配置质量及产出质量下的知识创新、研发创新和产品创新环节提出差异化跃迁路径。

当基础研究、应用研究和试验发展 R&D 人员全时当量及增长率、R&D 经费内部支出及增长率等影响因素的边际效应较强时，面向区域创新链创新资源投入质量，提出创新资源吸聚增强跃迁路径，该路径是指发挥区域创新链知识创新、研发创新和产品创新各环节高校、科研院所和企业等创新主体的作用，提升国际创新资源的吸聚能力，面向全球吸聚创新人才、创新资本和技术等创新资源，重视海外高精尖人才、前沿技术引进的区域创新链质量跃迁路径。在知识创新环节，充分发挥政府财政对基础研究的支持作用，不断健全对高校、科研院所以及相关基础学科、基础研究基地等的长期稳定支持机制。在研发创新环节和产品创新环节，不断加大对企业、科研院所等创新主体在技术转化、技术突破领域的资金扶持力度，通过人才引进、住房补贴、技术扶持等政策，吸聚国内外高端人才资源。

当高等学校和研究与开发机构每万名研发人员发表科技论文数及研发经费内部支出额中来自企业资金的比例、规模以上工业企业就业人员中研发人员比例、每亿元研发经费内部支出产生的发明专利授权数（不含企业）、规模以上工业企业每万名研发人员产生的新产品产值、规模以上工业企业新产品开发经费支出占应用研究 R&D 内部经费投入比例等影响因素边际效应较高时，面向区域创新链创新资源配置质量，提出创新资源配置效率驱动跃迁路径，该路径是指提高知识创新、研发创新和产品创新等创新链环节中创新人才、创新资本、技术等创新资源的配置和利用效率，激活高校、科研院所和企业等创新主体的创新活力，形成创新资源"内涵高质量、配置高效率"的区域创新链质量跃迁路径。在知识创新环节，高校、科研院所等创新主体通过强化知识创新的目标导向，合理分配师资、专项资金、科研项目等创新资源，鼓励提出新思想、新理论与新方法，进一步强化具有战略性、前瞻性的基础研究。在研发创新环节，企业、科研院所等创新主体通过校企合作等方式促进产学融合，承接知识创新环节产生的基础理论等原始创新成果，合理配置创新人才和创新资本等创新资源，攻克关键技术难题。在产品创新环节，以产品创新为导引，优化创新资源配置与运用，构建产品创新率先突破激励机制，明确企业在产品创新中的主体地位，充分发挥市场在资源配置中的决定性作用。

　　当高等学校和研究与开发机构发表科技论文数及增长率、出版科技著作数及增长率、发明专利授权数（不含企业）及增长率、规模以上工业企业有效发明专利数及增长率、规模以上工业企业新产品销售收入及增长率等影响因素边际效应较强时，面向区域创新链产出质量，提出创新产出牵引跃迁路径，该路径是指以提高知识创新、研发创新和产品创新等创新链环节的产出质量为目标，通过原创性基础理论、产业关键核心技术、市场化颠覆性产品等创新成果的产出，结合市场机制形成创新资源积累和利用持续良性循环的区域创新链质量跃迁路径。在知识创新环节，制订面向重大科学研究与应用目标导向的知识创新发展规划，促进高校、科研院所等创新主体产生基础理论、原理性技术等原始创新成果。在研发创新环节，通过加大企业、科研院所科研人员占比、科研投入，完善知识产权保护机制，促进技术转化以及突破式、颠覆式技术的自主研发。在产品创新环节，不断激发市场活力，通过外部市场竞争推动企业加大研发投入，推出具有颠覆性的市场化产品，形成一批具有影响力的创新型领军企业。

　　同时，面向区域创新链中创新资源投入、创新资源配置和产出质量的协同改进，通过对创新资源吸聚增强跃迁路径、创新资源配置效率驱动跃迁路径、创新产出牵引跃迁路径等多种路径策略的混合应用，提出创新资源配置效率驱动-吸聚增强的跃迁混合路径、创新资源配置效率驱动-产出牵引的跃迁混合路径以及创新资源吸聚增强-产出牵引的跃迁混合路径。

第 4 章

江苏创新链质量现状调研及分析

在第 3 章区域创新链质量机制研究的基础上,本章以江苏为对象,研究区域创新链质量形成过程及提升路径的机制实践。为此,本章在对江苏创新总体现状进行调研、SWOT 分析的基础上,基于第 2 章中对区域创新链概念的解析,从区域创新链创新资源投入、创新资源配置和产出等三个阶段,以及各阶段知识创新、研发创新及产品创新三个环节的质量,分析江苏创新链、创新链质量内涵、结构、影响因素及影响过程,识别存在的问题,为后续研究江苏创新链质量形成机制及跃迁路径的设计提供实践支持。

4.1 江苏创新总体现状

创新是引领发展的第一动力,加快科技创新是推动经济高质量发展的需要,是实现人民高品质生活的需要,是构建新发展格局的需要,是顺利开启全面建设社会主义现代化国家新征程的需要。为此,近年来江苏积极出台一系列政策文件,以创新驱动支撑"强富美高"新江苏和创新型省份建设。本章参考部分学者的做法[97],基于 SWOT 分析法,对标同属于先进、创新型省市的北京、上海、浙江和广东,研究江苏创新发展的总体现状。

4.1.1 江苏创新发展优势分析

江苏作为开放大省、经济大省、科教大省,地处我国东部沿海地区,地形多平原,具备良好的自然禀赋,且海陆空交通来往便捷,工业化与现代化都走在全国前列,有雄厚的实力支撑创新发展。其优势主要表现在以下几个方面。

1. R&D 经费投入规模较大

江苏经济发展综合实力较强,R&D 经费投入规模较大。我国 R&D 经费投入规模自 2013 年超越日本以来,一直稳居全球第 2 位,仅次于美国。2018 年,我国的 R&D 经费投入已达 2971.15 亿美元(约合 19 677.9 亿元人民币),美国为

5623.94亿美元,居第3位的日本为1596.99亿美元。而在我国各省区市中,江苏由于宏观经济发展水平位居前列,每年投入的R&D经费持续增长,并且在总量上具有相对优势。以2018年为例,江苏的地区生产总值为92 595.40亿元,超过全国生产总值的10%,和广东一同位列前2;人均地区生产总值达115 168元,是全国人均地区生产总值超10万元的4个省市(北京、天津、上海、江苏)中唯一的省份(图4-1)。良好的经济发展给科技创新提供了很大的资金支持,如图4-2所示,江苏全省R&D经费内部支出由2010年的857.95亿元增长至2018年的2504.43亿元,8年内提高近2倍,每年的涨幅接近200亿元。并且参考国家统计局发布的数据[①],2018年全国仅6个省市的R&D经费投入超过千亿元,而江苏R&D经费投入超过2000亿元,位居第2(图4-3)。

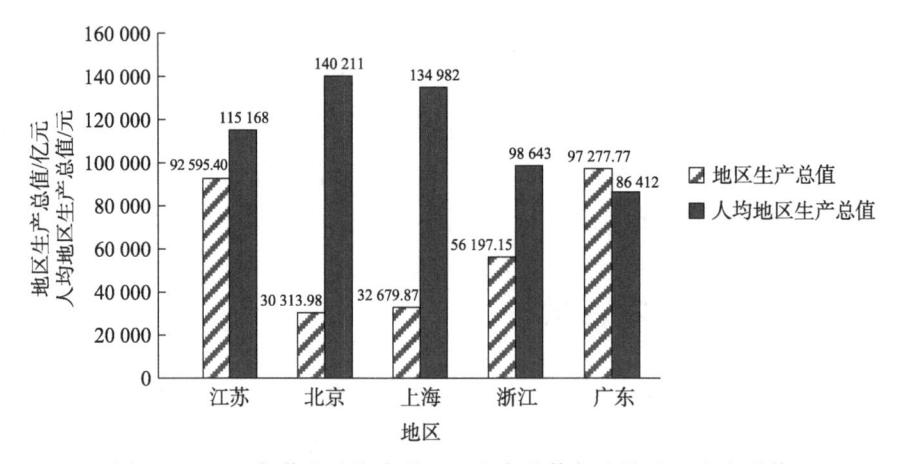

图 4-1　2018年苏京沪浙粤的地区生产总值与人均地区生产总值

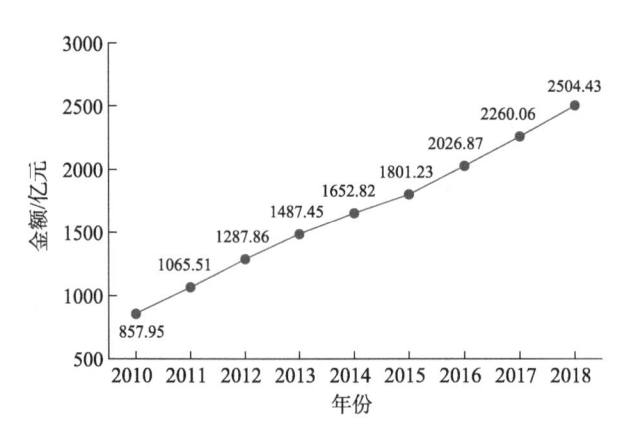

图 4-2　2010—2018年江苏R&D经费内部支出

---

① 《2018年全国科技经费投入统计公报》,http://www.gov.cn/xinwen/2019-08/30/content_5425835.htm?utm_source=UfqiNews, 2019-08-30。

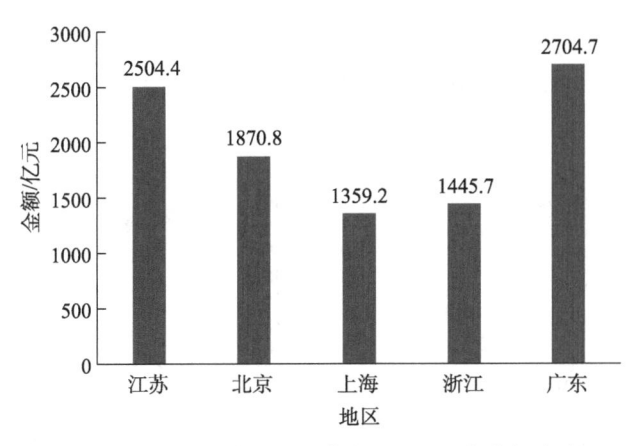

图 4-3　2018 年苏京沪浙粤的 R&D 经费内部支出

2. 科教资源丰富，人才供给能力强

江苏科教资源较为丰富，为创新人才供给形成有力支撑。参考涵盖 81 个国家和地区 1500 所大学的 USNews 2020 世界大学排行榜，我国共有 223 所高校上榜，其中属地为江苏的包括南京大学（168 名）、东南大学（311 名）、苏州大学（388 名）等 20 余所高校。据教育部 2020 年统计数据，江苏拥有 167 所普通高等学校，其数量居全国首位，并且拥有南京大学和东南大学 2 所一流大学建设高校以及苏州大学、河海大学等 13 所一流学科建设高校，双一流高校数量位居全国前列（表 4-1）。丰富的科教资源为江苏输送了大量的高素质人才资源。参考江苏省教育厅发布的《2018 年江苏省普通高校毕业生就业质量年度报告》，2018 年江苏高校毕业生总人数达 56.2 万人，留苏就业者达 33 万人，其中研究生毕业者 2.5 万人，本科毕业生 15.3 万人，专科毕业生 15.2 万人，在其同期就业的毕业生人数中各占 60.5%、75.5% 和 84.7%，充分体现出江苏的科教资源优势。

表 4-1　苏京沪浙粤的双一流高校数量（单位：所）

地区	双一流高校数量	一流大学建设高校数量	一流学科建设高校数量
江苏	15	2	13
北京	33	8	25
上海	13	4	9
浙江	3	1	2
广东	5	2	3

根据国家统计局发布的《新中国成立 70 周年经济社会发展成就系列报告》，我国 R&D 人员总量自 2013 年超越美国以来，连续 6 年稳居世界第 1。在我国各地区中，江苏的 R&D 人员数量和 R&D 人员全时当量储量十分可观。如图 4-4 所示，短短 5 年，江苏的 R&D 人员数量已由 2013 年的 62.69 万人增长至 2017 年的 75.42 万人，远高于浙江、北京与上海等地区，总提升幅度超过 20%。江苏的 R&D

人员全时当量也保持稳定的增长，由2013年的46.62万人年提升至2017年的56.00万人年，并在这5个地区中维持着前两名的领先位置。

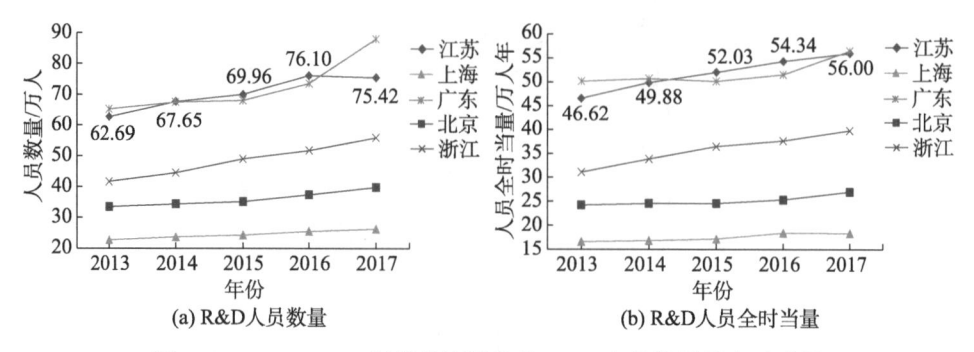

图 4-4　2013—2017年苏京沪浙粤的R&D人员数量及全时当量

3. 产业基础雄厚，新技术的研发、应用与推广潜力大

经过70年的发展，我国形成了完整的现代产业体系，成为全世界唯一拥有联合国产业分类中全部工业门类的国家，与此同时，2018年我国制造业增加值占全世界份额达到28%以上，是驱动全球工业发展的重要引擎。以制造业为主体的实体经济始终是江苏发展的根基所在，为新技术研发、应用与推广提供了广阔市场。2015年江苏产业结构首次实现"三二一"格局转变，产业结构不断优化。截至2018年，江苏的制造业规模已连续8年位列全国第一，智能制造规模也位于全国第一方阵，以2018年为例，江苏的第二产业增加值为41 248.52亿元，第三产业增加值为47 205.16亿元，分别占全国第二、三产业增加值的11.27%和10.05%。

"十三五"期间，江苏提出重点培育新型（新能源）装备、工程机械、物联网、前沿新材料等13个先进制造业集群，着力增强江苏经济的整体竞争力。自2020年以来，在工业和信息化部创新资源投入的两轮先进制造业集群竞赛初赛中，无锡物联网集群、徐州工程机械集群、苏州纳米新材料集群等9个集群入围，数量位居全国首位。同时，江苏共拥有两家国家制造业创新中心，占全国总数的1/8。数据显示，"十三五"期间，江苏先进制造业尤其是高新技术企业迅猛发展。2019年，江苏全省高新技术产业产值占规模以上工业产值的比重达44.4%，比2015年提高4.3个百分点。根据2019年江苏经信智能制造研究院和苏商发展智库联合发布的《江苏省智能车间发展白皮书》和《江苏省两化融合管理体系贯标白皮书》，江苏传统制造业占比近70%，迫切需要以"智能+"推动制造业转型升级和新旧动能转换。为加快推动互联网、大数据、人工智能和实体经济深度融合，省工业和信息化厅于2018年印发《关于进一步加快智能制造发展的意见》等政策文件，为新技术的研发、应用与推广提供市场动力。

4.1.2 江苏创新发展劣势分析

江苏虽然拥有恒瑞医药、徐工集团等优秀企业，成功孕育出中科煜宸等一批准"独角兽"企业，但是缺少华为技术有限公司（简称华为）、深圳市腾讯计算机系统有限公司（简称腾讯科技）等创新领军型企业，面临本土人才流失、外部人才吸引力弱、创新资源配比失调、协同性不足等突出问题，各主体的创新活力有待充分释放，亟须以制度创新推动科技创新，具体分析如下。

1. 一流创新型领军企业少，对高层次人才的就业吸纳能力较弱

江苏本土一流创新型领军企业数量较少且影响力较低，与江苏经济大省的地位不符。首先，根据中国企业联合会发布数据，2019 中国企业 500 强名单中，江苏省共 49 家企业入榜，较 2018 年少 4 家企业，具体包括苏宁控股集团有限公司、太平洋建设集团有限公司、恒力集团有限公司、江苏沙钢集团有限公司等（表 4-2），并且大多数企业属于传统制造业企业。江苏省大企业的结构较为均衡，国有企业和民营企业都很发达，但仍然缺乏引领性的科技创新型企业。

表 4-2 江苏省入围 2019 中国企业 500 强的前 15 家企业

序号	企业名称	营业收入/亿元	排名
1	苏宁控股集团有限公司	6024.56	19
2	太平洋建设集团有限公司	5729.81	24
3	恒力集团有限公司	3717.36	46
4	江苏沙钢集团有限公司	2410.45	85
5	中南控股集团有限公司	2225.43	94
6	盛虹控股集团有限公司	1434.80	132
7	中天钢铁集团有限公司	1250.33	148
8	南通三建控股有限公司	1223.56	150
9	海澜集团有限公司	1200.59	156
10	南京钢铁集团有限公司	1182.06	157
11	协鑫集团有限公司	1118.16	166
12	亨通集团有限公司	1019.82	187
13	无锡产业发展集团有限公司	930.54	207
14	江苏悦达集团有限公司	914.66	211
15	江阴澄星实业集团有限公司	863.41	228

其次，参考中商产业研究院发布的"2018 中国科技创新企业 100 强"榜单，江苏上榜企业较少，且前十名企业中无一家总部位于江苏；参考中国互联网协会、工业和信息化部网络安全产业发展中心联合发布的"2019 年中国互联网企业 100 强"榜单，江苏上榜企业仅 5 家，具体包含苏宁控股集团有限公司（第 13 名）、同程旅游集团（第 29 名）、无锡华云数据技术服务有限公司（第 48 名）、南京途牛科技有限公司（第 80 名）和满帮集团（第 87 名）；参考"胡润大中华区独角兽

指数",2017年上榜企业总数达120家,整体估值总计超3万亿元人民币,其中江苏上榜企业仅4家,分别为同程旅行(估值200亿元)、孩子王(估值100亿元)、运满满&货车帮、信达生物,2018年共186家企业上榜,整体估值超5万亿元人民币,江苏上榜企业仅12家,包括苏宁金服(估值500亿元)、满帮(估值400亿元)、汇通达(估值200亿元)、苏宁体育(估值150亿元)、拜腾汽车(估值100亿元)、孩子王、开沃汽车、信达生物、艾佳生活、车置宝、好享家以及基石药业,与2017年相比进步明显但依旧占比较低,为6.45%;参考科睿唯安基于对企业发明总量、专利授权率、全球化和影响力4个指标全面分析发布的《2018年中国大陆创新企业百强》报告,江苏企业中仅宝时得、徐工集团、科沃斯、恒瑞医药、正大天晴5家上榜,并且排名较后。

创新型领军企业较少,导致江苏企业对高层次人才的就业吸纳能力薄弱。参考2018届毕业生就业质量报告,以2018届部分双一流高校毕业生为例,从流向地区看(表4-3),江苏对本地高校的毕业生吸引力较强,例如,南京大学的2018届毕业生有50.05%选择留苏就业,但是对其他地区的名校毕业生吸引力明显弱于北京、上海、浙江和广东。从就业单位看(表4-4),华为、腾讯科技、网易公司(简称网易)、上海汽车集团股份有限公司(简称上汽集团)等是吸纳名校毕业生最多的就业单位,而江苏仅有苏宁易购集团、南京大学(含附属医院)、东南大学(含附属医院)、徐工集团、恒瑞医药等单位具有一定的吸引力。

表4-3　2018届部分双一流高校毕业生流向地区(单位:%)

高校	江苏	北京	上海	浙江	广东
			地区		
清华大学	3.18	41.26	13.18	6.24	16.87
北京大学	3.46	39.47	6.20	5.48	21.94
南京大学	50.05	5.01	14.59	6.72	7.54
浙江大学	3.57	4.42	11.86	59.69	6.90
上海交通大学	3.57	2.21	73.84	4.89	5.32

表4-4　2018届部分双一流高校毕业生流向的前5所单位

高校	1	2	3	4	5
			流向排名		
清华大学	华为	腾讯科技	国家电网公司	网易	中共福建省委组织部
北京大学	华为	腾讯科技	中国工商银行	北京大学	中国银行
南京大学	华为	腾讯科技	招商银行	中国建筑工程总公司	阿里巴巴集团、中国工商银行
浙江大学	华为	网易	浙江大学	国家电网公司	杭州海康威视
上海交通大学	华为	上汽集团	腾讯科技	招商银行	上海交通大学

2. 创新活力有待进一步释放

江苏的创新活力有待进一步释放，具体从 R&D 经费投入强度、R&D 人员密度等方面入手。首先，在 R&D 经费投入强度（R&D 经费内部支出占地区生产总值的比重）方面，如图 4-5 所示，2010—2018 年江苏的 R&D 经费投入强度不断增大，从 2010 年的 2.07% 提升至 2018 年的 2.70%，但是自 2013 年以来，R&D 经费投入强度的增速较之前明显放缓，这是由于该时期全球经济下行压力增大，政府也在这方面缩减财政支持力度[98]，而整体创新实力还不够强的江苏企业为维持生存，无力维持 R&D 投入；但 R&D 经费投入强度仍保持上升的趋势，并于 2018 年进一步增强了提升幅度。横向来看，2018 年江苏的 R&D 经费投入强度为 2.70%，在国际层面，低于 2017 年的韩国（4.55%）、瑞典（3.40%）、日本（3.21%）；在国内层面（图 4-6），江苏远低于北京（6.17%）、上海（4.16%），稍低于广东（2.78%）。由此可见，为缩小差距，力争建成科技强省，江苏的研发经费投入强度有待提高。

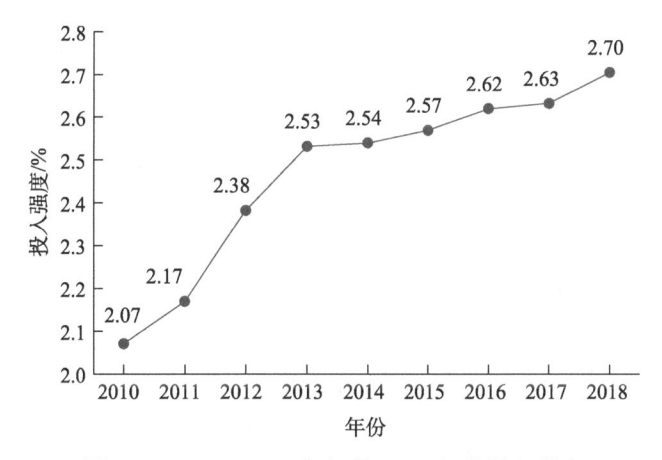

图 4-5 2010—2018 年江苏 R&D 经费投入强度

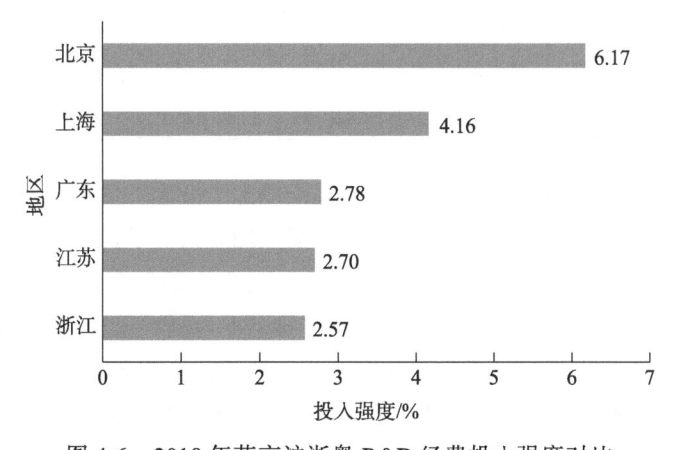

图 4-6 2018 年苏京沪浙粤 R&D 经费投入强度对比

从 R&D 经费投入的主体来看，江苏 R&D 经费的来源结构中，企业的主体地位不断稳固，其研发经费投入强度有较大提升；政府资金所占比例逐渐下降，但 2017 年开始回升；国外资金占比很低（2010 年来一直未突破 1%）并呈不断下降趋势。如图 4-7 所示，2010—2017 年在江苏 R&D 经费来源中，企业资金所占比例最高。2017 年企业已承担了江苏 87.24% 的研发经费，表明企业作为研发经费投入主体的地位在不断增强。如表 4-5 所示，政府资金主要支持了高等学校和研究与开发机构，企业除自身以外，对高等学校的投资明显高于研究与开发机构，侧面反映出产学研合作还不够紧密。

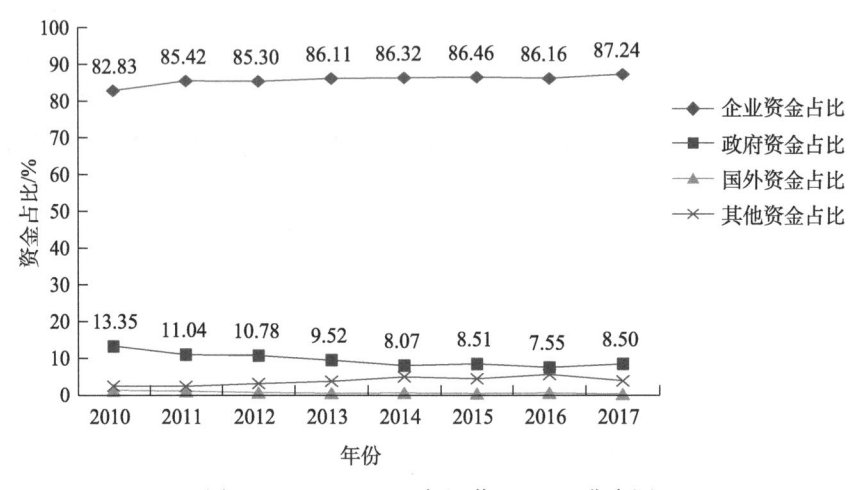

图 4-7　2010—2017 年江苏 R&D 经费来源

表 4-5　2017 年江苏各创新活动执行主体 R&D 经费来源（单位：万元）

主体	总 R&D 经费内部支出	政府资金	企业资金	国外/境外资金	其他资金
高等学校	1 095 841	546 442	386 275	1 770（国外）	161 354
研究与开发机构	1 645 657	987 467	45 506	2 516（国外）	610 168
规模以上工业企业	18 338 832	259 381	17 941 250	60 583（境外）	77 618

在企业 R&D 经费投入方面，以江苏规模以上工业企业为例，至 2018 年其整体 R&D 经费投入占销售收入的比重仅提升至 1.53%，而国际上一般认为企业研发强度达到 2% 才能勉强维持生存，达到 5% 才会具备市场竞争力。放眼全球，以欧盟委员会发布的"2018 年欧盟工业研发投资排名"为例，研发经费投入总量前 50 的企业中，强度最低的丰田汽车达到 3.6%，而研发投入强度最高的塞尔基因已达到 30.5%，中国企业里华为以 14.7% 遥遥领先。通过对比发现，江苏企业创新能力还有巨大的提升空间。

在政府 R&D 经费投入方面，江苏政府的财政支持同样数额虽高但强度较低。如图 4-8 所示，江苏政府的科学技术支出除 2013—2016 年的经济下行阶段外总体呈现快速提升趋势，于 2016 年提出加快建设创新型省份后，科技支出更是大幅上升，于 2018 年达到 507 亿元，在苏京沪浙粤这三省两市中仅次于广东（图 4-9），其占比达到历史峰值为 4.35%，但是该强度在 5 个地区中仍处于较低水平，广东达到 6.58%，北京达到 5.70%。

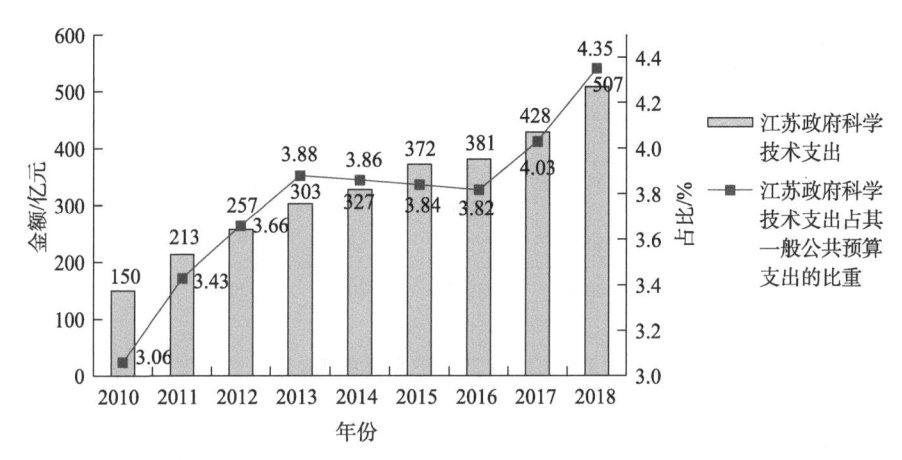

图 4-8　2010—2018 年江苏政府一般公共预算支出中的科技支出及其占比

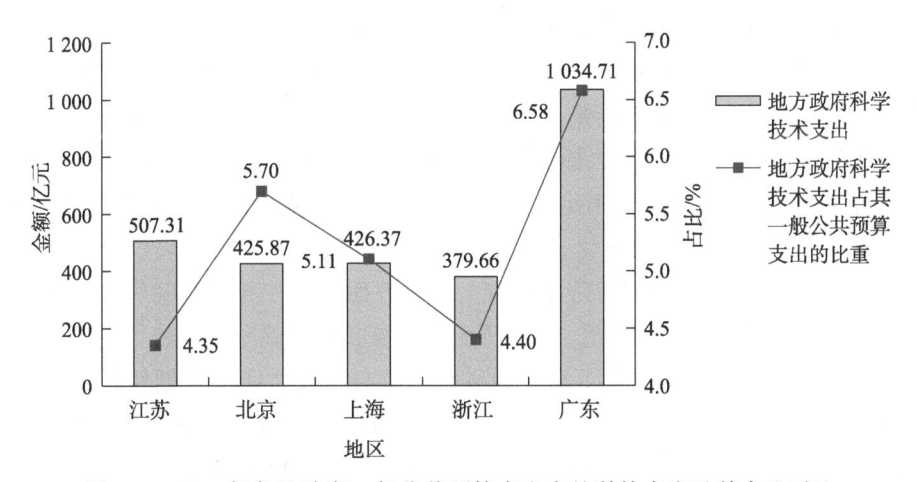

图 4-9　2018 年各地政府一般公共预算支出中的科技支出及其占比对比

其次，江苏在 R&D 人员密度（万名就业人员中 R&D 人员数）方面，仍有提升空间。如图 4-10 所示，江苏 R&D 人员密度由 2013 年的 97.93 人年/万人持续提升至 2017 年的 117.70 人年/万人，年均增长 4.7%，并且已经远超 2017 年我国整体 R&D 人员密度 52 人年/万人的水平。但是与国内外其他地区相比，在 2017 年，韩国 R&D 人员密度达到 177.5 人年/万人，法国为 155.8 人年/万人，德国为 154.0 人年/万人[①]，且北京、上海也分别维持在 200 人年/万人和 120 人年/万人以上，江苏的研发人员密度有待进一步提升。

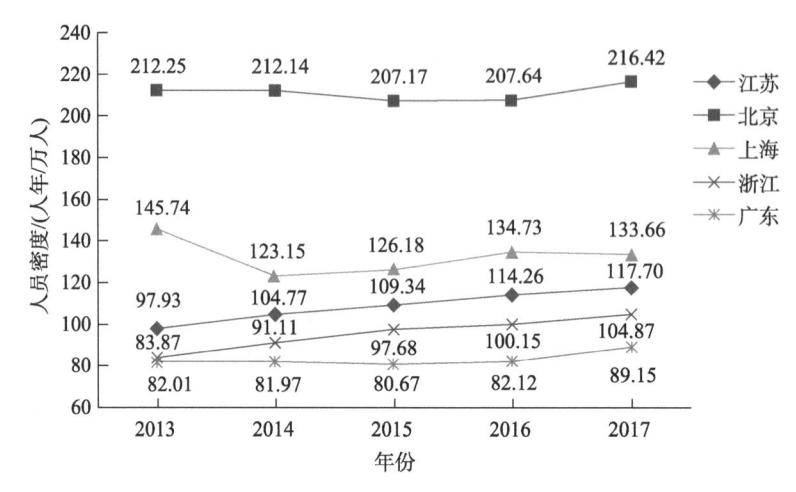

图 4-10　2013—2017 年苏京沪浙粤的 R&D 人员密度

3. 创新资源配置失调且协同性不足

江苏创新资源配置失调。2017 年我国的基础研究经费支出占总研发支出的比重为 5.5%，美国、日本和韩国的基础研究经费支出占比在 2016 年已分别达到 16.9%、13.2%和 16.0%，而 2017 年江苏基础研究 R&D 经费占比仅为 2.99%，江苏基础研究 R&D 人员全时当量占 R&D 人员全时当量的比例仅为 3.41%。对基础创新投入的不足导致江苏重大原创成果不多，无法承担起自主创新的重任。

同时，各环节间协同性不足。具体地，2017 年江苏全省高校院所每年仅 5% 左右的原创成果得到应用转化，而转化后能产生经济效益的成果仅占转化成果的 30%左右[99]。在知识创新阶段的资金利用方面，高校和科研院所与企业之间的协同性同样表现不足。如图 4-11 所示，高校和科研院所研发经费内部支出额中来自企业资金的比例衡量了高校和科研院所与企业之间研发创新阶段的资金利用和合作的紧密程度，而 2009 年至 2018 年江苏该比重总体呈下降趋势，2009 年比重为 26.48%，2010 年下降至 19.69%，2010 年至 2014 年比重稳定在 20%左右，2015 年比重开始下降，至 2018 年比重稳定在 16%左右。2009 年至 2018 年江苏高校和科研院所研发经费内部支出额中来自企业的比重的变化趋势说明在原始创新阶段，企业对高校和科研院所的资金支持力度有所下滑，合作越发松散，协同性不足。

---

① 《科技统计报告汇编：我国科技人力资源发展状况分析》，https://www.sohu.com/a/305293747_390536，2019-04-01。

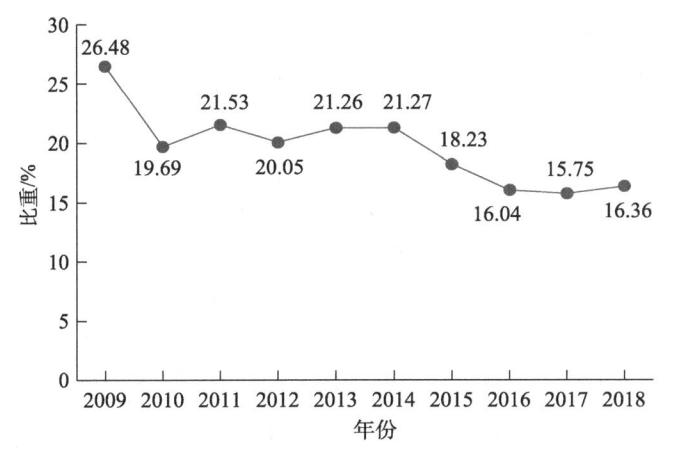

图 4-11 2009—2018 年江苏高校和科研院所研发经费内部支出额中来自企业的比重

4.1.3 江苏创新发展机遇分析

随着新型全球化的深入，高端人才、研发资本等创新资源在全球范围内加速流动与重组，建设高质量区域创新链成为抢占未来全球创新制高点的关键。与此同时，"一带一路"倡议及"双循环"战略的提出进一步促进了全球创新资源的有序自由流动和高效配置，为江苏在全球范围内吸聚、配置高端创新资源，打造自主、可控、领先的高质量区域创新链，破解当前转型升级瓶颈，推动经济高质量发展创造了前所未有的历史机遇。江苏作为科教资源大省，必须承担重要的历史使命、显著提升自己的创新能力、提升创新链质量，为我国建设高质量区域创新链发挥示范和引领作用。

1. 新科技革命方兴未艾

以数字经济为主导的新一轮科技革命方兴未艾，将深刻改变世界发展格局，江苏应借助这波浪潮推动创新发展。伴随 20 世纪 90 年代中期以来个人电脑和网络技术的发展、21 世纪移动通信技术的不断进步、智能手机的出现、新一代信息技术的涌现[100]，数据作为新型"石油"[101]成为引领经济增长的新动力。位处数字经济时代，高端人才、研发资本等创新资源能够在全球自由、快速、有序地流动与配置，国家间在商品、服务和资金流通上更加相互依赖。江苏应围绕科技强省目标，把握新一轮科技革命和产业变革带来的机遇，推动工业化和信息化的融合发展，实现"江苏制造"向"江苏智造"的转变，促进以制造业为主体的实体经济高质量发展。

2. 国家及省域层面高度重视自主创新

国家自主创新战略的实施为江苏提高自主创新能力提供引领。为实现第二个百年奋斗目标,我们必须把握住科学技术这个第一生产力,而关键核心技术是买不来的,以市场换技术最终也是行不通的,必须依靠自主创新,走中国特色自主创新道路。2006年,全国科学技术大会提出加强自主创新,建设创新型国家,并颁发了《国家中长期科学和技术发展规划纲要(2006—2020年)》。2012年党的十八大召开以来,我国更是将科技创新摆在前所未有的突出位置,发布了《国家创新驱动发展战略纲要》,提出实施创新驱动发展战略以及到2050年建成世界科技创新强国的"三步走"战略目标。同年,江苏也根据自身发展提出了分"三步走"的要求:到2020年,创新型省份建设保持在全国前列,缩小与先进省市的差距;到2030年,创新型省份建设达到创新型国家和地区先进水平,在重大原创成果等方面拥有国际影响力;到2050年,实现科技强省建设目标,有力支撑江苏"强富美高"和我国世界科技强国建设。江苏应抓住机遇,积极参与国家重大项目建设,突破一系列制约发展的难题。

3. "一带一路"海陆交汇点建设为创新合作提供广阔国际平台

"一带一路"倡议为沿线各国的创新发展都提供了巨大的动力,而江苏承担其海陆交汇点建设重要责任的同时,也拥有打造更多增长极的机遇。为确保参与"一带一路"建设,走在全国前列,江苏推出《关于高质量推进"一带一路"交汇点建设的意见》,将重点实施"五大计划"。①国际综合交通体系拓展计划。加快交通网络建设,立足陆海联运、江海联运、海河联运发展需要,推进沿海、沿江、沿新亚欧陆海联运三大通道基础设施互联互通,着力构建综合性立体化通道网络。②国际产能合作深化计划。分类推进国际产能合作,抢抓国际产业分工深度调整机遇,有序推动有实力、有意愿的企业"走出去"拓展海外发展空间。培育壮大跨境产业链,聚焦国家鼓励的境外投资方向,支持企业整合国际优质要素资源,提升核心竞争力和跨国经营能力。加强科技国际合作,不断完善江苏省"一带一路"产业技术创新合作伙伴网络。③"丝路贸易"促进计划。多元化开拓国际市场,加快跨境电商综合平台建设,推动中欧班列优化整,着力优化贸易环境。④重点合作园区提升计划。做大做强境外合作园区,把江苏产能优势、园区经验与"一带一路"沿线国家的资源禀赋、市场要素相结合,不断提升园区发展质态和效益。做特做精省内合作园区,坚持"引进来"和"走出去"并重,着力在省内发展壮大一批对"一带一路"交汇点建设具有重要支撑作用的合作示范园区。⑤人文交流品牌塑造计划。打造特色品牌,突出地方定位和民间性质,多层次、宽领域推动人文科教领域交流蓬勃开展。完善交流机制,加快建立完善全社会共同参与的交流合作机制。因此可见,在"一带一路"背景下,江苏在创新资源吸聚方面表现突出,但还有进一步提升空间。

R&D经费、国际人才和对国外先进技术的引进情况等可以在一定程度上反映江苏对全球创新资源的吸聚情况。在全球R&D经费吸聚方面,江苏近年来R&D

经费内部支出中国外资金的数量以及所占比重都有波动下降的趋势,通过吸聚全球资本加强研发经费投入和提高创新国际化水平的表现较弱。若可以充分吸引和利用全球资本力量、促进国际资本流向本区域,就能够加大对本地的投资规模,从而带动本地的科技创新和社会经济发展。但是如图 4-12 所示,2010 年以来(除 2016 年有大幅回升以外),江苏吸聚到的国外 R&D 经费数额都低于最初的两年(接近 12 亿元),在 2017 年已经降低到了 7.07 亿元,相比 2010 年缩减了约 38.79%。并且国外资金在江苏 R&D 经费中的占比(图 4-7)也由 2010 年的 1.35%下跌至 2017 年的 0.31%,降幅显著。因此,建议江苏进一步发展与"一带一路"沿线国家的科研合作,吸收全球创新资源以促进自主创新能力的提高。

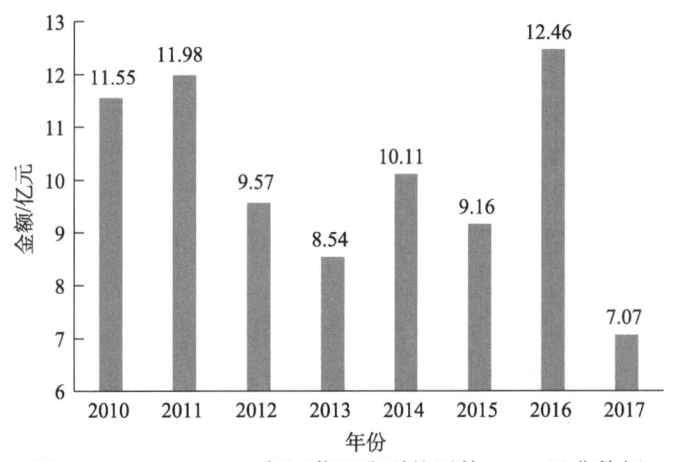

图 4-12 2010—2017 年江苏吸聚到的国外 R&D 经费数额

在国际创新人才吸聚方面,江苏的表现十分活跃,出台的国际人才政策适用度高,具备能很好地满足国际人才的工作、生活需要的环境,且引进人才的创新贡献显著;但是还应该进一步提高国际人才市场化水平,加强人才的流动性。

江苏广纳海外智力,近年来每年都吸引超过 10 万人次的外国人才来苏施展才华、贡献力量。根据历年《中国区域国际人才竞争力报告》,江苏竞争力指数位居全国第一梯队,南京、苏州连续多年入选"外籍人才眼中最具吸引力的中国十大城市",但整体竞争力与国内先进水平还有一定距离。以《中国区域国际人才竞争力报告(2017)》为例,整体来看,江苏以略高于 3 分的表现排在第四名,与上海(最高分 3.91 分)、北京、广东一同处于我国的第一梯队,而浙江以 2.53 分领导第二梯队。

具体而言,在"国际人才规模指数"中的二级指数"境外来华工作专家规模指数"方面,广东是引进外国专家最多的省份(0.82 分),上海(0.77 分)、江苏(0.64 分)、北京(0.63 分)分列二至四位,这体现了江苏在引进国外专家数量方面还可以进一步提高;而在不考虑规模的"国际人才结构指数"中,二级指标"国际人才学历结构指数"的研究结果表明江苏和上海、北京、广东一样，国际人才引进更趋市场化、具有多样性，而非像安徽等地区一样，国际人才的学历结构相对较高；"国际人才职业结构指数"中江苏以 0.72 分排在第一，高于广东（0.70 分）、上海（0.64 分）、北京（0.49 分），表明江苏国际人才的工作周期较长，被长期聘请者的占比相对较高；在"国际人才创新指数"中的二级指标"国际人才创新基础指数"方面，江苏得分为 0.50 分，稍低于北京（0.60 分）和广东（0.53 分），表明江苏引进的国际人才的来源国创新能力普遍较强，且更多地涉及信息技术、高端制造等创新潜力相对高的行业领域；在反映了境外来华专家对于行业贡献预期的"国际人才创新贡献指数"中，江苏（0.63 分）略低于广东（0.75 分）、上海（0.65 分）。此外，江苏在国际人才政策方面的整体表现为我国省区市中最好的，并且满足国际人才工作、生活需要的能力也较强；但在国际人才来中国开展工作的基础环境的评估环节中，上海接近满分 1 分，而江苏仅达到其 1/3 左右，表明江苏在国际贸易中的表现不足，致使其对国际人才的引进仍以项目引进为主，发挥国际人才市场动能的环境欠佳。

在国外先进技术引进方面，江苏引进国外技术合同项与合同金额都在稳定增长，为引进消化吸收再创新不断提供源头动力。2016—2017 年我国部分先进创新型省市的国外技术引进情况如图 4-13 所示，可以发现江苏在 2017 年引进国外技术合同 948 项，合同金额共计 38.04 亿美元，分别占据全国 12.88%和 11.59%的规模；并且相比上一年，无论是引进技术合同项还是合同金额都有了超过 20%的提升。但是相比两年来分别引进技术合同数 1668 项和 2127 项、合同金额 42.79 亿美元和 50.78 亿美元的上海，以及引进技术合同金额巨大的广东，江苏在规模上仍有一定的提升空间。引进消化吸收再创新是我国现阶段加强自主创新的重要途径之一，所以江苏仍应加大学习国外先进技术的力度，从而提升自主创新能力。

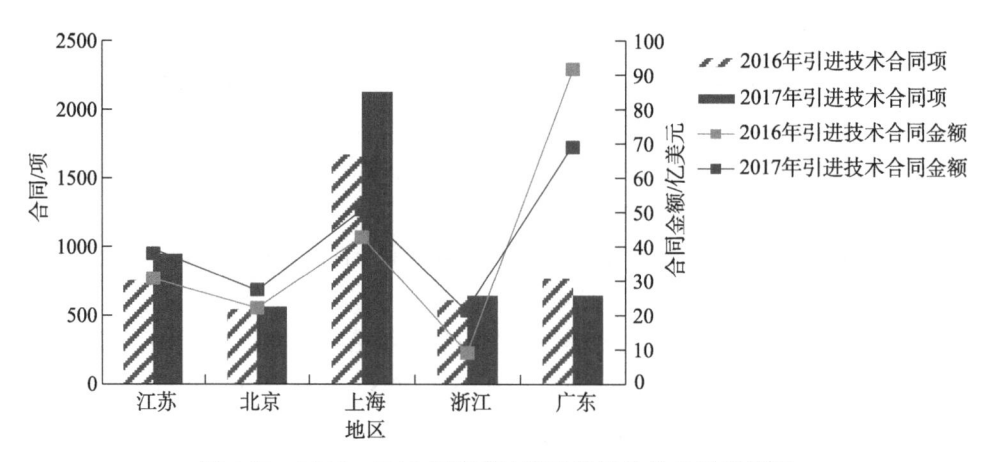

图 4-13　2016—2017 年苏京沪浙粤的国外技术引进情况

4. 长江经济带、长三角一体化建设为创新合作提供国内平台

长江经济带和长三角一体化都是国家重大区域发展战略，为江苏与邻近地区互补发展提供了机遇。江苏位于长江黄金水道的"钻石段"，要加强与兄弟省市主动对接，积极探索建立省际协商合作机制，共同推进跨区域基础设施建设、生态修复保护、基本公共服务和城市群建设对接等工作。同时，江苏参与长三角城市群建设，将南京禄口国际机场的发展定位确定为"长三角世界级机场群重要枢纽"，围绕上海国际航空枢纽，充分发挥南京、杭州等区域枢纽功能，注重协同发展；将南通建设成上海的北出海口，服务上海并接受上海的辐射；区域统一规划发展，避免同质竞争，促进互补共赢，为创新提供更多动力。

4.1.4 江苏创新发展挑战分析

江苏创新发展面临的主要挑战，一方面来自错综复杂的国际环境，另一方面来源于地区间的同质化竞争。

1. 错综复杂的国际环境影响创新活动开展与合作

国际环境的不稳定、不确定性给跨国创新合作带来阻碍。特别是随着我国自主创新能力的不断增强，在全球价值链环境不断攀升，我国与分工相近的国家或地区较容易产生竞争与摩擦。例如，我国 5G 技术的发展使得美国发动中美贸易战，美国利用一切手段、联合其他国家或地区，对华为、中兴等我国企业进行技术封锁与打压。这造成的部分后果是国际商业环境被破坏，我国企业对外业务开展困难，对外投资、并购减少，利用外国创新资源的机会也相应减少[①]。

2. 我国各地区之间的创新合作存在阻力

我国各地区地方政府间政策协同性不足，造成不良竞争，导致区域间创新合作受阻。以长三角为例，根据 2019 年中国发展研究基金会发布的《中国城市群一体化报告（会议版）》，在 12 个城市群中，长三角区域（26 市）一体化推进速度较为缓慢，十年间其一体化指数绝对值增加 22.18，仅次于珠三角 25.06，但相对增幅只有 64.10%，居倒数第四位；长三角地区的连接性总体水平较高，但 2008 年金融危机以来提升有限，客运量和货运量与其经济地位不匹配，互联互通还有待加强；另外，长三角地区内部经济水平差距较小，但政府间财政支出差异较大，反映出制度和政策协同上的突出障碍。由此可见，区域一体化是我国经济稳增长、促发展的新因素，若是能够整合区域间创新资源，科学规划，并协调政策，则有助于实现共赢。

---

① 《中国人民大学教授程大为：中小企业应持续开展不同层次创新》，http://www.ce.cn/xwzx/gnsz/gdxw/201807/19/t20180719_29792212.shtml，2019-12-25。

4.2 江苏创新链内涵与结构分析

改革开放四十多年来，江苏基于比较优势全面融入全球价值链，构建起与快速增长的生产能力相适应的区域创新链，但在当前新型全球化趋势下，以模仿、引进及跟踪创新为主要特征的区域创新链难以适应江苏经济转型升级和高质量发展的需求，需要充分吸聚、投入创新资源，构建江苏创新链。基于第 3 章中区域创新链结构及质量内涵界定，江苏创新链是基于江苏发展实际情况，在政府、企业、高校及科研院所等各类创新主体的共同参与，以及人才、资本、技术等多类创新资源的协同下，知识创新、研发创新及产品创新环节上各类创新主体，吸聚、配置和利用创新资源，进行原始创新、技术研发、新产品开发等创新活动，产出论文专著、专利、新产品等创新成果，形成江苏省域内外部创新主体协同、创新资源协同、创新目标协同及创新环节协同的创新系统，共同实现江苏可持续创新的动态过程。其中，知识创新环节的创新主体吸聚和利用江苏省域内外部人才、资金等创新资源，在研发创新环节的技术需求和产品创新环节的产品需求导向下，开展原理探索、规律分析、理论研究等创新活动，产出科学论文、科技专著等成果；研发创新环节的创新主体吸聚和利用江苏省域内外部创新资源，以知识创新环节的原始创新成果为基础，将理论知识转化为可使用的技术，开展技术研发、技术转化、流程设计、原型机开发等创新活动，产出发明专利等创新成果；产品创新环节的创新主体吸聚和利用江苏省域内外部创新资源，在研发创新环节的基础上，开展工程设计、试制生产、市场开拓、品牌建设等创新活动，将技术转化为产品并实现大规模商业应用。综上所述，江苏创新链结构如图 4-14 所示。

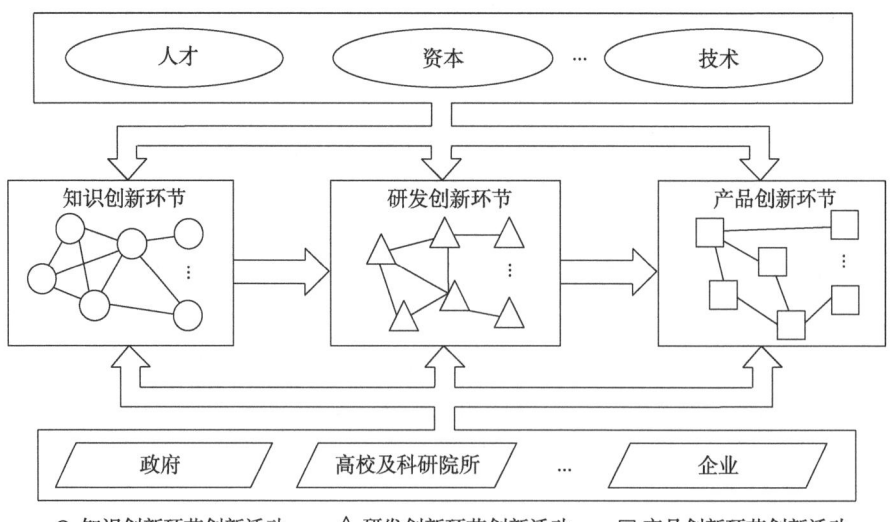

图 4-14　江苏创新链结构示意图

随着创新驱动发展战略的实施，江苏为建设创新型省份与科技强省，需要不断促进江苏创新链的发展。为迎接新一轮科技革命的浪潮，对接"一带一路"海陆交汇点、长江经济带与长三角一体化建设，江苏需要充分发挥在经济规模、科教资源、产业基础等方面的优势，坚持走兼具中国特色和江苏特色的自主创新道路，吸聚、配置全球创新资源，从而弥补自身高端创新平台、一流创新型领军企业不足的劣势，进一步释放创新活力，应对地区间、国际创新合作存在阻力的挑战。从江苏创新链各个环节的 R&D 经费投入与 R&D 人员投入来看，以 2017 年为例，江苏在基础研究、应用研究和试验发展三个环节的 R&D 经费内部支出分别为 64.70 亿元、99.74 亿元和 1924.69 亿元，R&D 人员全时当量分别为 17 735 人年、21 932 人年和 469 442 人年，其中，高等学校、研究与开发机构以及规模以上工业企业的 R&D 经费内部支出和 R&D 人员全时当量如表 4-6 和表 4-7 所示。

表 4-6　2017 年江苏创新链各环节的 R&D 经费内部支出结构（单位：亿元）

主体	环节		
	基础研究	应用研究	试验发展
高等学校	50.85	47.80	10.94
研究与开发机构	13.85	51.94	98.77
规模以上工业企业	—	—	1814.98
总计	64.70	99.74	1924.69

表 4-7　2017 年江苏创新链各环节的 R&D 人员全时当量结构（单位：人年）

主体	环节		
	基础研究	应用研究	试验发展
高等学校	13 881	11 344	1 838
研究与开发机构	3 854	10 588	12 136
规模以上工业企业	—	—	455 468
总计	17 735	21 932	469 442

由此可知，江苏高等学校承担的主要是知识创新和研发创新，研究与开发机构承担的主要是研发创新与产品创新，企业特别是规模以上工业企业承担的主要是产品创新，即知识创新主要由高等学校承担，研发创新主要由高等学校和研究与开发机构承担，产品创新主要由企业特别是规模以上工业企业承担。在新型全球化背景下，为满足江苏经济转型升级和高质量发展的需要，破解知识创新环节跟踪模仿多、原始创新少，研发及产品创新环节技术引进多、自主创新少，创新环节之间缺乏协同等问题，需要江苏的高校、研发机构以及企业之间互联互通，广泛开展合作，共同支持江苏创新链的发展。

4.3 江苏创新链创新资源投入质量现状

经济发展方式的转变最终体现为投入要素的转变,与改革开放初期以"招商引资"为主导的外向型经济不同,创新驱动型经济发展更多地依赖创新资源要素的投入,而在本地创新资源相对稀缺的情况下,只能更多地引进全球创新资源。虽然一个地区的研发投入水平与创新能力之间的关系不是线性的,但二者之间有着密切的联系。无论是基础设施建设,还是科学研究和技术研发,都需要巨额资金的长期性支持。尤其是随着大科学和高新技术的迅速发展,全球各地的研发投入强度不断上升,科研资本的需求日益增大,中小企业融资困难已经成为当前世界各国存在的普遍现象和问题,孵化器、天使基金、风险投资资本是帮助创新型企业成功跨越从技术研发到产品创新上市的"死亡之谷"阶段的关键力量,研发经费已经成为城市发展的重要创新资源[102]。"功以才成,业由才广",我国建设世界科技强国的关键是要建设一支规模宏大、结构合理、素质优良的创新人才队伍,激发各类人才的创新活力和潜力,研发人员毋庸置疑也是宝贵的创新资源。技术进步是提高生产率、促进经济增长的主要因素,同样是创新必不可少的资源。因此,本书认为创新资源主要包括研发经费、研发人员和技术等有利于区域创新发展的资源,接下来将选取典型指标刻画江苏对创新资源的投入情况,通过《中国科技统计年鉴》《中国统计年鉴》《江苏统计年鉴》等统计年鉴,科睿唯安"高被引科学家"等权威榜单,《全球创新指数报告》,中央及地方政府公报,以及《全国技术市场统计年报》等收集相关数据,对江苏创新链创新资源投入质量的现状进行全面分析。

4.3.1 知识创新环节创新资源吸聚能力与投入有待提高

江苏对知识创新环节的R&D经费和R&D人员投入的总量和力度不断提高但依旧严重不足,不足以支撑、打造具有全球影响力的产业科技中心和具有国际竞争力的先进制造业基地。

由表4-6和表4-7可知,2017年江苏高校占据了约全省78.59%的基础研究R&D经费以及78.27%的基础研究R&D人员全时当量,表明高校是江苏创新链知识创新环节的主要创新活动主体,因此,可以通过江苏高校创新资源吸聚与投入现状来分析江苏创新链知识创新环节的创新资源吸聚与投入现状。

首先,在高校跨区域合作及平台建设方面,江苏搭建了江苏–英国高水平大学20+20联盟、江苏省中美大学生双向交流平台、江苏–安省大学合作联盟、江苏–澳门·葡语国家高校合作联盟这四大国际校群合作平台,与包括剑桥大学、牛津大学、利物浦大学、麻省理工学院、威斯康星大学等在内的国际知名高校展开合作,进行学科交流。以江苏–英国高水平大学20+20联盟这个平台为例,包括南京大学、东南大学在内的 23 所江苏高校与牛津大学、剑桥大学等 13 所英国高水平研究型大学签署了协议，就学生和学者交流、合作研究、联合培养硕士和博士等重点领域展开合作。其中，首批联盟成员——南京信息工程大学与雷丁大学成立国际联合研究院，设立海外院士、海外博士工作站，吸聚全球范围内的高端人才，推动以大气科学为核心的该校一流学科集群从国内一流走向国际一流[①]。如图 4-15 所示，2013—2017 年江苏高校 R&D 经费内部支出中的国外资金的数量与上海、浙江和广东基本相近，但与北京差距显著。北京尽管高校数量在 5 个地区中是较少的，却是我国众多重点高校集聚的地方，因此每年吸引到的国外资金为其他 4 个地区的数倍在情理之中。然而江苏和北京、上海同为我国拥有一流大学数较多的地区，为提高创新的国际化水平，仍应加大对国外资金的吸聚力度。

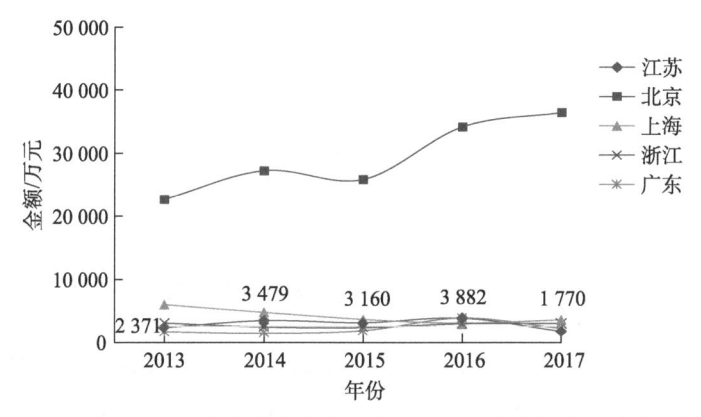

图 4-15　2013—2017 年苏京沪浙粤的高校 R&D 经费内部支出中的国外资金

其次，江苏在知识创新环节的 R&D 经费投入持续增长，但相对其他先进创新型省市而言数量较低。如图 4-16 所示，江苏的基础研究 R&D 经费内部支出由 2010

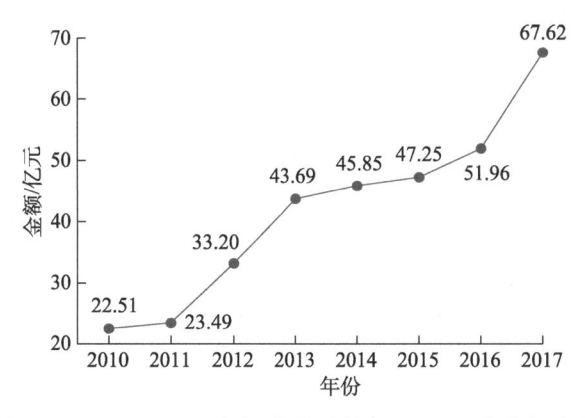

图 4-16　2010—2017 年江苏基础研究 R&D 经费内部支出

---

① 《"江苏-英国高水平大学 20+20 联盟"首场学术研讨会在南信大召开》，https://baijiahao.baidu.com/s?id=1598975073388186989&wfr=spider&for=pc，2019-12-25。

年的 22.51 亿元提升至 2017 年的 67.62 亿元，涨幅约 2 倍。2013 年以来，由于贸易摩擦，经济下行压力增大，江苏创新链各阶段 R&D 经费投入增速放缓，但自 2016 年全国科技创新大会召开后，江苏加快推进创新驱动发展战略，2017 年在知识创新环节的经费投入力度明显加大。但是与其他先进创新型省市相比，江苏的基础研究 R&D 经费内部支出并不算多，如图 4-17 所示，江苏于 2015 年被广东超越，由原先的第 3 名下降至第 4 名。

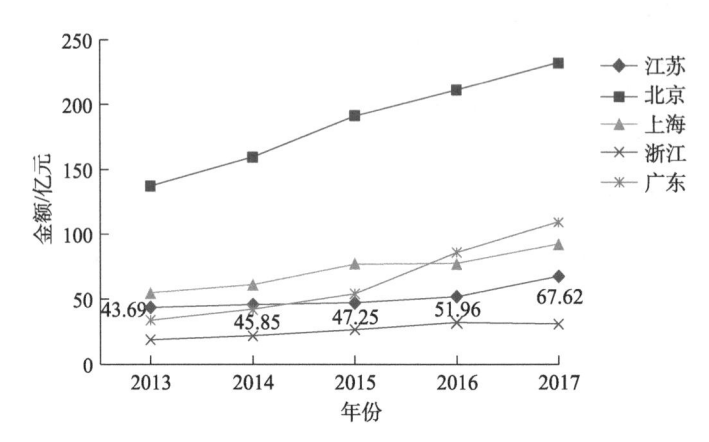

图 4-17　2013—2017 年苏京沪浙粤的基础研究 R&D 经费内部支出

与此同时，江苏基础研究 R&D 经费占全省总 R&D 经费的比重较低。截至 2017 年，江苏在基础研究上的 R&D 经费投入占比尚未突破 3%（2017 年为 2.99%），不及全国整体水平（5.5%）。然而，美国、日本、韩国等先进创新型国家的基础研究经费支出占总研发支出的比重在 2016 年已分别达到 16.9%、13.2% 和 16.0%。与国内其他创新型省份相比（图 4-18），江苏的基础研究经费占比于 2015 年被广东超越，并在这 5 个地区中排在第 4 位。

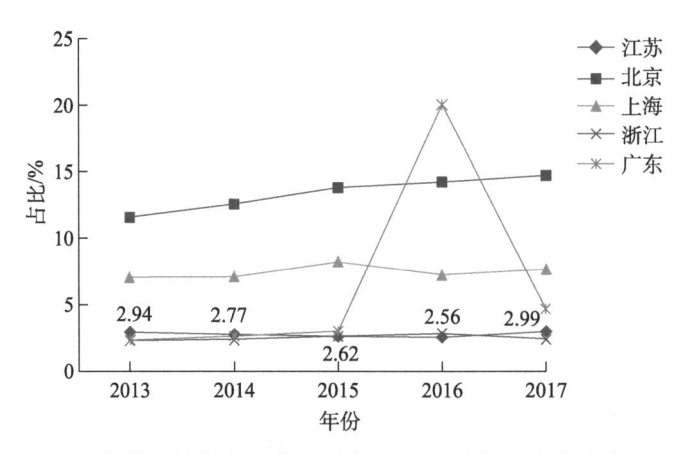

图 4-18　2013—2017 年苏京沪浙粤的基础研究 R&D 经费投入占各自总 R&D 经费的比重

最后，江苏在知识创新环节的 R&D 人员投入稳步增长但总量较低。如图 4-19 所示，江苏基础研究 R&D 人员全时当量由 2010 年的 0.85 万人年提升至 2017 年的 1.91 万人年，涨幅约 1.25 倍；而其在全省总 R&D 人员全时当量中的比重自 2012 年下降后，于 2015 年起恢复到之前的水准并继续提升，并于 2017 年达到历史最高水平 3.41%，但投入量与广东、北京等创新型省市的差距较大（图 4-20）。

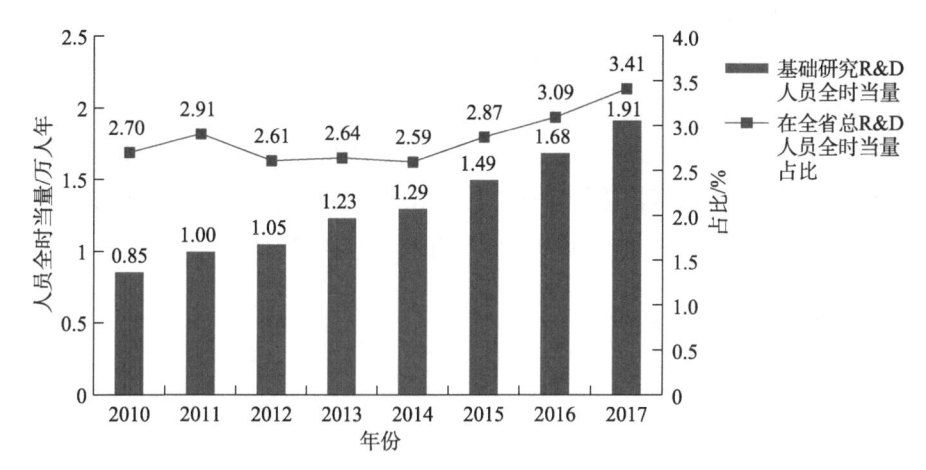

图 4-19　2010—2017 年江苏基础研究 R&D 人员全时当量及其占比

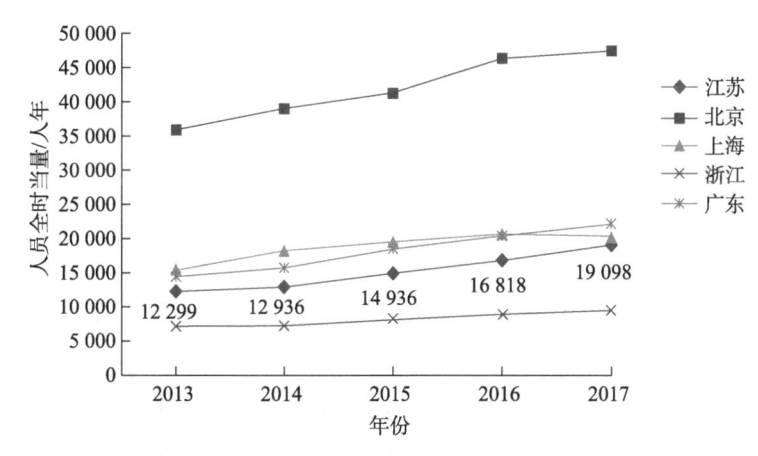

图 4-20　2013—2017 年苏京沪浙粤的基础研究 R&D 人员全时当量

4.3.2　研发创新环节的投入呈良好发展趋势

江苏在研发创新环节的 R&D 经费与 R&D 人员投入总量在持续增加，呈良好的上升态势，但与国内其他典型创新型省市相比，仍存在差距。

近年来，剑桥大学、牛津大学等国际知名大学相继在江苏设立技术研究院，具体地，2018 年 11 月，剑桥大学南京科技创新中心项目在南京江北新区启动；

牛津大学高等研究院（苏州）在苏州工业园区揭牌；此外，斯坦福大学、加利福尼亚大学洛杉矶分校、英国帝国理工学院、新加坡国立大学、新加坡南洋理工大学、澳大利亚国立大学等国际一流高校也纷纷在江苏设立国际化的技术开发及技术转移服务机构。以南京为例，截至2019年6月，南京的15个高新园区都围绕自身需求，深入美国硅谷、瑞典斯德哥尔摩、以色列等全球科技创新"腹地"，设立了19个海外协同创新中心[1]，并在两年内新成立200多家新型研发机构，其中1/3有国际研究团队参与，数十家由海外专家领衔[2]，实现研发创新环节对接全球科技创新资源以更好地推动江苏高质量发展。在吸聚全球R&D经费的能力上，如图4-21所示，江苏研发机构在这方面的表现起点较低，但是自2014年奋起直追，尽管依旧与北京、上海有数倍的差距，但是在5个地区总和中的占比已经从2015年的3.02%提升至2017年的7.48%，保持着稳中向好的态势。

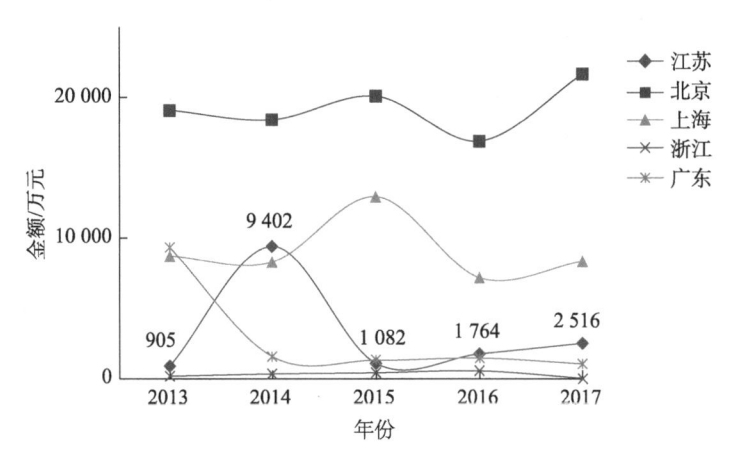

图4-21 研发机构R&D经费内部支出中的国外资金

在创新资本投入方面，如图4-22所示，江苏的应用研究R&D经费内部支出总量由2010年的53.23亿元稳步提升至2017年的129.35亿元，其占全省总R&D经费的比重较小且呈波动趋势，自2011年以来集中在5%—6%。与其他兄弟省市相比，江苏在研发创新环节（应用研究）的R&D经费投入总量较低，如图4-23所示，2013—2017年，江苏在5个地区中保持在第4位，且与第2位广东的差距呈扩大的趋势。

在创新人才投入方面，如图4-24所示，江苏在研发创新环节（应用研究）的

---

[1]《南京建19个海外协同创新中心》, http://www.jiangsu.gov.cn/art/2019/6/24/art_65450_8368940.html, 2019-12-25。

[2]《首个以剑桥大学命名的海外研发中心为何设在南京》, http://www.qhnews.com/2019zt/system/2019/09/16/012973253.shtml, 2019-12-25。

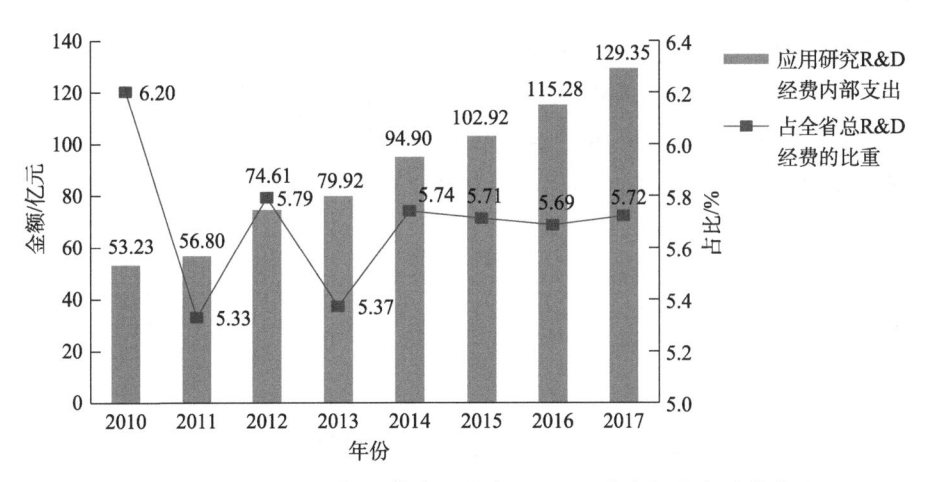

第 4 章 江苏创新链质量现状调研及分析

图 4-22 2010—2017 年江苏应用研究 R&D 经费内部支出及其占比

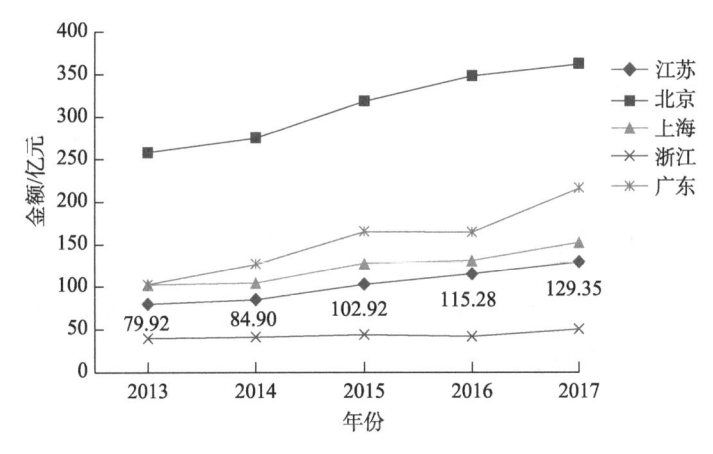

图 4-23 2013—2017 年苏京沪浙粤的应用研究 R&D 经费内部支出

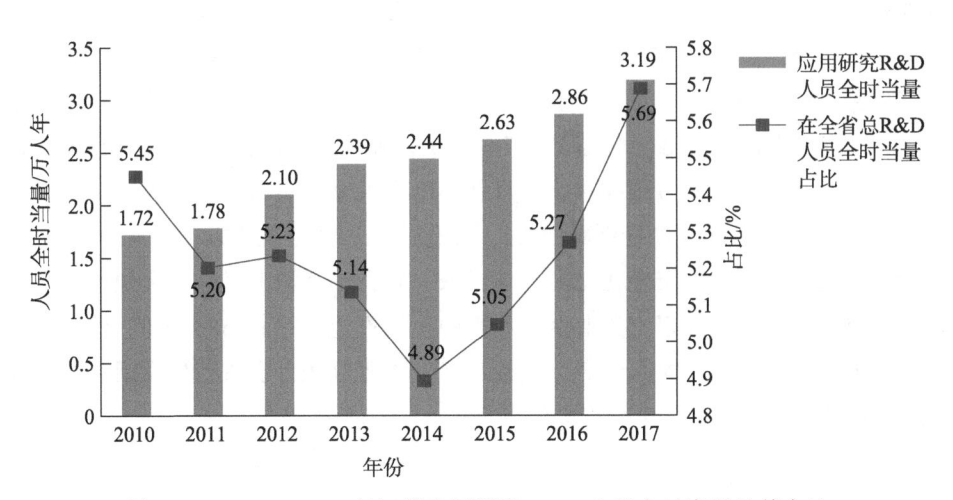

图 4-24 2010—2017 年江苏应用研究 R&D 人员全时当量及其占比

R&D 人员全时当量总量投入由 2010 年的 1.72 万人年提升至 2017 年的 3.19 万人年，涨幅约 0.85 倍，在全省总 R&D 人员全时当量中的占比自 2014 年之后开始呈上升趋势，并从峰底 4.89%上升至 2017 年的 5.69%。横向来看（图 4-25），江苏的应用研究 R&D 人员全时当量在 2014 年超过上海，在苏京沪浙粤 5 个地区中排在第 3 位。

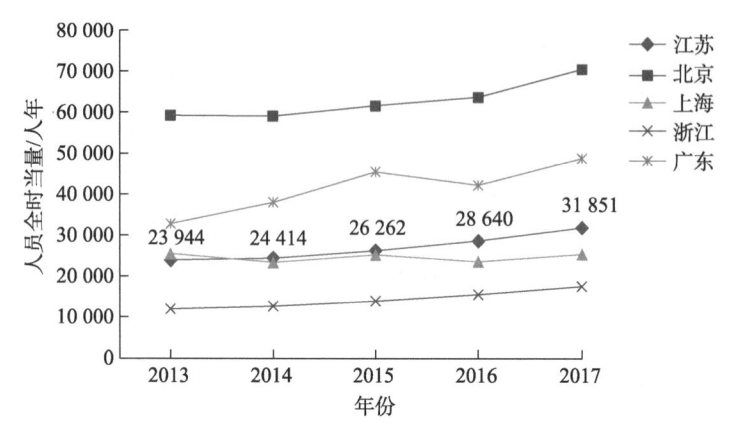

图 4-25　2013—2017 年苏京沪浙粤的应用研究 R&D 人员全时当量

4.3.3　产品创新环节投入规模较大但强度偏低

江苏在产品创新环节的 R&D 经费和 R&D 人员投入总量大但强度偏低，与其经济大省的地位依旧不相称。

如表 4-6 和表 4-7 所示，企业是试验发展创新资源的投入主体，我们可以通过企业，特别是规模以上工业企业来反映产品创新环节的全球创新资源吸聚和投入现状。江苏积极举办中国·江苏国际产学研合作论坛暨跨国技术转移大会、江苏"一带一路"创新合作与技术转移对接交流会等创新资源对接活动，促进企业需求得到更好的满足。江苏省产业技术研究院也于 2018 年推出企业联合创新中心，由行业龙头企业提出技术需求，产业技术研究院通过连接全球创新资源培育、组建研发团队，实现双方精准对接。目前，已有大全、鱼跃、法尔胜、康得新等 10 家行业龙头企业成立联合创新中心[①]。相比之下，江苏规模以上工业企业 R&D 经费内部支出中的境外资金在 2014 年以来一直在苏京沪浙粤这五个地区中占据首位，2017 年江苏规模以上工业企业利用的境外资金数达 60 583 万元，约为第二名广东（38 834 万元）的 1.56 倍，展现出产业大省利用外资进行研发活动的庞大体量（图 4-26）。

---

① 《江苏省产研院：闯出一条科技到产业的新路》，https://baijiahao.baidu.com/s?id=1622332860681037997&wfr=spider&for=pc，2019-12-25。

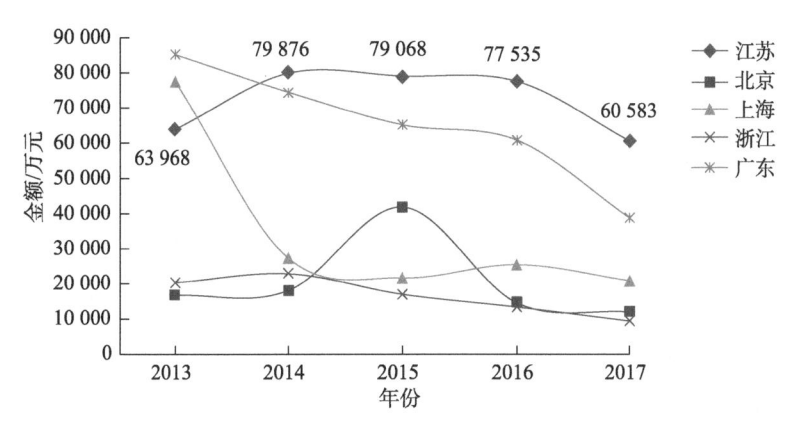

图 4-26 2013—2017 年苏京沪浙粤规模以上工业企业 R&D 经费内部支出中的境外资金

在创新资本投入方面，江苏的试验发展 R&D 经费内部支出规模大且增长迅速。如图 4-27 所示，江苏在产品创新环节（试验发展）的 R&D 经费投入由 2010 年的 782.21 亿元提高至 2017 年的 2063.09 亿元，年均增长率为 14.86%，并且其占全省总 R&D 经费的比重呈波动趋势，但一直保持在 91% 以上的高位。横向来看（图 4-28），2013—2017 年（除 2016 年外）江苏规模以上工业企业试验发展 R&D 经费内部支出数额和广东一直位居我国各省市中的前两名，且江苏省略高于广东，在五个地区中居于首位；2018 年江苏的该项投入为 2024.52 亿元，略低于广东的 2107.20 亿元，但也是位于我国各省市中前五名的浙江（1147.39 亿元）的近两倍，反映出江苏创新链在产品创新环节 R&D 经费内部支出规模上明显的优势。

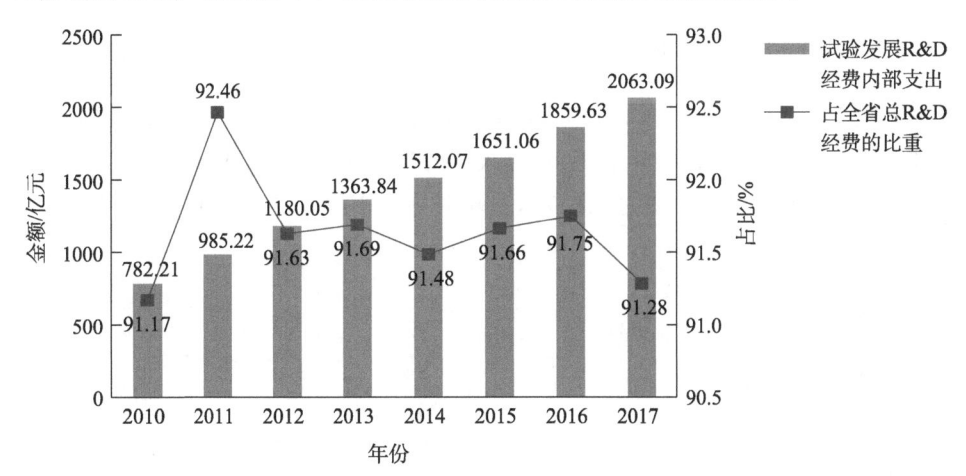

图 4-27 2010—2017 年江苏试验发展 R&D 经费内部支出及其占比

江苏规模以上工业企业 R&D 经费投入数额很高但强度（其 R&D 经费投入占主营业务收入比重）较低。如图 4-29 所示，2014—2017 年江苏一直处于五个地区中的最低水平，但是经过持续大幅度的提升，于 2018 年达到 1.53%，并超越北京、上海，和浙江持平，缩小了与广东的差距，显示出了强劲的增长势头与潜力。

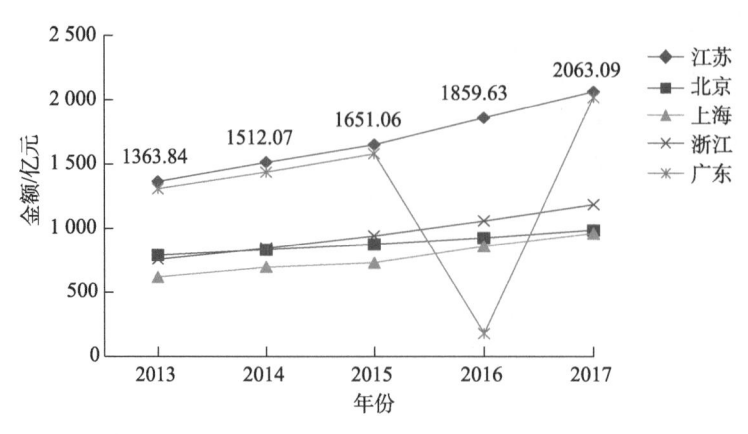

图 4-28　2013—2017 年苏京沪浙粤规模以上工业企业试验发展 R&D 经费内部支出

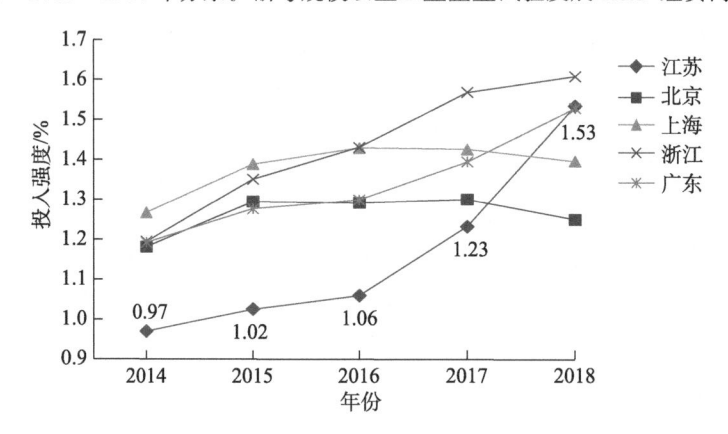

图 4-29　2014—2018 年苏京沪浙粤规模以上工业企业 R&D 经费投入强度

在创新人才投入方面，如图 4-30 所示，江苏在产品创新环节（试验发展）的 R&D 人员全时当量由 2010 年的 29.01 万人年提高至 2017 年的 50.91 万人年，自 2014 年开始增速放缓，其在全省总 R&D 人员全时当量中的比重以 2014 年为分水岭，

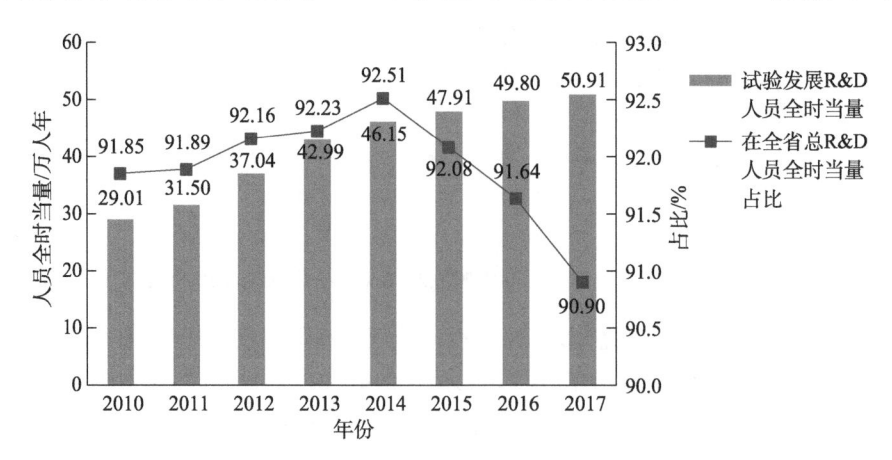

图 4-30　2010—2017 年江苏试验发展 R&D 人员全时当量及其占比

由上升趋势转为下降趋势，但直至 2017 年也依旧保持在 90.90%的高位。与其他省市相比，如图 4-31 所示，江苏的产品创新环节（试验发展）的 R&D 人员全时当量投入处于领先水平，2013—2017 年该投入一直保持增长并与广东一同位居前两名。

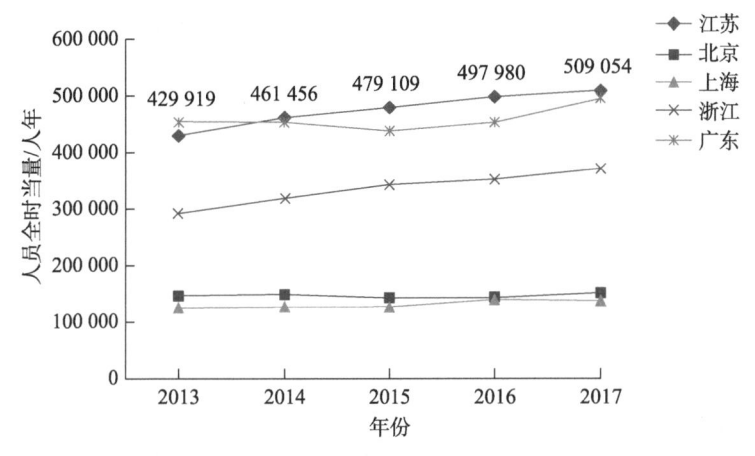

图 4-31　2013—2017 年苏京沪浙粤的试验发展 R&D 人员全时当量

4.4　江苏创新链创新资源配置质量现状

本节通过调研分析江苏创新链吸聚并投入 R&D 经费、人才、技术等创新资源，以及在各环节进行创新资源配置的现状，清晰地刻画江苏创新链各环节创新资源的分布及利用状况、创新活动开展情况等。

4.4.1　R&D 经费明显向产品创新环节倾斜

R&D 经费明显向产品创新环节倾斜，对知识创新和研发创新环节的供给比例偏低。长期以来，江苏投入的 R&D 经费内部支出超过 90%用于创新链产品创新环节的试验发展，仅不到 10%用于知识创新环节的基础研究和研发创新环节的应用研究。如图 4-32 所示，2010—2017 年，江苏的试验发展 R&D 经费内部支出占比都保持在 91%以上，而应用研究仅略高于 5%，基础研究更是不到 3%。以 2017 年为例，江苏的基础研究、应用研究和试验发展 R&D 经费内部支出分别达到 67.62 亿元、129.35 亿元和 2063.09 亿元，占比分别为 2.99%、5.72%和 91.28%，其中基础研究经费投入强度不及 5.5%的全国整体水平。然而，基础研究是创新驱动发展的源头，其人才培养周期长，到经济社会应用的链条长，很难用短期绩效评估，并且其可预见性差，需要长期探索，所以必须得到稳定、长期的"呵护"。相比之下，如图 4-33 所示，近年来北京在基础研究上的支出已基本达到 13%以上，在应用研究上的支出也达到 22%以上，上海的这两项也分别占据其研发经费的 7%及 12%以上，显示出了对创新链知识创新环节基础研究投入的重视，与此同时，美国、日本和韩国的基础研究经费支出占总研发支出的比重在 2016 年已分别达到 16.9%、13.2%和 16.0%，所以江苏的 R&D 经费配比失调现象亟待改善。

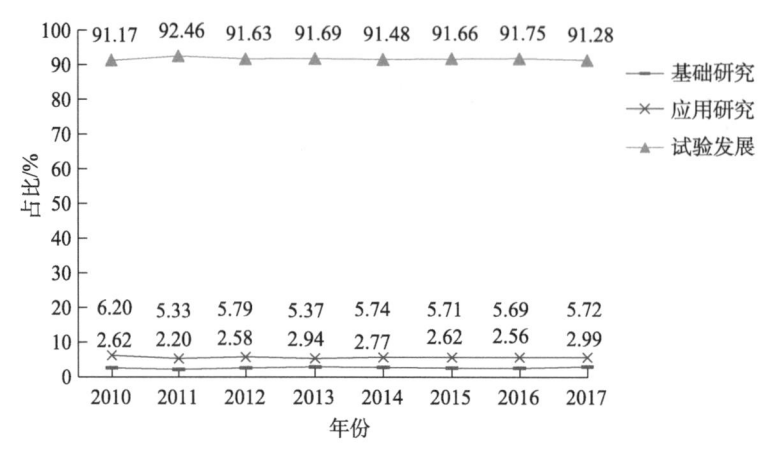

图 4-32　2010—2017 年江苏创新链各环节 R&D 经费配置情况

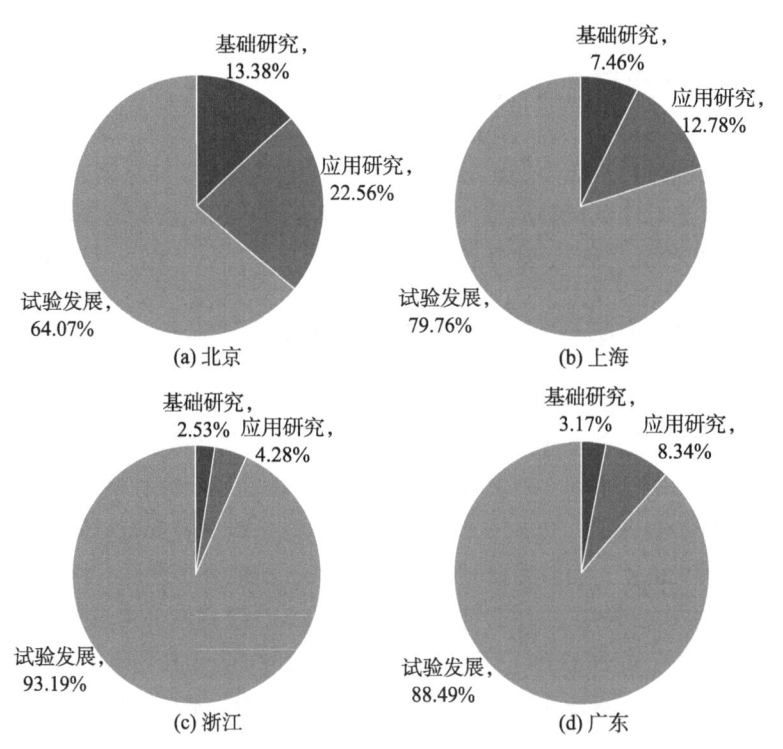

图 4-33　京沪浙粤的各环节 R&D 经费内部支出的配置情况

北京、上海、浙江的数据为 2013—2017 年的平均数；广东的数据为除去 2016 年的四年数据的平均数，因为那一年数据和其他年份相距太大，不能反映普遍的情况

4.4.2 研发人员主要集中在产品创新环节

在江苏创新链创新人才配置方面，超过90%的R&D人员全时当量分布于产品创新环节，不到10%的分布于知识创新与研发创新环节，配置严重失调。如4.3节江苏创新链创新资源投入质量现状的分析结果显示，江苏创新链各环节的R&D人员全时当量逐年增长，知识创新环节由2010年的0.85万人年提升至2017年的1.91万人年，研发创新环节由1.72万人年提升至3.19万人年，而产品创新环节更是由29.01万人年大幅增长至50.91万人年。但如图4-34所示，2017年，江苏在基础研究、应用研究和试验发展环节的R&D人员全时当量的占比分别为3.41%、5.69%和90.90%。尽管知识创新环节所占比重有微弱的增长趋势，由2010年的2.70%提高至2017年的3.41%，但相比之下，北京、上海在该环节的R&D人员全时当量所占比重则高很多。以2017年为例，北京R&D人员全时当量在知识创新和研发创新环节上的配比分别达到了17.58%和26.14%，上海也分别达到了11.11%和13.85%，相对更均匀且能够为产品创新环节提供更坚固的科学原理与技术支持。

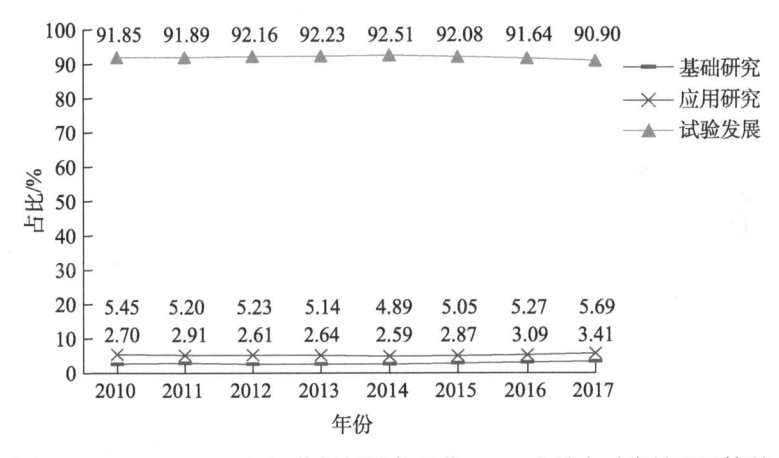

图 4-34　2010—2017年江苏创新链各环节R&D人员全时当量配置情况

4.4.3 对引进技术消化吸收再创新的支持力度有限

产品创新环节的技术获取与改造经费支出呈下降趋势，对国外引进技术的消化吸收再创新力度不足。具体来说，江苏规模以上工业企业在技术获取与改造方面，引进国外先进技术后的消化吸收再创新的强度不大。技术引进是促进消化吸收再创新的源头，消化吸收经费与引进经费的比值是反映技术引进消化吸收再创新能力的一个重要指标[103]。如图4-35（a）所示，江苏规模以上工业企业消化吸收经费支出不足，技术消化吸收经费与引进费用的投入比例不协调、长期倒挂且处于较低水平，其技术引进经费与消化吸收经费投入的比例近年来呈现上升趋势，由 2014 年的 1∶0.55 上升至 2018 年的 1∶0.25，远高于日本、韩国维持的 1∶5 的比例。近年来江苏对国外技术和境内技术的购买需求逐渐降低，图 4-35（b）展示了江苏规模以上工业企业技术改造与购买国内技术经费分布情况，表明江苏对外技术依赖下降，自主创新能力有所提高。而技术改造是企业发展永恒的主题，它不仅能够优化固定资产投资、稳定经济增长，也是提高企业生产率、通过资源的优化配置调整产业结构、清除无效产能，从而提高企业再创新能力的途径[104]。《国家中长期科学和技术发展规划纲要（2006—2020 年）》中也指出只引进而不注重技术的消化吸收和再创新，势必削弱自主研究开发的能力，拉大与世界先进水平的差距。

(a) 消化吸收与技术引进经费分布

(b) 技术改造与购买国内技术经费分布

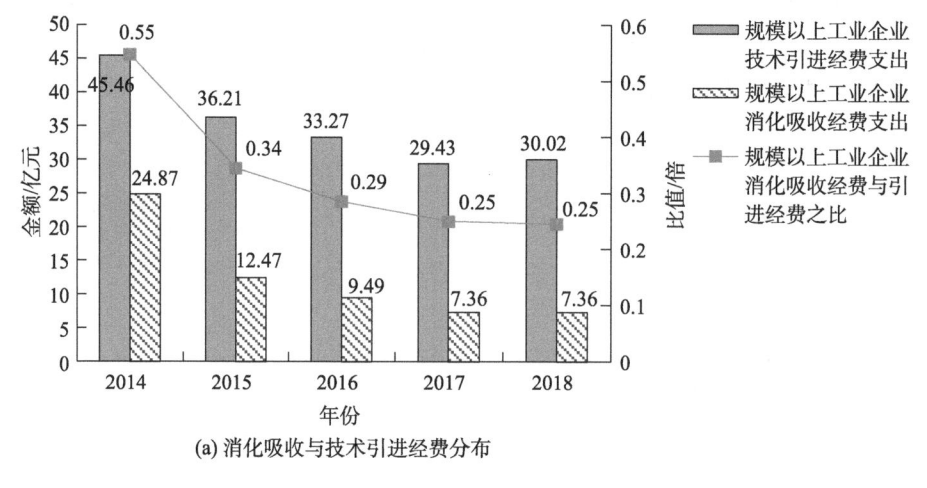

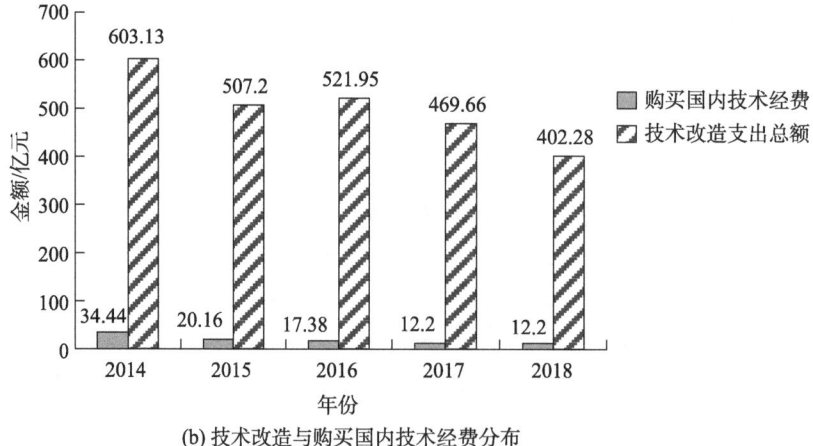

图 4-35　2014—2018 年江苏规模以上工业企业技术获取与改造经费配置

基于企业所有制类型的调研视角，如表4-8所示，以2015年的数据为例，内资企业是技术引进消化吸收再创新的主要力量，其各项技术获取与改造的经费支出比重最高；国有及国有控股企业和内资企业对引进技术的消化吸收力度虽然不高，但仍明显强于港澳台和外资投资企业。所以在增强消化吸收再创新能力的同时，也应提高利用外资的质量和水平，鼓励跨国公司在本地设立地区总部和研发中心。

表4-8　2015年江苏各种类型企业的技术获取与改造经费配置

经费配置	国有及国有控股企业	内资企业	港澳台投资企业	外资投资企业
技术引进经费支出/万元	17 604	178 803	64 643	118 660
技术引进经费支出占比/%	4.86	49.38	17.85	32.77
消化吸收经费支出/万元	9 890	101 743	7 044	15 903
消化吸收经费支出占比/%	7.93	81.60	5.65	12.75
购买境内技术经费支出/万元	19 015	158 975	13 130	29 455
购买境内技术经费支出占比/%	9.43	78.87	6.51	14.61
技术改造经费支出/万元	835 809	4 002 221	479 767	590 058
技术改造经费支出占比/%	16.48	78.91	9.46	11.63
消化吸收与技术引进经费支出之比	0.56	0.57	0.11	0.13

4.4.4　重点高校与研发机构较多而高水平企业研发机构较少

在创新活动组织机构方面，江苏在知识创新与研发创新环节的创新活动组织机构数量较多，在产品创新环节的则较少，产学研合作有待加强。如表4-9所示，2018年江苏拥有南京大学、东南大学等7所教育部所属高等院校，生命分析化学国家重点实验室、现代古生物学和地层学国家重点实验室等20家国家重点实验室，以及6家中科院所属研究院所，三者的数量在5个地区中都位列第三，表明基础研究与应用研究的高水平创新活动组织机构的数量较多。在产品创新环节，截至2019年10月，江苏累计认定的跨国企业地区总部与功能性机构258家，包括地区总部153家、功能性机构105家，其中46家由世界500强企业投资；同时，江苏拥有18个国家高新区，是全国首个实现国家高新区设区市全覆盖的省份，为加强企业创新主体发挥了重大作用。但是500强企业在江苏设立的总部数侧面反映出其高水平的企业研发机构较少。同时，江苏注重产学研合作，成立苏州纳米科技协同创新中心等5家国家级协同创新中心，在2017年已设立300多家新型研发机构，产学研合作建设进程全国领先。

表 4-9 苏京沪浙粤的创新活动重点创新资源投入机构数量对比

重点创新资源	江苏	北京	上海	浙江	广东
教育部所属高等院校（2018年数据）/所	7	24	8	1	2
国家重点实验室（按照第一依托单位所在地区统计）（2016年数据）/家	20	79	32	9	11
中科院所属研究院所（2018年数据）/家	6	38	11	0	6
国家级协同创新中心（按照牵头高校所在地区统计）（2018年数据）/家	5	9	4	3	0
财富世界500强企业总部（2018年数据）/家	3	53	7	3	12
财富中国500强企业总部（2018年数据）/家	33	114	56	36	66
国家高新区（2018年数据）/个	18	1	2	8	14

在各创新组织机构的全球研发资金占比方面，江苏高校表现较弱，研发机构表现中等，规模以上工业企业表现较为突出。如图 4-36 所示，2017 年江苏高校和研发机构的 R&D 经费内部支出中国外资金的占比较低，分别为 0.16% 和 0.15%，尤其是前者约为上海（0.33%）的 1/2、浙江（0.49%）的 1/3、北京（1.98%）的 1/12，有充足的进步空间。而江苏规模以上工业企业的 R&D 经费内部支出中境外资金所占比例为 0.33%，相比广东（0.21%）、浙江（0.09%）有一定优势，但略低于上海（0.39%）和北京（0.45%）。尽管江苏在全球研发经费吸聚强度上失去了吸聚数量所具备的绝对领先地位，但是依旧有一定优势。整体而言，江苏这三大创新主体各自吸聚全球研发资金的比例之和在五个地区中勉强居第三位，且几乎为上海的 2/3、北京的 1/4，反映出了一定差距的存在。因此江苏各创新活动组织机构在吸聚、整合全球创新资源上仍有较大上升空间。

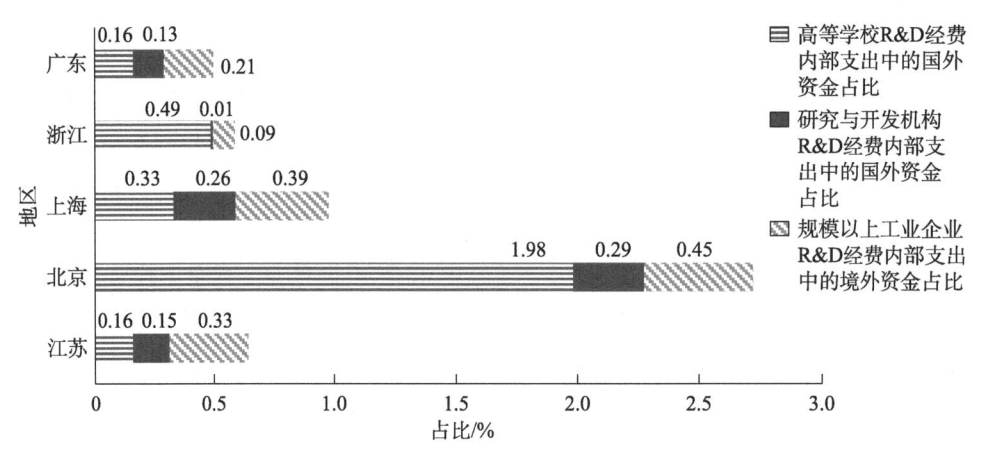

图 4-36 2017 年苏京沪浙粤各创新主体 R&D 经费内部支出中的国外或境外资金占比

4.4.5 各类创新主体承担 R&D 项目数有所增长

近年来，江苏高校的 R&D 项目数量增长迅速，研发机构的 R&D 项目数量较为稳定，而规模以上工业企业新产品开发项目数量在 2015 年有所下滑后又恢复增长。如图 4-37 所示，2013—2017 年这 5 年间，江苏高校每年承担的 R&D 项目数由 4.90 万项增长至 7.10 万项，涨幅约为 45%；研究与开发机构每年承担的 R&D 项目数由 0.54 万项提升至 0.73 万项，无论是规模还是增速都低于高校；规模以上工业企业每年进行的新产品开发项目数由 2013 年的 5.84 万项波动上升至 2017 年的 6.97 万项，增长约 19%，是三种创新组织机构中增幅最低的。由表 4-10 可知，江苏 2018 年和 2019 年获得的国家自然科学基金立项项目总数和总额位于全国前列，但是增速低于广东，并且江苏企业在此方面的参与度较低。以 2019 年为例，获批单位主要是高校和科研院所，涉及的企业较少①。近年来，江苏每年进行的产学研合作项目均超过 2 万项，但在重大项目方面应加大鼓励企业参与的力度，以促进科技成果转化率的提高。

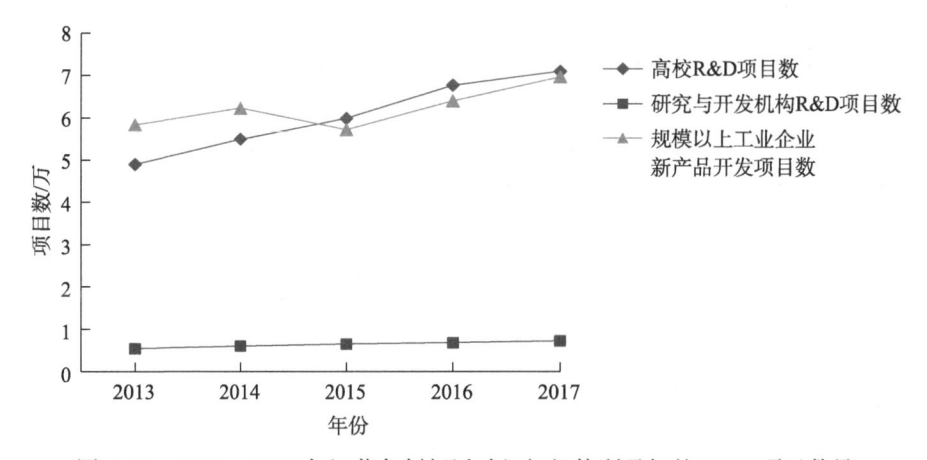

图 4-37　2013—2017 年江苏各创新活动组织机构所承担的 R&D 项目数量

表 4-10　2018—2019 年苏京沪浙粤的国家自然科学基金立项项目总数和总额对比

基金立项年份	基金立项数量、金额	地区				
		江苏	北京	上海	浙江	广东
国家自然科学基金立项（2018 年）	项目总数/项	4072	6553	3887	2022	3472
	项目总额/亿元	19.96	39.67	21.36	9.93	16.02
国家自然科学基金立项（2019 年）	项目总数/项	4085	6605	4047	2047	4021
	项目总额/亿元	20.77	41.12	21.85	10.27	18.59

---

①《江苏省 2019 年自然科学基金立项名单公示！南京这些高校表现抢眼！》，http://news.jstv.com/a/20190605/15597157676.shtml，2019-12-25。

4.5 江苏创新链产出质量现状

创新成果能直观地体现创新链产出质量现状。其中，知识创新环节的产出主要是科技论文、科技专著等，研发创新环节的创新成果以专利为主，而产品创新环节可以通过新产品产值、新产品销售收入等体现其创新成果。本节将从知识创新、研发创新和产品创新三个环节入手，分析其各环节产出质量现状。

4.5.1 知识创新环节创新成果逐年增长但重大原创成果相对不足

江苏创新链知识创新环节的成果基本保持逐年增长，特别是科技论文，其发表数量不断增长的同时，国际化水平也在迅速提升。如图 4-38 所示，2010—2017 年江苏高校发表的科技论文数基本呈上升趋势，2017 年达到 12.20 万篇，较 2010 年约增长 35%。其中，国外发表数由 2010 年的 2.04 万篇提高至 2017 年的 4.43 万篇，在科技论文总发表数里占据的比重也由 22.63%提升至 36.32%。同时，江苏产出了较多高水平科技论文，被科学引文索引（Science Citation Index，SCI）、工程索引（The Engineering Index，EI）和科学技术会议录索引（Conference Proceedings Citation Index-Science，CPCI-S）等收录，如图 4-39 所示，江苏每年被 SCI、EI 和 CPCI-S 收录的科技论文总数由 2013 年的 38 340 篇增长至 2016 年的 59 837 篇，涨幅约 56.07%，国际化水平不断提高。

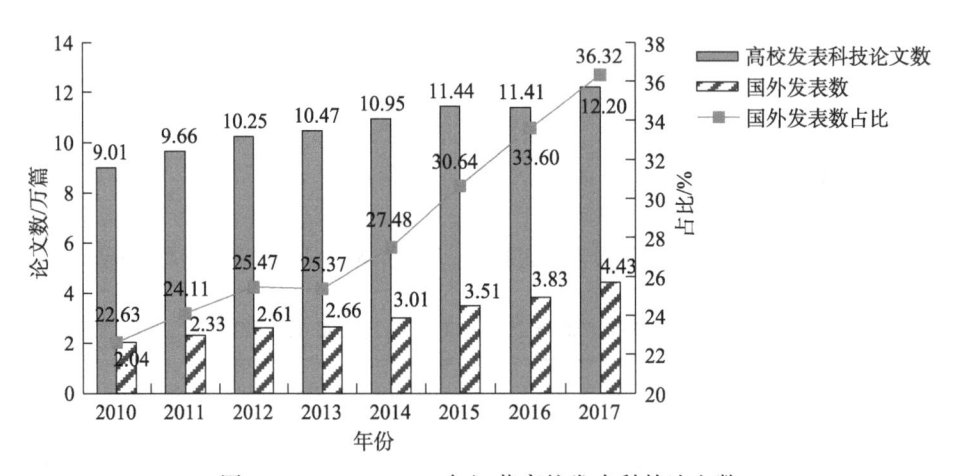

图 4-38 2010—2017 年江苏高校发表科技论文数

参考科睿唯安发布的 2018 年及 2019 年"高被引科学家"榜单，2018 年中国（不含香港、澳门和台湾的数据）上榜 482 人次，2019 年达到 636 人次，而其中高校高被引科学家人次分别达到 370 人次和 510 人次，占比分别达 76.76%和

80.19%。所以按各地高校高被引科学家的情况来看(表 4-11)，江苏的上榜人次与人数都仅次于北京，并且这两年入榜高校有 13 家，仅次于北京(15 家)，表明江苏科技论文的数量和国际化水平都很突出。

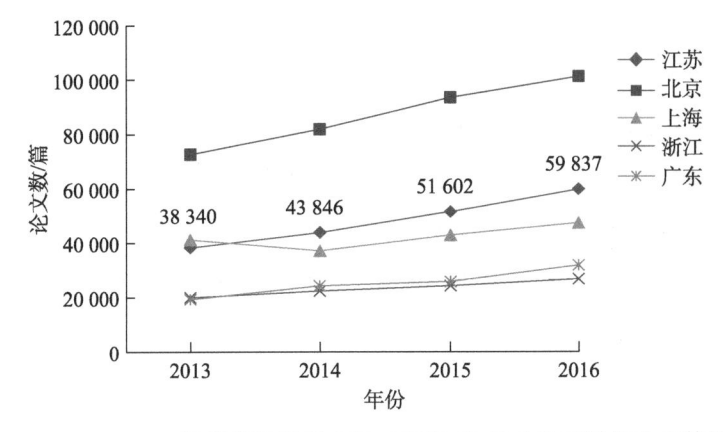

图 4-39　2013—2016 年苏京沪浙粤 SCI、EI 和 CPCI-S 收录科技论文数量之和
包含重复计算

表 4-11　2018—2019 年苏京沪浙粤的高被引科学家

项目	江苏	北京	上海	浙江	广东
2018 年人次	49	70	40	21	24
2019 年人次	66	109	37	26	41
2018 年人数	43	67	39	19	22
2019 年人数	63	104	36	23	36

注：数据由课题组按照高校所在地区进行计算得出

江苏近年来科技成果奖获得数的变动呈波动趋势，相比科技论文与专著的发表规模，科技成果奖的获得数相对较少。如图 4-40 所示，2010—2014 年，江苏每年获得的国家级与省部级科技成果奖数之和不断上升，从 2010 年的 253 件（国家级 32 件，省部级 221 件）上升至 2014 年的 378 件（国家级 32 件，省部级 346 件）；2015—2016 年呈现下降趋势，2017 年又回升至接近 2015 年的水准，但距离 2014 年的最高水平仍有一定的差距。横向比较，如图 4-41 所示，2017 年江苏共获得国家级与省部级科技成果奖 299 件，多于浙江（289 件）和广东（284 件），低于上海（330 件），且远低于北京（844 件）。虽然南京理工大学王泽山院士和中国人民解放军陆军工程大学钱七虎院士分别荣获 2017 年、2018 年国家最高科学技术奖，表明江苏连续两年有科学家做出了重大突出贡献；但是在科技成果规模有优势的情况下，获得奖项认证的次数相对较少，表明知识创新环节的成果整体价值还有待提高。

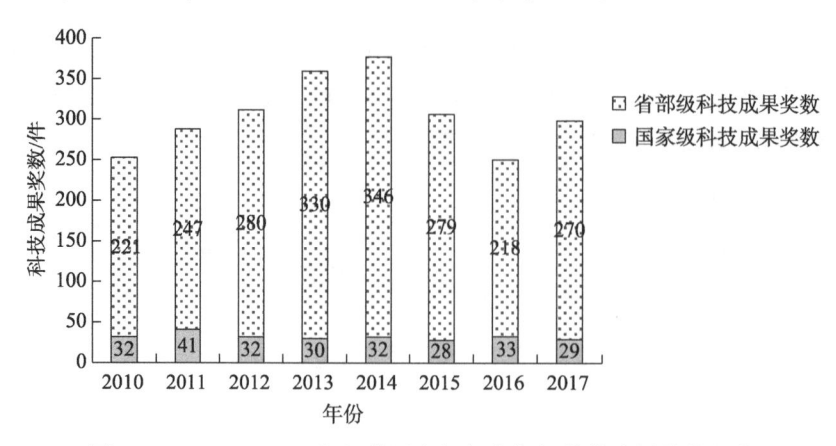

图 4-40　2010—2017 年江苏国家级与省部级科技成果奖获得数

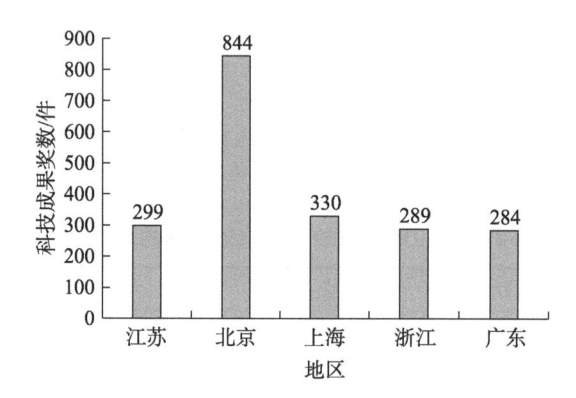

图 4-41　2017 年京沪苏浙粤国家级与省部级科技成果奖获得数之和

4.5.2　研发创新环节高价值专利占比不高

近年来江苏创新链研发创新环节的国内专利申请数和授权数呈波浪式上升趋势，增长明显。如图 4-42（a）所示，2010—2018 年，江苏的专利（包括发明、实用新型、外观设计）申请数由 23.59 万件增长至 60.03 万件，专利授权数由 13.84 万件增长至 30.70 万件，分别提高了 154.47%和 121.82%。其中，发明专利申请数在 2010—2013 年的增速较快，之后有所放缓[图 4-42（b）]；发明专利授权数 2014—2018 年涨幅较大，由 1.97 万件上升至 4.20 万件[图 4-42（c）]；并且发明专利的申请数与授权数在三种专利中的占比都有大幅地提升，前者由 2010 年的 21.32%提高至 2018 年的 33.12%，后者由 5.21%提高至 13.69%，表明专利整体价值有所提高。

如图 4-43 所示，2010—2017 年江苏国内发明专利有效数同样增长迅速，由 2010 年的 27.32 万件提高至 2017 年的 80.94 万件，涨幅近两倍。

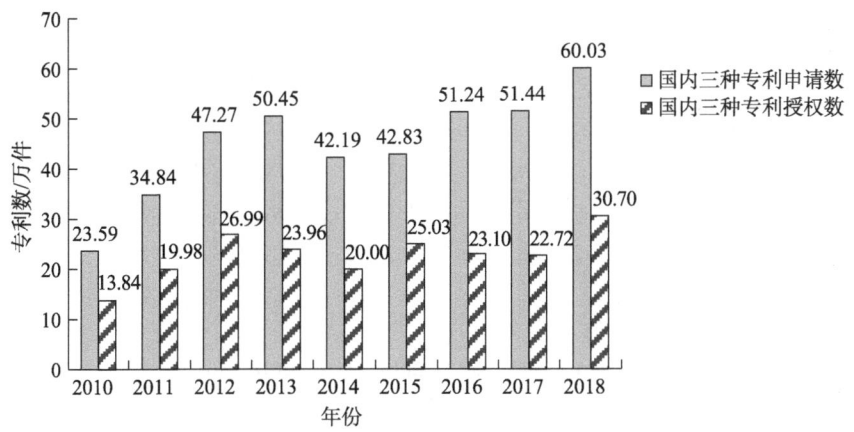

第 4 章　江苏创新链质量现状调研及分析

(a) 2010—2018年江苏国内三种专利申请数与授权数

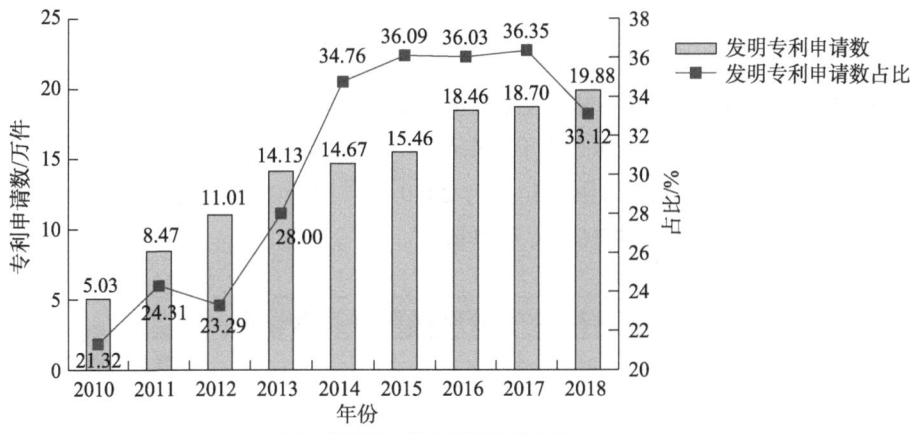

(b) 2010—2018年江苏发明专利申请数及其占比

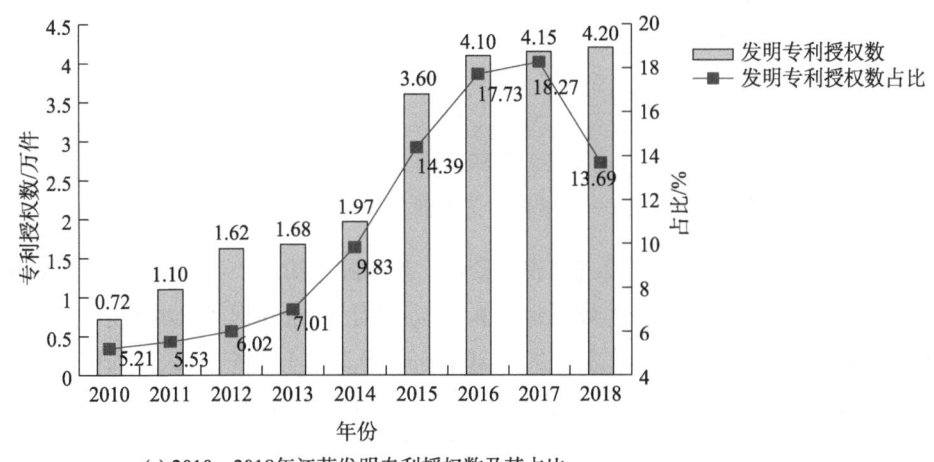

(c) 2010—2018年江苏发明专利授权数及其占比

图 4-42　2010—2018 年江苏国内专利申请数与授权数

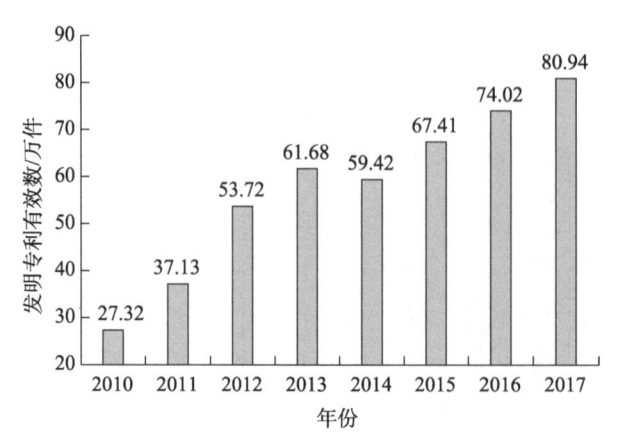

图 4-43 2010—2017 年江苏国内发明专利有效数

江苏专利的国际化水平迅速提升。如图 4-44 所示，2016—2018 年，江苏的 PCT 专利申请数一直保持在全国第三位，并且由 2016 年的 0.32 万件提高至 2018 年的 0.55 万件，涨幅约 71.88%，国际化水平提升得十分迅速。然而相比广东仍存在巨大差距，以 2018 年为例，位于广东的华为技术有限公司的 PCT 专利申请数为 5405 件，中兴通讯股份有限公司的为 2080 件，两者之和已经超过了我国除广东以外的其他所有省区市的 PCT 专利申请数。

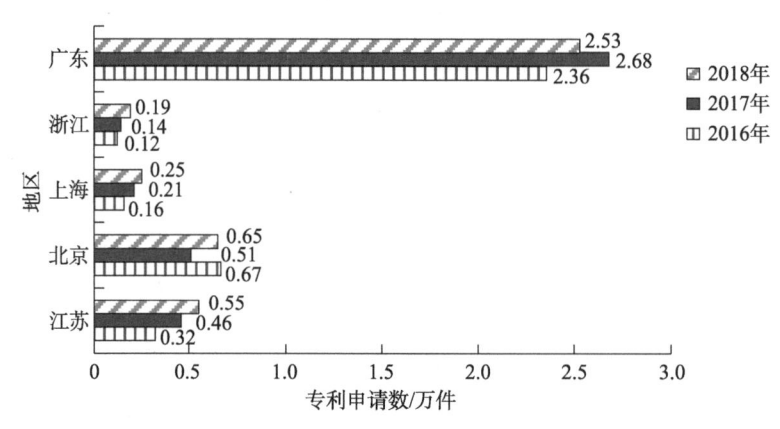

图 4-44 2016—2018 年京沪苏浙粤的 PCT 专利申请数

江苏企业的知识产权建设工作表现良好。参考国家知识产权局公示的 2019 年度国家知识产权示范企业和优势企业名单，江苏拥有 57 家知识产权示范企业和 173 家优势企业，占全国总数的比重分别为 20.80%和 9.31%（图 4-45）。这表明江苏拥有一批在知识产权创造、运用、保护、管理等方面有突出表现的国内及区域骨干企业，这些骨干企业能对江苏企业的知识产权建设工作起到良好的带领示范作用。

江苏的知识产权保护力度正不断提升。参考最高人民法院发布的《中国法院知识产权司法保护状况（2018 年）》白皮书，2018 年江苏、北京、上海、广东和浙江

(a) 2019 年度国家知识产权示范企业　　(b) 2019 年度国家知识产权优势企业（90 分以上）

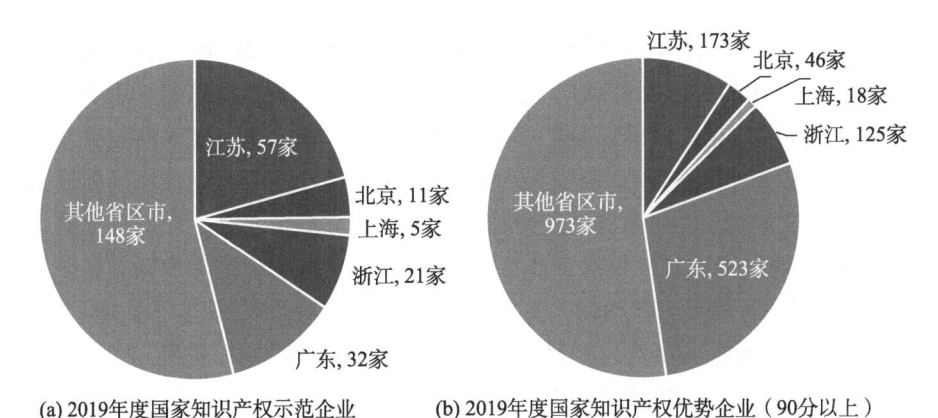

图 4-45　2019 年度国家知识产权示范企业和优势企业地区分布数量

五省市的法院收案数量依旧保持高位运行，新收知识产权民事一审案件 185 337 件，占全国的 65.39%，其中江苏同比增长 45.48%。并且当年审结的十大知识产权案件和 2018 年中国法院 50 件典型知识产权案例中，江苏也涉及多次，表明其案件影响力之大。这反映出江苏的知识产权保护意识越来越强，有利于鼓励创新。

在技术市场方面，参考科学技术部火炬高技术产业开发中心发布的《2019 年全国技术市场统计年报》，如图 4-46 所示，江苏 2017 年和 2018 年分别认定技术合同数 37 348 项和 42 703 项，数量位于全国第二。而江苏 2017 年和 2018 年的技术合同成交额分别为 873 亿元和 1153 亿元，虽然增长迅速，但在全国仅排名第 5，与其技术合同数的规模不符。在技术合同交易方面，如图 4-47 所示，以 2018 年数据为例，江苏输出和吸纳的技术合同数分别为 42 227 项和 39 192 项，两者都仅次于北京而位列全国第二，然而输出技术的成交额为 991.45 亿元，在各省区市中排名第 7，吸纳技术的成交额为 1438.64 亿元，排名第 3。由此可见，江苏技术输出的实力还有较大提升空间。总体而言，江苏的技术市场成交额规模持续增长，

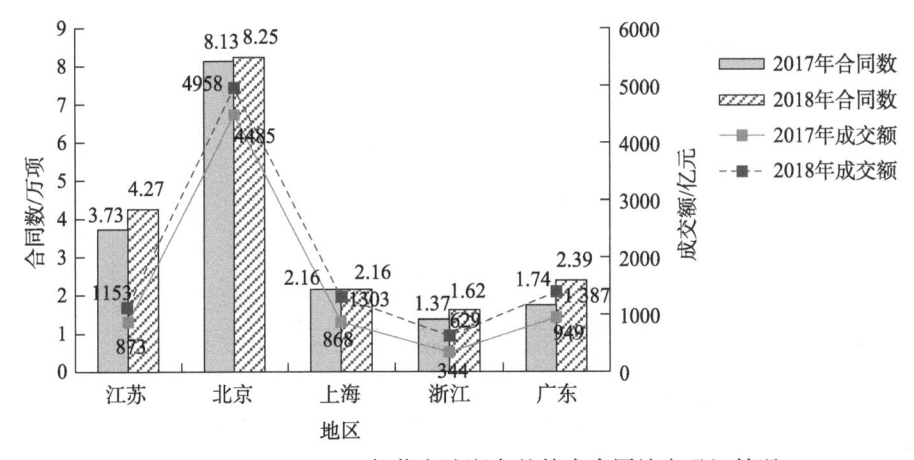

图 4-46　2017—2018 年苏京沪浙粤的技术合同认定登记情况

但依然不够活跃。如图 4-48 所示，江苏的技术市场成交额由 2010 年的 249.34 亿元提升至 2018 年的 991.45 亿元，尤其是 2016 年以来增长十分迅速，表明其技术转移和科技成果转化的规模不断扩大。参考科学技术部火炬高技术产业开发中心发布的《2019 年全国技术市场统计年报》，2018 年，江苏的登记技术合同成交额略低于广东、上海，位列第 5，其中输出技术成交额次于北京、广东和上海，位列第 7，而吸纳技术成交额仅次于北京和广东，位列第 3。但是考虑到其科研人员规模（本应使用每万名科技活动人员技术市场成交额来反映，但鉴于数据可得性，我们在此选用 R&D 人员数代替科技活动人员数），如图 4-49 所示，江苏每万名 R&D 人员技术市场成交额由 2013 年的 8.41 亿元提升至 2017 年的 10.32 亿元，涨幅约 22.71%，其规模和广东较为接近，稍大于浙江；相比之下，北京在 2013 年已达到 85.33 亿元，并且 2013—2017 年增长约 32.36%，达到 112.94 亿元，是江苏的近 10 倍。因此江苏技术转移和科技成果转化的活跃度仍有较大提升空间。

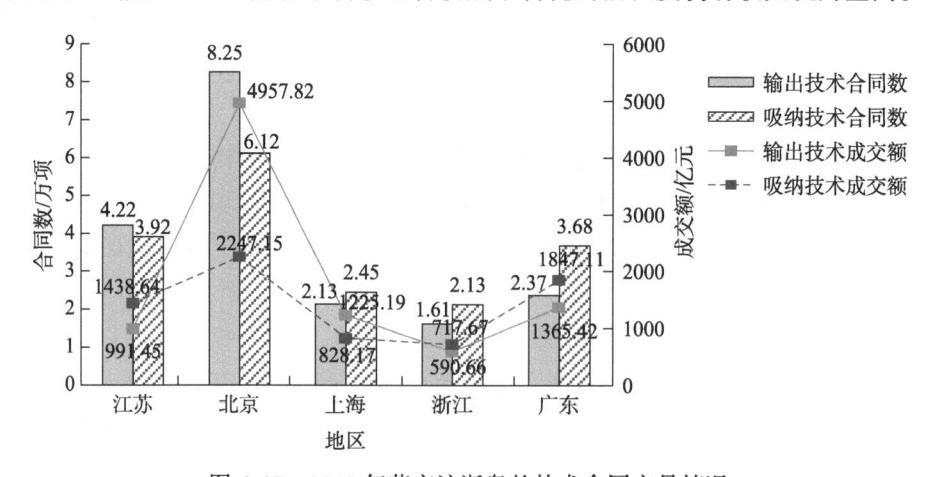

图 4-47　2018 年苏京沪浙粤的技术合同交易情况

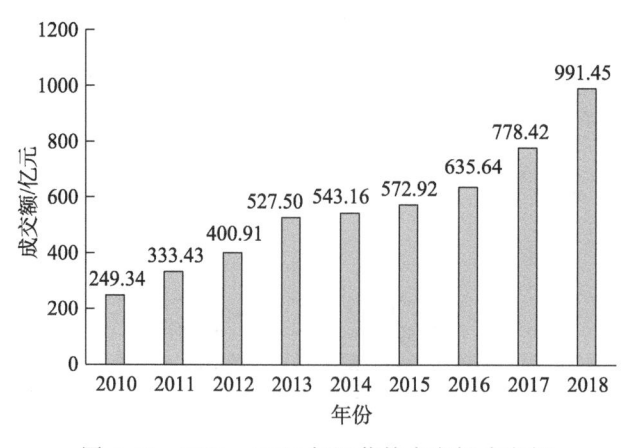

图 4-48　2010—2018 年江苏技术市场成交额

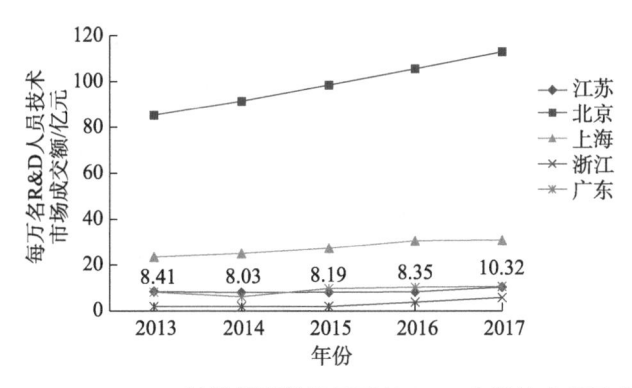

图 4-49　2013—2017 年苏京沪浙粤每万名 R&D 人员技术市场成交额

4.5.3　产品创新环节新产品销售收入稳步提升但产品竞争力有所下降

近年来，江苏规模以上工业企业新产品销售收入稳步提升，但提升速度逐渐放缓，而体现产品国际竞争力的新产品出口额呈较小幅度的波动式上升趋势，且在新产品销售收入中的占比有明显下降趋势，表明江苏创新链产品创新环节的创新产出质量及国际竞争力较低。如图 4-50 所示，2011—2017 年江苏规模以上工业企业的新产品销售收入由 15 010 亿元增加到 28 579 亿元，涨幅约 90.40%，新产品的市场不断扩大。而规模以上工业企业新产品出口额呈现波动上升趋势，两个波峰分别为 2012 年的 5273 亿元和 2016 年的 6584 亿元，两个波峰差额为 1311 亿元，销售额都在 15000 亿元以上并且逐年上升，相比于该数额来说，差额 1311 亿元说明变化不大，也就是相对于销售收入来说，这两个波峰虽然有上升，但不明显，所以两个波峰之间的差额较总销售收入差距不大，表明其新产品在国际市场上的竞争力水平比较稳定。值得注意的是，新产品出口额在新产品销售收入中的比重于 2013 年突然降低了 7.64 个百分点后，又在 2017 年又有较大幅度（3.47 个百分点）的下滑，这部分是由于外贸形势严峻，2013 年的大下降主要受到了人民币升值和国际市场持续低迷的制约，也有成本上升、资金不足、订单外流、贸易摩擦等因素的影响；2017 年同样也有贸易摩擦、成本增加、市场需求不足等因素约束。参考历年来的江苏省国民经济和社会发展统计公报（表 4-12），特别是 2017 年以来，尽管江苏的货物出口额不断提升，但美国依然是江苏货物出口最主要的目的地，这可能与外商投资企业是江苏进出口的主要活动者有关。所以，江苏需要抓住"一带一路"倡议及"双循环"战略机遇，在利用外资的同时注重加强自主创新能力，从而提升其新产品在国际市场的竞争力。

江苏规模以上工业企业的新产品还远远没有成为其收入的主要来源。如图 4-51 所示，2013—2017 年，江苏规模以上工业企业新产品销售收入占其主营业务收入的比重保持增长趋势，由 14.90% 提升至 19.81%，但直到 2017 年才勉强超过北京，摆脱末位；而广东、上海、浙江在 2017 年新产品销售收入占其主营业务收入的比重已分别达到 26.03%、26.56%和 32.16%，远高于江苏。这反映出江苏仍需加大产品创新力度以打开新的市场。

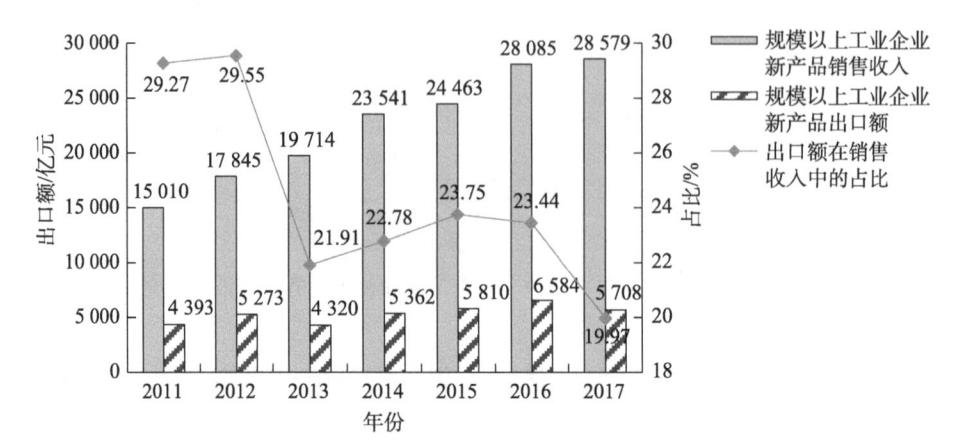

图 4-50　2011—2017 年江苏规模以上工业企业的新产品销售收入及出口额

表 4-12　2016—2018 年江苏对主要国家和地区的货物出口情况

国家和地区	2016年出口额/亿元	2016年出口额比上年增长/%	2017年出口额/亿元	2017年出口额比上年增长/%	2018年出口额/亿元	2018年出口额比上年增长/%
美国	4732.5	4.7	5794.3	22.4	6143.4	6.0
欧盟	3922.6	4.0	4653.1	18.6	4973.6	6.9
东盟	2316.0	6.3	2651.5	14.5	2996.2	13.0
中国香港	1799.5	−16.9	2061.0	14.5	2405.4	16.7
日本	1713.8	−1.7	1850.0	7.9	1951.5	5.5
拉丁美洲	1114.3	−5.0	1294.2	16.1	1419.5	9.7
韩国	1100.9	6.4	1249.7	13.5	1483.9	18.7
中国台湾	657.9	−22.9	707.7	7.6	759.8	7.4
印度	654.5	9.5	811.6	24.0	847.7	4.4
非洲	507.7	−5.9	586.8	15.6	654.2	11.5
俄罗斯	254.9	18.1	292.6	14.8	323.2	10.5

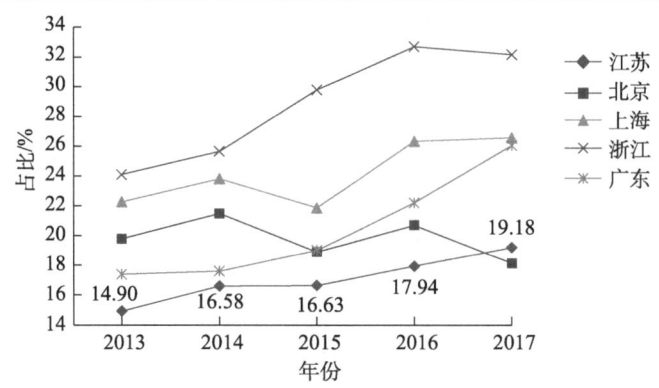

图 4-51　2013—2017 年京沪苏浙粤规模以上工业企业新产品销售收入占其主营业务收入的比重

江苏高新技术产业稳中有进。2018 年江苏共设有 18 个高新区，覆盖了 13 个先进制造业集群。2019 年，全省继续加大高新技术企业的培育力度，加快集聚创新动能，在 1—9 月高新技术产业实现产值同比增长 6%，占规模以上工业产值比重达 44.9%，高新技术产业对全省工业新产品贡献率达 64%，创下历史新高[①]。江苏也涌现出神威·太湖之光超级计算机、"蛟龙号"、"深海勇士"载人潜水器等重大科技成果，并通过石墨烯材料治理长江污水等新产品的运用，实现生态效益、经济效益和社会效益。但是就江苏高技术新产品整体而言，其产品竞争力较低。参考北京立言创新科技咨询中心发布的《中国高技术产业创新能力评价报告2018》，江苏高技术新产品销售收入占主营业务收入的比重为 29.66%，居全国第 13 位，而居全国第 1 位的浙江达到 54.25%。

---

① 《1—9 月江苏高新技术产业稳中有进 同比增长 6%》，https://cj.sina.com.cn/articles/view/3233134660/c0b5b84402000jqz6，2019-12-25。

第 5 章

江苏创新链质量形成机制分析

针对第 4 章江苏创新链质量现状调研及分析提出的基础研究原始创新不足、集成电路等产业部分关键核心技术缺失、产品率先突破性创新较少等突出问题，本章基于第 3 章区域创新链质量形成及跃迁路径设计机理分析，从江苏创新链质量形成历程分析影响江苏创新链质量提升的促进性、抑制性关键因素，质量-环节-影响因素之间的相互作用关系，以及质量形成机制的江苏实践过程。

5.1 江苏创新链质量形成机制发展历程

江苏创新链质量即江苏创新满足江苏创新发展需求的程度，而江苏对创新发展的需求随着社会经济与科学技术的发展而变化。与此同时，江苏创新链质量内涵不断充实，质量形成过程不断完善和深化。按江苏经济发展特征及其对创新发展需求的变化过程，江苏创新链质量大致分为以下三个阶段。

第一阶段是 1978—1992 年。自改革开放以来，中国抓住了全球要素分工所带来的战略机遇，以开放的姿态主动接受和积极融合西方产业技术的转移和扩散，全国各省区市的产业发展和升级呈开阔态势；与之前相比，1979—1988 年技术进步对经济增长的驱动力明显上升。改革开放之初，江苏三次产业尚为"二一三"结构，农业增加值占地区生产总值的比重超过 1/3，属于工业化发展初期阶段。当时，江苏省主要依靠增加投资和生产资料及劳动力的数量来扩大生产规模的再生产，经济发展方式较为粗放，面临工矿企业老化、资源短缺、经济结构日趋低级、投入-产出不合理、高新技术不足、经济效益不高等问题。例如，1977—1986 年，江苏省资金投入平均增长 15.07%，产值平均增长 14.88%，资金投入增长超过产值增长的速度；1987 年全省外贸产品收购额仅占工业总产值的 5.2%，出口产品中技术附加值高的占比更小，表明江苏在外贸出口和发展、采用高新技术方面还未形成较强的优势和实力。为此，江苏省委、省政府于 1989 年 1 月 5 日，做出《关于依靠科技进步振兴江苏经济的决定》，正式确定了"科技兴省"的发展战略。在知识创新方面，重点学科、重点实验室和中试基地建设加强，全面启动"差别化纤维技术工程试验室"等六个省级重点实验室建设工作；地方普通高校的招生数在1992年达到2.55万人，比1988年增长4.1%。在研发创新方面，高新技术发展及其产业化进程加快，建设南京、南通高新技术产业开发区和苏锡常火炬带，开始形成以沿江七市高新技术产业开发区为基础、点线面结合地发展高新技术产业的总体布局。在产品创新方面，组织实施了高新技术装备研发、生产工艺改进和产品开发等100多项火炬项目，配套应用于纺织、机械、医药三个传统行业的改造之中，提高了传统行业的生产、技术水平。围绕国内外市场需求，引导企业重点发展高技术含量、高市场含量、高附加值、高创汇、高效益、低能耗、低物耗的新产品，推广先进适用的科技成果和专利技术，加快了产品更新的速度和新产品的开发。随后，江苏对农业现代化投资较多，1992年，全年共实施30多项省级农业科技开发项目，投入贷款750万元。这一阶段的江苏经济依然是以要素驱动和投资驱动为主，创新资源的投资和配比集中在重点学科和传统行业，对第一产业的投资依然占一定比重，创新链呈现被动适应经济发展、为发展经济而进行创新的状态。

第二阶段是1993—2015年。1992年，邓小平发表南方谈话，同年10月，党的十四大报告明确提出建立社会主义市场经济体制的改革目标。社会主义市场经济体制改革目标的确立，实现了改革开放新的历史性突破，打开了我国经济、政治、文化、社会发展的崭新局面。在积极、合理、有效利用外资的方针的指导下，加大外资吸收利用，扩大外资规模，拓宽外资领域，特别是制造业、基础设施以及部分服务业领域进一步扩大开放，我国利用外资的规模、水平和能力迅速跃上新的历史台阶。1993年11月11日至14日，中共十四届三中全会在北京举行，审议并通过《中共中央关于建立社会主义市场经济体制若干问题的决定》，将十四大提出的经济体制改革的目标和基本原则具体化，勾画出社会主义市场经济体制的基本框架。同年江苏省经济发展从以满足国内市场为主，转向以利用外资发展出口导向型的外向型经济为主。这一时期，外资企业对外贸易成为江苏外贸的主要增长点和主动力，投资的边际效应递减，投资对经济增长的拉动空间变得越来越小。同时，江苏经济的外贸依存度高，其中纺织原料及制品、机械设备电视及其零配件以及化学工业及相关产品的出口依存度过高，危及产业健康发展；主要出口产品均以劳动密集型产品为主，这些行业的持续发展为解决江苏劳动力就业做出了很大贡献，但技术含量低致使产品附加值率也偏低，体现出江苏亟待提升产业科技水平。如何提升？跟踪、引进、模仿、改进。江苏省逐渐意识到需要开始从要素驱动向创新驱动转型。为了增强区域创新能力，江苏省于1993年制订了5个方面28条的创新型省份建设推进计划，加快推进科技创新工程。2001年12月，我国加入世界贸易组织，这是推进全方位、多层次、宽领域对外开放的重要契机。江苏省充分利用自身比较优势积极参与全球价值链国际分工，深度融入经济全球化中，通过"干中学"促进产业转型升级，加速自身经济的增长和工业化进程的推进。2006年，江苏在全国率先做出到2015年建成创新型省份的重大决策。全省从对内打造创新型企业集群、做强战略性新兴产业、推动传统产业向高端攀升、统筹部署高校院所科技创新、系统布局科技基础设施建设、切实抓好创新型园区建设、打造苏南自主创新示范区、优化创新环境、推进知识产权建设、构建多元化科技投入体系、强化科技体制改革和政策创新、推进社会发展科技创新，到对外：深化国际科技交流与合作，加强与重点国家的创新合作，加快海外先进技术转移、引进、吸收；建设国际科技合作基地，鼓励支持企业"走出去"，从不同角度改善知识、研发、产品创新的环境，优化创新资源投入、配置和产出过程。2015年，全省科技进步贡献率达60%；全年授权专利25万件，是2001年的40倍；全年共签订各类技术合同2.5万项，技术合同成交额达700亿元，分别比2001年减少20%和增加12倍；组织实施省重大科技成果转化专项资金项目182项，省资助资金投入15.3亿元，新增总投入119亿元；全省按国家新标准认定高新技术企业累计达1万家，是2001年的6倍；全社会R&D活动经费1788亿元，为2001年的21倍，占地区生产总值的比重为2.55%；全省从事科技活动人员120.3万人，其中R&D人员74.6万人，均是2001年的近4倍；全省拥有中国科学院和中国工程院院士96人，比2001年多13人。这一阶段，江苏省三次产业增加值比例调整为5.7：45.7：48.6，实现产业结构"三二一"标志性转变，经济从工业化初期向后期快速发展，创新链无论是创新资源投入、创新资源配置，还是产出都有了较为重大的突破，创新活动呈现引进、模仿、学习和吸收的特点；创新成为经济发展的重要推动力量，并逐步开始成为经济发展的依托。

  第三阶段是2016年至今。2015年10月29日，习近平在党的十八届五中全会第二次全体会议上的讲话中指出"要坚持创新、协调、绿色、开放、共享的发展理念。这五大发展理念不是凭空得来的，是我们在深刻总结国内外发展经验教训的基础上形成的，也是在深刻分析国内外发展大势的基础上形成的"[①]。五大发展理念是一个管全局、管根本、管长远的导向；是战略、是纲领、是引领；它要求不仅仅要以创新促进经济发展，更重要的是以高质量的创新促进高质量的经济发展。2016年"十三五"的到来，江苏省综合实力增强，从要素驱动到创新驱动的转型升级步伐加速。江苏作为全国首个创新型省份建设试点省，将以创新驱动打造发展引擎作为经济建设的新目标，这也对江苏创新链提出了新的要求。2018年，面对内外部环境存在的不稳定和不确定性，为全面提升创新型省份建设水平，江苏省发布了《创新型省份建设工作实施方案》，建设目标是到2020年高水平建成创新型省份，加速产业重大原创性成果产出，促进知识产权成果转移转化，推

---

① 《在党的十八届五中全会第二次全体会议上的讲话（节选）》，https://www.ccps.gov.cn/xxsxk/zyls/201812/t20181216_125663.shtml，2015-10-29。

进科技成果资源开放共享，着力提升产业科技创新能力和企业自主创新能力，推进产学研协同创新，着力提升区域创新发展整体水平。一系列措施取得可喜的成绩：到2020年，江苏省拥有18家国家高新区，获批11家国家创新型城市、5家国家创新型县（市），均居全国第一，区域创新一直走在全国前列；"悟空"号、"奋斗者"号，还有北斗、"嫦娥"、"天问一号"穿云破雾、劈波斩浪，知识原始创新能力实现新跃升；江苏省首个超级计算机神威·太湖之光多次雄踞"全球超级计算机500强"榜首；网络通信与安全紫金山实验室、材料科学姑苏实验室、深海技术科学太湖实验室等的启动建设，为江苏原始创新的未来发展提供源头供给，创新资源的投入和配置得以不断完善；已与70多个国家和地区开展科技交流合作，与8个国家和地区建立产业研发合作共同资助机制，2016—2020年累计组织实施省级以上国际科技合作项目500多项，吸引了英国牛津大学、剑桥大学等一批知名高校来苏设立或共建研究开发机构、技术转移机构。江苏省正牵手更多国际合作伙伴，以更多元的模式，连接更多创新产业链，营造与国际接轨的高水平、开放式创新生态新阶段。至此，江苏创新链已经与国际较深层次接轨，承担起引领江苏经济发展的重任。

当前，我国已经全面建成小康社会、实现第一个百年奋斗目标，开启全面建设社会主义现代化国家新征程、向第二个百年奋斗目标进军的发展新阶段。而高质量区域创新链支撑的科技自立自强，则是达成全面建设社会主义现代化国家的发展目标，把握新发展阶段、深入贯彻新发展理念、加快构建新发展格局的重要内涵。在新型全球化趋势下，江苏经济发展给其区域创新链提供的不仅仅是机遇，还有挑战。江苏创新链依然存在知识创新环节如何由跟踪模仿向原始创新升级、研发创新环节如何从引进模仿向自主可控转变、产品创新环节如何由模仿改进转化为率先突破的问题，这些都需要提高江苏创新链的质量，以满足江苏经济转型升级和高质量发展的需求，由此，重新界定江苏省创新链质量的内涵并促进其跃迁成为必须解决的问题。

5.2 江苏创新链质量指数构建

本节基于3.2节区域创新链协同质量指数构建和区域创新链质量指数测度方法，构建江苏创新链指数，通过《中国科技统计年鉴》《中国统计年鉴》《江苏统计年鉴》等统计年鉴，《全球创新指数报告》，中央及地方政府公报，以及《全国技术市场统计年报》等收集相关数据，测算2009—2018年江苏创新链质量指数。在对江苏创新链整体质量变化态势分析的基础上，分别计算江苏创新链质量各环节、各阶段的质量指数，以全面把握江苏创新链质量现状。

5.2.1 数据获取与处理方法

在 3.2.1 节区域创新链质量影响因素指标体系的构建基础上，通过专家调查法收集相关专家、学者的意见和观点，进一步筛选出可作为江苏创新链质量影响因素的核心影响因素，旨在反映"双循环"战略背景下江苏创新链的高效率、高精尖、高端化等价值属性，江苏创新链质量影响因素指标体系的具体构建过程如下。

（1）调查目的。江苏创新链质量影响因素指标体系是定量衡量"双循环"战略背景下江苏创新发展质量的重要基础，集评价、分析、检测、预测为一体，已得到十分广泛的应用。目前国内外对于江苏创新链质量的相关研究方兴未艾，各学者从不同视角、国情、现状出发，对江苏创新链质量影响因素指标体系进行了很多研究。本次调研的主要目的在于通过发放江苏创新链质量影响因素指标体系中各影响因素相对有效性的调查问卷，借助专家的知识和经验，制定一套行之有效的江苏创新链质量影响因素指标体系。

（2）调查组织。调查之前，课题组将初步构建江苏创新链质量影响因素指标体系的思路及存疑之处进行了系统梳理，并结合问卷设计范式制定影响因素相对有效性的调查问卷（附录 A），为更有效地咨询相关专家的意见做好准备。随后，课题组围绕调查对象的范围、问卷发放方式等进行商榷。

（3）调查实施。面向南京大学、东南大学、南京航空航天大学、南京师范大学、苏州大学等高校，以及苏州国际科技园、南京高新技术产业开发区、南京海峡两岸科技工业园等典型工业园区中不同规模的研发机构与企业的相关专家，发放了关于该预选影响因素指标体系中各影响因素相对有效性的调查问卷。

（4）接受调查者基本情况统计。本次调研共计发放 50 份问卷，回收有效问卷 37 份。其中调查对象所处领域互补，能综合全面地反映各类组织对区域创新链质量主要影响因素的看法，使专家调查的最终结果具备一定可靠性和公允性保障。

（5）调查结果分析。根据专家对各个影响因素反映相关评价目标的相对有效性的打分，课题组剔除了部分评价江苏创新链质量相关创新环节与阶段中有效性较差的影响因素，对江苏创新链质量影响因素指标体系进行了筛选与调整。

为分析江苏创新链的质量现状以及变化态势，本书选取 2009—2018 年的江苏创新链为研究对象，收集各个年份在区域创新链质量影响因素指标体系中的具体指标数据。原始数据资料从《中国科技统计年鉴》《中国统计年鉴》《江苏统计年鉴》等统计年鉴，《全球创新指数报告》，中央及地方政府公报，以及《全国技术市场统计年报》等权威来源中获取，江苏创新链质量影响因素指标体系中具体指标包含 12 个创新资源投入质量影响因素、7 个创新资源配置质量影响因素、13 个产出质量影响因素以及协同性影响因素，如表 5-1 所示。

表 5-1　江苏创新链质量影响因素指标体系

一级指标	二级指标	三级指标	具体指标
江苏创新链创新资源投入质量	知识创新环节创新资源投入质量	知识创新环节创新人才投入质量	A_{11} 基础研究 R&D 人员全时当量 A_{12} 基础研究 R&D 人员全时当量增长率
		知识创新环节创新资本投入质量	A_{13} 基础研究 R&D 经费内部支出 A_{14} 基础研究 R&D 经费内部支出增长率
	研发创新环节创新资源投入质量	研发创新环节创新人才投入质量	A_{21} 应用研究 R&D 人员全时当量 A_{22} 应用研究 R&D 人员全时当量增长率
		研发创新环节创新资本投入质量	A_{23} 应用研究 R&D 经费内部支出 A_{24} 应用研究 R&D 经费内部支出增长率
	产品创新环节创新资源投入质量	产品创新环节创新人才投入质量	A_{31} 试验发展 R&D 人员全时当量 A_{32} 试验发展 R&D 人员全时当量增长率
		产品创新环节创新资本投入质量	A_{33} 试验发展 R&D 经费内部支出 A_{34} 试验发展 R&D 经费内部支出增长率
江苏创新链创新资源配置质量	知识创新环节创新资源配置质量	知识创新环节创新人才配置质量	B_{11} 高等学校和研究与开发机构每万名研发人员发表科技论文数
		知识创新环节创新资本配置质量	B_{12} 高校和科研院所研发经费内部支出额中来自企业资金的比例
	研发创新环节创新资源配置质量	研发创新环节创新人才配置质量	B_{21} 规模以上工业企业就业人员中研发人员比例
		研发创新环节创新资本配置质量	B_{22} 规模以上工业企业研发活动经费内部支出总额占销售收入比例 B_{23} 每亿元研发经费内部支出产生的发明专利授权数（不含企业）
	产品创新环节创新资源配置质量	产品创新环节创新人才配置质量	B_{31} 规模以上工业企业每万名研发人员产生的新产品产值
		产品创新环节创新资本配置质量	B_{32} 规模以上工业企业新产品开发经费支出占应用研究 R&D 内部经费投入比例
江苏创新链产出质量	知识创新环节产出质量	基础研究产出质量	C_{11} 高等学校和研究与开发机构发表科技论文数 C_{12} 高等学校和研究与开发机构发表科技论文数增长率 C_{13} 高等学校和研究与开发机构出版科技著作数 C_{14} 高等学校和研究与开发机构出版科技著作数增长率
	研发创新环节产出质量	科研院所技术研发产出质量	C_{21} 发明专利授权数（不含企业） C_{22} 每万名研发人员发明专利授权数（不含企业） C_{23} 发明专利授权数增长率（不含企业）
		规模以上工业企业专利产出质量	C_{24} 规模以上工业企业有效发明专利数 C_{25} 每万家规模以上工业企业平均有效发明专利数 C_{26} 规模以上工业企业有效发明专利数增长率
	产品创新环节产出质量	新产品产出质量	C_{31} 规模以上工业企业新产品销售收入 C_{32} 规模以上工业企业新产品销售收入占总销售收入比例 C_{33} 规模以上工业企业新产品销售收入增长率

由于统计年鉴中 2010 年及 2018 年的部分指标数据未公布，基础数据的完整性、有效性受到影响，本书采用相邻非缺失值的线性插值填补缺失值。同时，为剔除异常数据对江苏创新链质量指数的影响，本书采用中位数绝对偏差（median absolute deviation，MAD）法识别异常值，并采用线性插值进行替换。在统计学中，MAD 是对单变量数值型数据的样本偏差的一种鲁棒性测量，定义为数据点到中位数的绝对偏差的中位数，异常值为与中位数相差超过三倍 MAD 的指标数据。线性插值是指插值函数为一次多项式的插值方式，根据一维数据序列中需要插值的点的左右邻近两个数据点来进行数值的估计。指标 a_j 的 MAD 值为

$$\text{MAD}_j = \text{median}_{1 \leqslant i \leqslant m} \left(|a_{ij} - \text{median}(a_j)| \right) \tag{5-1}$$

由于江苏创新链质量影响因素指标体系中多个影响因素的原始数据单位不同，数据相差的数量级较多，在进行具体测算前，需要对所有影响因素数据进行无量纲化处理。本书将数据归一化，采用区间放缩法将数据映射到[0,1]中，影响因素 a_{ij} 的归一化影响因素 a'_{ij} 为

$$a'_{ij} = \frac{a_{ij} - \min_{1 \leqslant i \leqslant m}\{a_{ij}\}}{\max_{1 \leqslant i \leqslant m}\{a_{ij}\} - \min_{1 \leqslant i \leqslant m}\{a_{ij}\}} \tag{5-2}$$

5.2.2 江苏创新链协同质量指数测算及分析

首先，将江苏创新链质量影响因素指标体系中各环节、各阶段的影响因素指标数据代入式（5-3）中计算得到 2009—2018 年江苏创新链质量形成的各年份各影响因素的有序度指数。具体地，依据第三章式（3-3），可得到江苏创新链三个环节下各个阶段 $S_j(j=1,2,\cdots,9)$ 的影响因素 $h_{ji}(j=1,2,\cdots,9, i=1,2,\cdots,n)$，其中，$n$ 为表 5-1 中各环节、各阶段下的指标个数，计算 h_{ji} 的有序度指数为

$$\mu_j(h_{ji}) = \begin{cases} \dfrac{h_{ji} - \alpha_{ji}}{\beta_{ji} - \alpha_{ji}}, & i \in (1, k) \\ \dfrac{\beta_{ji} - h_{ji}}{\beta_{ji} - \alpha_{ji}}, & i \in (k+1, n) \end{cases} \tag{5-3}$$

其中，k 表示基于扩展灰色关联度计算识别的正向关联因素个数。

其次，采用式（3-4）几何平均法，计算不同环节下各阶段 $S_j(j=1,2,\ldots,9)$ 的有序度指数

$$\mu_j(h_j) = \sqrt[n]{\prod_{i=1}^{n} \mu_j(h_{ji})} \tag{5-4}$$

最后，依据式（3-5），计算江苏创新链各环节协同质量指数 cor：

$$\text{cor} = \sqrt[9]{\prod_{j=1}^{9} \left[\mu_j^1(h_j) - \mu_j^0(h_j) \right]} \tag{5-5}$$

根据江苏创新链协同实际情况，可以将协同水平划分为高、中、低及完全不协同四个状态，具体如表5-2所示。

表 5-2　江苏创新链协同水平划分表

江苏创新链协同质量指数	江苏创新链协同水平
cor = 0	完全不协同
cor ∈ (0,0.333]	低水平协同
cor ∈ (0.333,0.666]	中水平协同
cor ∈ (0.666,0.1]	高水平协同

本书以2009年的数据为基准，计算2010—2018年江苏创新链协同质量指数，最终结果如表5-3和图5-1所示。

表 5-3　2010—2018 年江苏创新链协同质量指数及各环节、各阶段有序度

变量	2009年	2010年	2011年	2012年	2013年	2014年	2015年	2016年	2017年	2018年
cor	0	0.049	0.127	0.160	0.246	0.374	0.555	0.578	0.589	0.469
$\mu_1(h_1)$	0.184	0.151	0.378	0.213	0.477	0.579	0.728	0.745	0.696	0.456
$\mu_2(h_2)$	0.155	0.186	0.249	0.283	0.600	0.377	0.616	0.682	0.787	0.429
$\mu_3(h_3)$	0.172	0.172	0.220	0.246	0.429	0.683	0.783	0.782	0.853	0.925
$\mu_4(h_4)$	0.055	0.278	0.346	0.480	0.460	0.682	0.845	0.828	0.938	0.938
$\mu_5(h_5)$	0.036	0.206	0.141	0.264	0.265	0.315	0.652	0.541	0.614	0.759
$\mu_6(h_6)$	0.155	0.068	0.562	0.594	0.180	0.533	0.787	0.901	0.943	0.929
$\mu_7(h_7)$	0.274	0.093	0.179	0.367	0.647	0.614	0.649	0.711	0.462	0.329
$\mu_8(h_8)$	0.062	0.100	0.231	0.336	0.454	0.398	0.579	0.527	0.738	0.912
$\mu_9(h_9)$	0.108	0.266	0.158	0.353	0.403	0.530	0.658	0.781	0.862	0.956

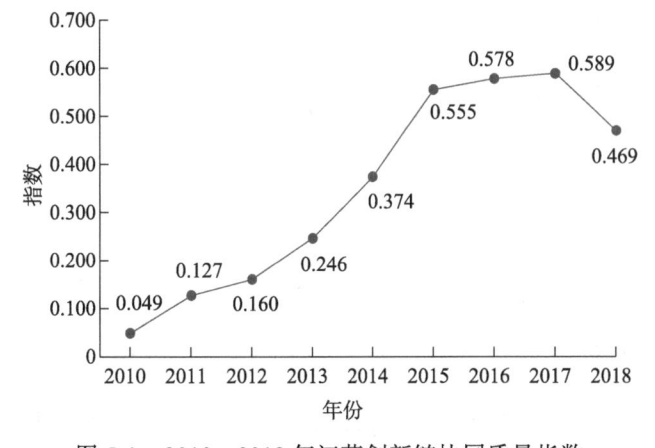

图 5-1　2010—2018 年江苏创新链协同质量指数

从总体趋势来看（图5-1），除2018年外，江苏创新链协同质量指数呈现上升趋势。其中，2010年至2013年江苏创新链处于低水平协同，协同质量指数从0.049上升至0.246；2014年进入中水平协同，2014年至2017年协同质量指数从0.374上升至0.589；2018年协同质量指数从0.589下降至0.469。从各环节、各阶段的有序度变化可知，2018年较2017年，知识创新环节创新资源投入阶段有序度从0.696下降至0.456，研发创新环节创新资源投入阶段有序度从0.787下降至0.429，知识创新环节产出阶段有序度从0.462下降至0.329，产品创新环节创新资源配置阶段有序度从0.943下降至0.929。因此，知识创新环节创新资源投入阶段、研发创新环节创新资源投入阶段和知识创新环节产出阶段是影响2017—2018年江苏创新链协同质量指数下降的主要原因。

5.2.3 江苏创新链质量指数测算及分析

为了测算江苏创新链质量指数，需要确定江苏创新链质量影响因素指标体系中各影响因素的权重，本书采用信息熵赋权法。在信息论中，信息熵是对事件不确定性的一种度量，事件的信息熵随着其信息量的增加而变小。因此，可以根据信息熵的特性，通过计算各个影响因素的熵值来判断其离散程度。江苏创新链质量指数的测算过程如下。

设江苏创新链质量影响因素数据矩阵为 $A=(a_{ij})_{m \times n}$，其中，$m=10$，表示2009—2018年的年份跨度；$n=33$，表示江苏创新链质量影响因素指标体系中的33个影响因素；a_{ij} 表示第 i 年的第 j 个影响因素。设第 k 年影响因素序列 $A_k = (a_{k1}, a_{k2}, \cdots, a_{kn})'$，表示第 k 年全部影响因素的数据值。基于前景理论，以第 k 年影响因素序列 A_k 为参考点，第 i 年影响因素序列 A_i 中第 j 个影响因素的相对质量为 $\varphi_j(A_i, A_k)$ [式（5-7）]。将所有影响因素的相对质量加总，得到第 i 年相对于第 k 年的质量函数 $\vartheta(A_i, A_k)$：

$$\vartheta(A_i, A_k) = \sum_{j=1}^{n} \varphi_j(A_i, A_k), \quad i, k = 1, 2, \cdots, m \tag{5-6}$$

其中

$$\varphi_j(A_i, A_k) = \begin{cases} \sqrt{w_{jr}(a_{ij}-a_{kj})\Big/\sum_{j=1}^{n} w_{jr}}, & a_{ij} - a_{kj} > 0 \\ 0, & a_{ij} - a_{kj} = 0 \\ -\frac{1}{\theta}\sqrt{\left(\sum_{j=1}^{n} w_{jr}\right)(a_{kj}-a_{ij})\Big/w_{jr}}, & a_{ij} - a_{kj} < 0 \end{cases} \tag{5-7}$$

$$w_{jr} = w_j / \max(w_j \mid j=1,2,\cdots,n), \quad j=1,2,\cdots,n \tag{5-8}$$

其中，w_j 表示江苏创新链质量影响因素数据矩阵 A 中第 j 个影响因素的权重值，用以表示第 j 个影响因素在全部 n 个影响因素中的相对重要程度，基于信息熵赋权法计算得到；w_{jr} 表示第 j 个影响因素相对于权重最大影响因素的相对权重值 [式（4-8）]。影响相对质量 $\varphi_j(A_i, A_k)$ 的因素包括与参考点影响因素数据值之差和影响因素的相对权重值，体现了前景理论中的参照依赖与损失规避假设。参数 θ 表示江苏创新链质量面对影响因素变差时的质量损失程度，通常，θ 越小表示影响因素变差时江苏创新链质量的损失越严重，本书参考前景理论的实证研究[105]，取参数 $\theta = 2.25$。第 i 年的江苏创新链质量影响因素序列 A_i 的总体质量函数为其所有相对质量函数的加总，即 $\sum_{k=1}^{m}\vartheta(A_i, A_k)$，归一化后，得到第 i 年的江苏创新链质量指数 $\Phi(A_i)$：

$$\Phi(A_i) = \frac{\sum_{k=1}^{m}\vartheta(A_i,A_k) - \min_i\left\{\sum_{k=1}^{m}\vartheta(A_i,A_k)\right\}}{\max_i\left\{\sum_{k=1}^{m}\vartheta(A_i,A_k)\right\} - \min_i\left\{\sum_{k=1}^{m}\vartheta(A_i,A_k)\right\}} \tag{5-9}$$

江苏创新链质量指数 $\Phi(A_i)$ 越大，说明第 i 年的江苏创新链质量越高。基于以上步骤，测算得到 2009—2018 年江苏创新链质量指数，以及创新资源投入质量指数、创新资源配置质量指数和产出质量指数（附录 C），如图 5-2 所示。

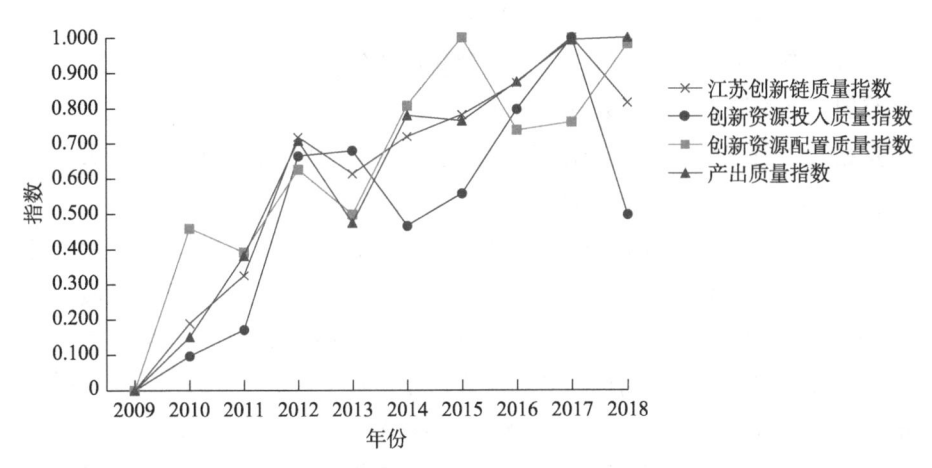

图 5-2　江苏创新链质量及各阶段质量指数

江苏创新链质量指数在 2009—2018 年整体呈上升趋势，仅 2013 年、2018 年有小幅下降。具体到各阶段，创新资源投入质量指数波动较大，且 2018 年呈现下降趋势，说明江苏创新链吸聚和投入创新资源的能力有所下滑，后劲不足；创新资源配置质量指数自 2015 年达到最大值，在 2010—2011 年、2012—2013 年、2015—2016 年都出现了大幅下降，说明江苏在满足创新需求的过程中，可能忽视了各环节创新主体间的有机衔接，创新资源投入结构形式亟须优化，创新资源配置不合理，创新资源未能得到有效利用；产出质量指数整体处于上升阶段，说明江苏省所获得的创新成果逐年增多。

除了江苏创新链质量指数之外，将此方法应用于江苏创新链各环节、各阶段质量，计算江苏创新链知识创新环节创新资源投入质量指数、研发创新环节创新资源投入质量指数、产品创新环节创新资源投入质量指数、知识创新环节创新资源配置质量指数、研发创新环节创新资源配置质量指数、产品创新环节创新资源配置质量指数、知识创新环节产出质量指数、研发创新环节产出质量指数和产品创新环节产出质量指数，以分析江苏创新链各环节、各阶段质量现状和变化趋势（详细数据见附录 C），具体过程如下。

设第 i 年江苏创新链知识创新环节创新资源投入质量、研发创新环节创新资源投入质量、产品创新环节创新资源投入质量的影响因素数据矩阵分别为 B_{1i}、B_{2i} 和 B_{3i}，知识创新环节创新资源配置质量、研发创新环节创新资源配置质量、产品创新环节创新资源配置质量的影响因素数据矩阵分别为 C_{1i}、C_{2i} 和 C_{3i}，知识创新环节产出质量、研发创新环节产出质量、产品创新环节产出质量的影响因素数据矩阵分别为 D_{1i}、D_{2i} 和 D_{3i}，基于江苏创新链质量指数测算方法，得到第 i 年江苏创新链知识创新环节创新资源投入质量指数、研发创新环节创新资源投入质量指数、产品创新环节创新资源投入质量指数分别为 $\Phi(B_{1i})$、$\Phi(B_{2i})$ 和 $\Phi(B_{3i})$，知识创新环节创新资源配置质量指数、研发创新环节创新资源配置质量指数、产品创新环节创新资源配置质量指数分别为 $\Phi(C_{1i})$、$\Phi(C_{2i})$ 和 $\Phi(C_{3i})$，知识创新环节产出质量指数、研发创新环节产出质量指数、产品创新环节产出质量指数分别为 $\Phi(D_{1i})$、$\Phi(D_{2i})$ 和 $\Phi(D_{3i})$，创新链协同质量指数为 $\Phi(E_i)$。

如图 5-3 所示，江苏创新链各环节、各阶段的质量指数具有较大差异。知识创新环节的创新资源投入质量指数[图 5-3（a）]和创新资源配置质量指数[图 5-3（d）]变化波动较大，分别在 2018 年和 2014—2016 年下降幅度较大，产出质量指数[图 5-3（g）]总体呈现增长趋势；研发创新环节的创新资源投入质量指数[图 5-3（b）]波动较大，2018 年下降幅度较大，创新资源配置质量指数[图 5-3（e）]和产出质量指数[图 5-3（h）]总体表现为增长状态；产品创新环节的创新资源投入质量指数[图 5-3（c）]、产出质量指数[图 5-3（i）]呈上升趋势，仅创新资源配置质量指数[图 5-3（f）]呈下降趋势，并在 2010 年达到最大值后持续下降。

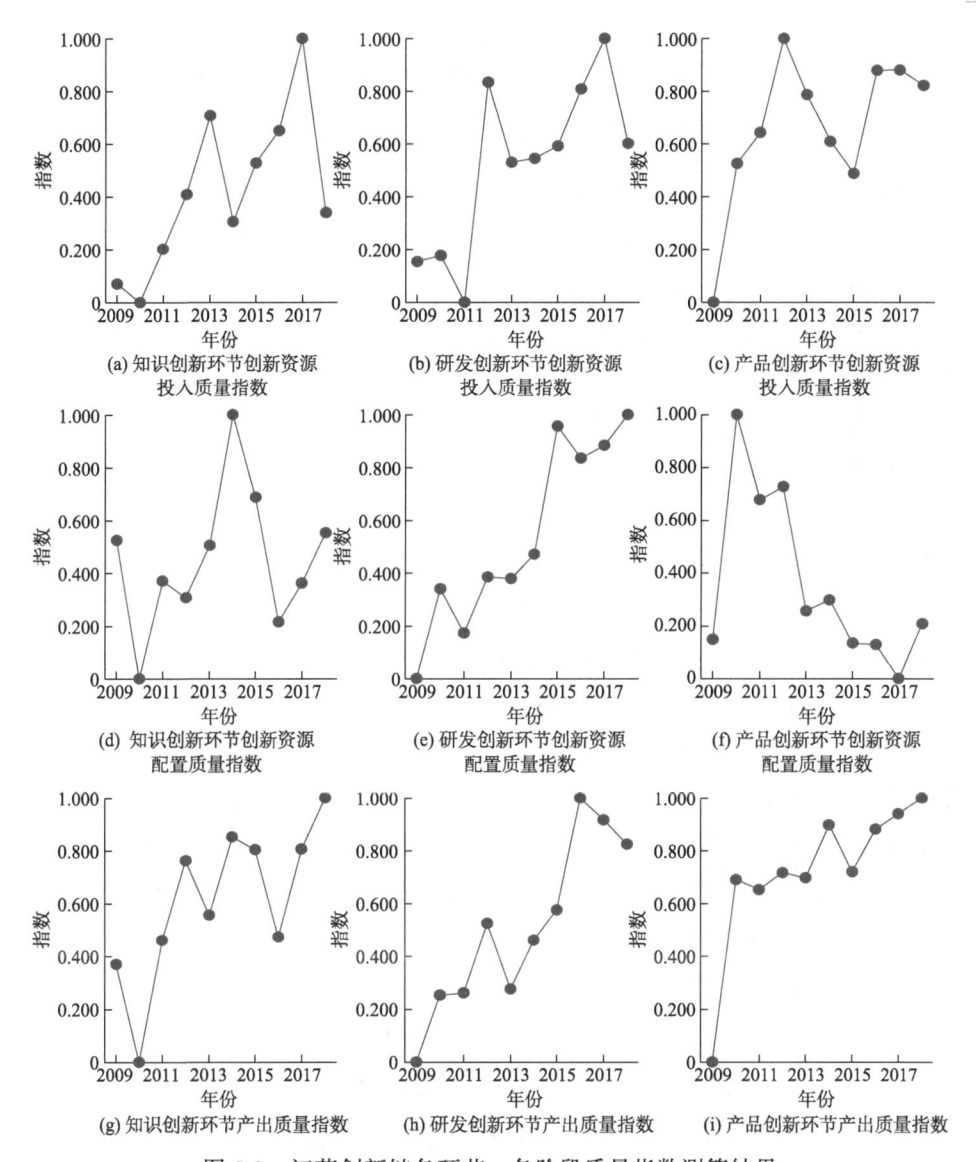

图 5-3　江苏创新链各环节、各阶段质量指数测算结果

5.3　江苏创新链质量形成关键因素分析

本节基于 3.3.2 节遗传算法的扩展灰色关联分析模型,构建江苏创新链质量形成关键因素分析模型,分析江苏创新链各环节、各阶段与整体质量指数的关联关系,并识别江苏创新链质量形成的促进性、抑制性关键因素,研究江苏创新链质量的形成机制。

5.3.1 基于遗传算法-扩展灰色关联分析模型的江苏创新链质量形成关键因素分析模型构建

江苏创新链质量指数反映了江苏创新链质量的大小，其既取决于江苏创新链质量形成过程中知识创新环节、研发创新环节和产品创新环节的创新资源投入、创新资源配置和产出质量满足江苏经济发展需求的程度，又取决于江苏创新链各环节、各阶段的有机协同，是促进性影响因素和抑制性影响因素共同作用的结果。其中，促进性关键因素是指与区域创新链质量正向关联程度高的影响因素，抑制性关键因素是指与区域创新链质量负向关联程度高的影响因素。因此，识别江苏创新链质量形成的促进性和抑制性关键因素是解析其形成机理的关键。

基于 3.3.2 节所提出的扩展灰色关联分析模型，江苏创新链质量形成关键因素分析模型构建如下。设江苏创新链质量指数序列为 $X_0 = \{\phi(A_i)\} = \{\phi(A_1), \phi(A_2), \cdots, \phi(A_m)\} = \{x_0(1), x_0(2), \cdots, x_0(m)\}$，作为系统特征行为序列，其中，$m=10$，表示江苏 2009—2018 年的年份跨度，$\phi(A_i)$ 表示第 i 年江苏创新链质量指数；设江苏创新链知识创新环节创新资源投入质量指数、研发创新环节创新资源投入质量指数、产品创新环节创新资源投入质量指数、知识创新环节创新资源配置质量指数、研发创新环节创新资源配置质量指数、产品创新环节创新资源配置质量指数、知识创新环节产出质量指数、研发创新环节产出质量指数、产品创新环节产出质量指数和江苏创新链协同质量指数序列，以及江苏创新链各环节、各阶段的具体影响因素序列为 X_h，作为相关因素序列，其逆化象为 X'_h，其中，$h = 1, 2, \cdots, 10+n$，令 $M_h = \max\{x_h(k)\}$，并满足

$$X_h = \{x_h(1), x_h(2), \cdots, x_h(m)\} \qquad (5\text{-}10)$$

$$X'_h = \{M_h - x_h(1), M_h - x_h(2), \cdots, M_h - x_h(2)\} \qquad (5\text{-}11)$$

其中，知识创新环节创新资源投入质量指数序列 $X_1 = \{\phi(B_{1i})\} = \{\phi(B_{11}), \phi(B_{12}), \cdots, \phi(B_{1m})\} = \{x_1(1), x_1(2), \cdots, x_1(m)\}$，研发创新环节创新资源投入质量指数序列 $X_2 = \{\phi(B_{2i})\} = \{\phi(B_{21}), \phi(B_{22}), \cdots, \phi(B_{2m})\} = \{x_2(1), x_2(2), \cdots, x_2(m)\}$，产品创新环节创新资源投入质量指数序列 $X_3 = \{\phi(B_{3i})\} = \{\phi(B_{31}), \phi(B_{32}), \cdots, \phi(B_{3m})\} = \{x_3(1), x_3(2), \cdots, x_3(m)\}$，知识创新环节创新资源配置质量指数序列 $X_4 = \{\phi(C_{1i})\} = \{\phi(C_{11}), \phi(C_{12}), \cdots, \phi(C_{1m})\} = \{x_4(1), x_4(2), \cdots, x_4(m)\}$，研发创新环节创新资源配置质量指数序列 $X_5 = \{\phi(C_{2i})\} = \{\phi(C_{21}), \phi(C_{22}), \cdots, \phi(C_{2m})\} = \{x_5(1), x_5(2), \cdots, x_5(m)\}$，产品创新环节创新资源配置质量指数序列 $X_6 = \{\phi(C_{3i})\} = \{\phi(C_{31}), \phi(C_{32}), \cdots, \phi(C_{3m})\} = \{x_6(1), x_6(2), \cdots, x_6(m)\}$，知识创新环节产出质量指数序列 $X_7 = \{\phi(D_{1i})\} = \{\phi(D_{11}), \phi(D_{12}), \cdots, \phi(D_{1m})\} = \{x_7(1), x_7(2), \cdots,$

$x_7(m)\}$，研发创新环节产出质量指数序列 $X_8 = \{\phi(D_{2i})\} = \{\phi(D_{21}), \phi(D_{22}), \cdots, \phi(D_{2m})\} = \{x_8(1), x_8(2), \cdots, x_8(m)\}$，产品创新环节产出质量指数序列 $X_9 = \{\phi(D_{3i})\} = \{\phi(D_{31}), \phi(D_{32}), \cdots, \phi(D_{3m})\} = \{x_9(1), x_9(2), \cdots, x_9(m)\}$，江苏创新链协同质量指数序列 $X_{10} = \{\phi(E_i)\} = \{\phi(E_1), \phi(E_2), \cdots, \phi(E_m)\} = \{x_{10}(1), x_{10}(2), \cdots, x_{10}(m)\}$。

灰色关联度的计算以邓氏灰色关联分析模型为基础，体现了点集拓扑空间与距离空间的结合。令 $\Delta_{0h}(k) = |x_0(k) - x_h(k)|$，$\Delta'_{0h}(k) = |x_0(k) - (M_h - x_h(k))|$，则点集拓扑空间的邻域 C 为

$$C \in [\min_h \min_k \{p_h \Delta_{0h}(k) + (1-p_h)\Delta'_{0h}(k)\},$$
$$\max_h \max_k \{p_h \Delta_{0h}(k) + (1-p_h)\Delta'_{0h}(k)\}] \tag{5-12}$$

$$p_h = \begin{cases} 1, & X_h 与 X_0 正向关联 \\ 0, & X_h 与 X_0 负向关联 \end{cases} \tag{5-13}$$

其中，$p_h \in P$ 表示 X_h 与 X_0 的正向或负向关联。在给定的 P 值下，$\lambda(X_0(k), X_h(k))$ 表示 X_h 与 X_0 在 k 点的灰色关联系数，$\lambda(X_0, X_h)$ 表示 X_h 与 X_0 的灰色关联度，其计算公式为

$$\lambda(X_0(k), X_h(k)) = p_i \frac{C_{\min} + \xi C_{\max}}{\Delta_{0h}(k) + \xi C_{\max}} + (p_h - 1)\frac{C_{\min} + \xi C_{\max}}{\Delta'_{0h}(k) + \xi C_{\max}} \tag{5-14}$$

$$\lambda(X_0, X_h) = \frac{1}{n}\sum_{k=1}^{n} \lambda(X_0(k), X_h(k)) \tag{5-15}$$

其中，$C_{\min} = \min_h \min_k \{p_h \Delta_{0h}(k) + (1-p_h)\Delta'_{0h}(k)\}$；$C_{\max} = \max_h \max_k \{p_h \Delta_{0h}(k) + (1-p_h)\Delta'_{0h}(k)\}$；分辨系数取 $\xi = 0.5$。

当 $p_h = 1$ 时，X_h 与 X_0 正向关联，则 $\lambda(X_0(k), X_h(k)) = \frac{C_{\min} + \xi C_{\max}}{\Delta_{0h}(k) + \xi C_{\max}}$，显然 $\lambda(X_0(k), X_h(k)) \in (0,1]$，并且 $\lambda(X_0, X_h) \in (0,1]$；同理，当 $p_h = 0$ 时，X_h 与 X_0 负向关联，则 $\lambda(X_0(k), X_h(k)) = -\frac{C_{\min} + \xi C_{\max}}{\Delta'_{0h}(k) + \xi C_{\max}}$，显然 $\lambda(X_0(k), X_h(k)) \in (-1,0]$，且 $\lambda(X_0, X_h) \in (-1,0]$。灰色关联系数 $\lambda(X_0(k), X_h(k))$ 与灰色关联度 $\lambda(X_0, X_h)$ 满足扩展的灰色关联公理。

灰色关联度的计算是邓氏灰色关联分析模型向负向关联关系的扩展，问题的核心在于判断系统的众多影响因素与系统特征行为序列 X_0 是正向关联还是负向关联，即如何确定 P 值。由于灰色关联系数 $\lambda(X_0(k), X_h(k))$ 的点集拓扑空间邻域 C 受 P 取值的影响，对任意相关因素序列正向关联与负向关联判断的变化，都可能导致系统整体灰色关联度发生变化。因此，本书从系统整体考虑，认为 P 值的确定应依据以下准则：①由灰色关联度 $\lambda(X_0, X_h)$ 的计算公式可知，相关因素序列与

系统特征行为序列间关联度的绝对值越大则关联性越强，因此，应选取满足 $\sum_{h=1}^{6+n}|\lambda(X_0, X_h)|$ 最大的 P 值；②点集拓扑空间的邻域 C 反映系统点集的整体分布情况，其分布离散程度越低则代表相关因素序列中的离群数据点越少，因此，应选取满足 $C_{max} - C_{min}$ 最小的 P 值。

基于以上分析，向量 P 的取值有 2^i 种可能，其数量随相关因素序列 X_i 个数的增加呈指数增长，计算复杂度较高。而遗传算法是一种通过模拟自然进化过程搜索最优解的方法，从随机产生的一组初始解开始，通过选择、交叉、变异等操作逐步迭代，最终得到最优解。通过基于遗传算法的扩展灰色关联分析模型，可以有效分析江苏创新链的不同质量特性、创新环节以及各个具体影响因素与整体质量形成过程的关联方向和关联强度的大小，从而识别促进性和抑制性关键因素。因此，本书采用遗传算法确定向量 P 的最佳取值，以研究江苏创新链各环节、各阶段质量，协同质量及各个影响因素对其整体质量形成过程的影响。

5.3.2 促进性和抑制性关键环节阶段识别

为识别影响江苏创新链质量形成的关键影响因素，采用基于遗传算法的扩展灰色关联分析模型，以江苏创新链质量指数作为反映系统整体行为特征的数据序列，分别以江苏创新链知识创新环节创新资源投入质量指数、研发创新环节创新资源投入质量指数、产品创新环节创新资源投入质量指数、知识创新环节创新资源配置质量指数、研发创新环节创新资源配置质量指数、产品创新环节创新资源配置质量指数、知识创新环节产出质量指数、研发创新环节产出质量指数、产品创新环节产出质量指数及协同质量指数作为相关因素序列。分辨系数取 $\xi = 0.50$。

基于遗传算法的扩展灰色关联分析模型结果如图 5-4 所示（详细数据见附录 D），此模型将产品创新环节创新资源配置质量指数[图 5-4（f）]与江苏创新链质量指数判定为负向关联，且关联强度较高（-0.801），表明了产品创新环节的人才、资金等创新资源的配置不合理与利用不充分的问题，抑制了江苏创新链整体质量的形成；研发创新环节产出质量指数[图 5-4（h）]和产品创新环节产出质量指数[图 5-4（i）]与江苏创新链质量指数之间表现为较强的正向关联（关联度分别为 0.787 和 0.799），表明研发创新和产品创新环节产出质量对江苏创新链质量形成的促进作用最明显。而江苏创新链协同质量[图 5-4（j）]对整体质量形成存在促进作用，但促进作用呈现下降趋势，说明江苏创新链各环节、各阶段间协同对整体质量形成的促进作用有所下降。

第 5 章　江苏创新链质量形成机制分析

(a) 知识创新环节创新资源投入质量

(b) 研发创新环节创新资源投入质量

(c) 产品创新环节创新资源投入质量

(d) 知识创新环节创新资源配置质量

(e) 研发创新环节创新资源配置质量

(f) 产品创新环节创新资源配置质量

(g) 知识创新环节产出质量

(h) 研发创新环节产出质量

(i) 产品创新环节产出质量

(j) 江苏创新链协同质量

─●─ 灰色关联系数
─■─ 质量指数

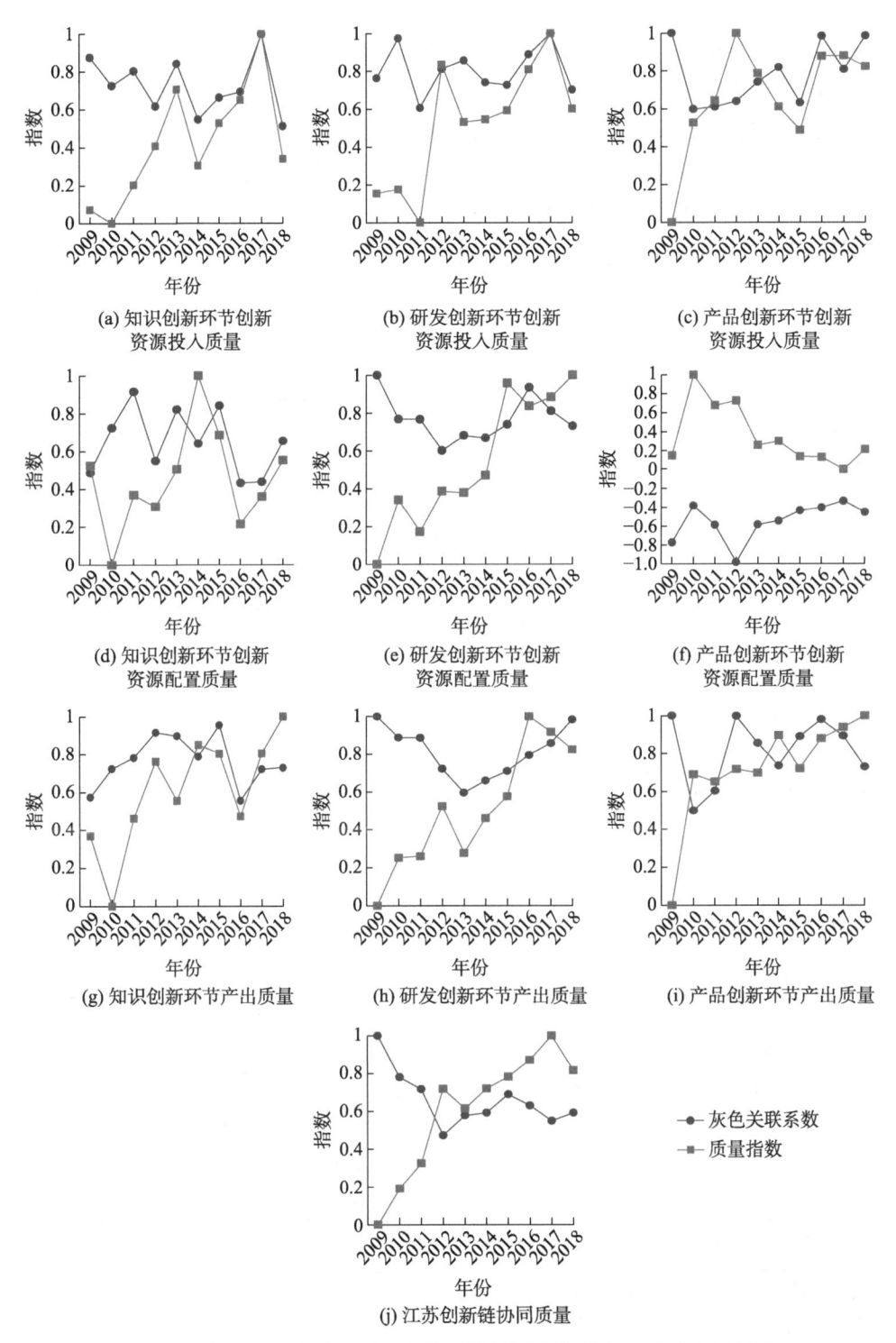

图 5-4　各环节、各阶段质量指数及协同质量指数灰色关联分析结果

按年份对各环节、各阶段质量指数及协同质量指数的灰色关联系数进行排序(表5-4)，2009—2018 年仅江苏创新链产品创新环节创新资源配置质量的关联系数均为负值，说明产品创新环节创新资源配置阶段抑制江苏整体质量的形成；2009 年、2016 年和 2017 年知识创新环节创新资源配置质量，2010 年产品创新环节产出质量和 2012 年协同质量的关联系数处于 (0,0.5]，说明其在对应年份对江苏创新链质量形成存在低水平促进作用；在正向关联的环节阶段中，知识创新环节创新资源投入质量、知识创新环节创新资源配置质量和江苏创新链协同质量的关联系数排序处于后两名的次数较多，分别为 3 次、4 次和 5 次，说明其对江苏整体质量形成的促进作用较弱，有待提升。

表 5-4 扩展灰色关联分析结果

年份		知识创新环节创新资源投入质量	研发创新环节创新资源投入质量	产品创新环节创新资源投入质量	知识创新环节创新资源配置质量	研发创新环节创新资源配置质量	产品创新环节创新资源配置质量	知识创新环节产出质量	研发创新环节产出质量	产品创新环节产出质量	江苏创新链协同质量
关联度		0.699	0.783	0.758	0.618	0.743	−0.801	0.738	0.787	0.799	0.626
2009年	关联系数	0.876	0.763	1.000	0.488	1.000	−0.771	0.574	1.000	1.000	1.000
	排序	6	7	1	9	2	10	8	3	4	5
2010年	关联系数	0.725	0.974	0.598	0.725	0.768	−0.382	0.725	0.888	0.499	0.780
	排序	5	1	8	6	4	10	7	2	9	3
2011年	关联系数	0.803	0.606	0.611	0.917	0.767	−0.586	0.784	0.887	0.604	0.716
	排序	3	8	7	1	5	10	4	2	9	6
2012年	关联系数	0.618	0.812	0.640	0.550	0.601	−0.981	0.917	0.722	0.999	0.473
	排序	6	3	5	8	7	10	2	4	1	9
2013年	关联系数	0.843	0.858	0.742	0.822	0.681	−0.584	0.899	0.597	0.856	0.577
	排序	4	2	6	5	7	10	1	8	3	9
2014年	关联系数	0.547	0.741	0.820	0.641	0.668	−0.543	0.790	0.660	0.737	0.591
	排序	9	3	1	7	5	10	2	6	4	8
2015年	关联系数	0.664	0.726	0.631	0.842	0.740	−0.436	0.956	0.710	0.892	0.689
	排序	8	5	9	3	4	10	1	6	2	7
2016年	关联系数	0.693	0.889	0.985	0.433	0.934	−0.403	0.557	0.795	0.980	0.630
	排序	6	4	1	9	3	10	8	5	2	7
2017年	关联系数	1.000	1.000	0.808	0.439	0.811	−0.333	0.722	0.858	0.894	0.549
	排序	1	2	6	9	5	10	7	4	3	8
2018年	关联系数	0.513	0.701	0.986	0.655	0.731	−0.452	0.731	0.983	0.731	0.591
	排序	9	6	1	7	3	10	4	2	5	8

5.3.3 促进性和抑制性关键因素识别

为进一步分析具体影响因素与江苏创新链质量形成的正负向关联关系，识别促进性和抑制性关键因素，即对于不同年份，需要分析其中哪些影响因素是相对优势或短板，对创新链质量产生重要的正面或负面影响。因此，本节基于 5.3.1 节构建的扩展灰色关联分析模型，分析各个具体影响因素与江苏创新链质量指数的关联程度大小和方向。

江苏创新链质量促进性和抑制性关键因素识别过程如下，设江苏创新链质量指数序列为 $X_0 = \{\phi(A_i)\} = \{\phi(A_1), \phi(A_2), \cdots, \phi(A_m)\} = \{x_0(1), x_0(2), \cdots, x_0(m)\}$，作为系统特征行为序列，其中 $m = 10$，表示江苏 2009—2018 年的年份跨度，$\phi(A_i)$ 表示第 i 年江苏创新链质量指数；设江苏创新链各个具体影响因素序列为 $X_h = \{x_h(1), x_h(2), \cdots, x_h(m)\}$，作为相关因素序列，其中，$h = 11, 12, \cdots, 10+n$。基于式（5-10）至式（5-15），得到江苏创新链质量各个影响因素与江苏创新链质量指数的灰色关联度为 $\lambda(X_0, X_h)$。当 $\lambda(X_0, X_h) > 0$ 时，影响因素 h 与江苏创新链质量呈正向关联，当 $\lambda(X_0, X_h) < 0$ 时，影响因素 h 与江苏创新链质量呈负向关联。通过对正向关联和负相关联影响因素关联程度大小的排序，识别关联程度高的正向和负向影响因素，即江苏创新链质量的促进性和抑制性关键因素。计算结果如表 5-5 所示。

结果显示，在所有正向关联影响因素中，代表规模以上工业企业新产品销售收入的影响因素 C_{31}、代表试验发展 R&D 人员全时当量的影响因素 A_{31} 和代表规模以上工业企业每万名研发人员产生的新产品产值的影响因素 B_{31} 关联强度最大，分别为 0.8646、0.8426 和 0.7879，说明新产品产出质量、产品创新环节创新人才投入质量和产品创新环节创新人才配置质量对江苏创新链质量指数的提升影响较大，是促进江苏创新链质量提升的促进性关键因素。在所有负向关联影响因素中，代表高校和科研院所研发经费内部支出额中来自企业资金的比例的影响因素 B_{12} 和代表规模以上工业企业新产品开发经费支出占应用研究 R&D 内部经费投入比例的影响因素 B_{32} 关联强度最大，分别为 –0.7992 和 –0.7339，说明知识创新、产品创新环节创新资本配置质量对江苏创新链质量指数的降低作用最为显著，是抑制江苏创新链质量提升的抑制性关键因素。

结合江苏创新链扩展灰色关联分析和抑制性关键影响因素识别结果，本书从知识创新环节创新资源投入阶段、知识创新环节创新资源配置阶段、产品创新环节创新资源配置阶段及协同性等方面进行具体分析。在知识创新环节创新资源投入阶段，从主要发达国家 R&D 经费在区域创新链各个环节的投入情况来看，知识创新环节占比为 15%—30%，研发创新环节占比为 20%—50%，知识创新和研发创新环节所占份额普遍在 40% 以上。而 2009—2018 年江苏 R&D 经费内部支出中（表 5-6），知识创新环节的基础研究平均占比仅 2.109%，研发创新环节的应用研

表 5-5　江苏创新链质量指数影响因素灰色关联计算结果

影响因素	灰色关联度	关联方向	关联强度排序
A_{11}	0.7480	正	9
A_{12}	0.6384	正	25
A_{13}	0.7549	正	6
A_{14}	−0.5758	负	32
A_{21}	0.7580	正	5
A_{22}	0.5952	正	28
A_{23}	0.7342	正	13
A_{24}	−0.5829	负	30
A_{31}	0.8426	正	2
A_{32}	−0.6752	负	21
A_{33}	0.7457	正	11
A_{34}	−0.6495	负	24
B_{11}	0.7473	正	10
B_{12}	−0.7992	负	3
B_{21}	0.6560	正	23
B_{22}	0.5885	正	29
B_{23}	0.7258	正	15
B_{31}	0.7879	正	4
B_{32}	−0.7339	负	14
C_{11}	0.7511	正	7
C_{12}	−0.5826	负	31
C_{13}	0.6901	正	18
C_{14}	0.6134	正	26
C_{21}	0.7484	正	8
C_{22}	0.7443	正	12
C_{23}	−0.6108	负	27
C_{24}	0.6976	正	16
C_{25}	0.6842	正	20
C_{26}	−0.6855	负	19
C_{31}	0.8646	正	1
C_{32}	0.6600	正	22
C_{33}	−0.6936	负	17

究平均占比仅 4.577%，远不及主要发达国家的平均水平。江苏自"十二五"以来，先后实施"万企升级行动计划""百项千亿"技改工程，推进产品质量攻关和品牌创建，使得创新资本投入向产品创新环节倾斜。基于以上分析可知，江苏创新链知识创新、研发创新和产品创新环节创新资本投入的不协同导致江苏创新链质量提升受阻，具体到各个创新环节，知识创新环节创新资本投入不足，阻碍知识创

新环节的科学论文、科技专著等原始创新成果产出，无法支撑研发创新环节和产品创新环节；研发创新环节创新资本投入不足，导致研发创新环节的技术研发、技术引进和技术转化受阻，技术专利等创新成果无法进入产品创新环节实现产品化；产品创新环节创新资本投入过多，导致资源过度集中，忽视新产品生产之后的市场推广投入和新市场培育过程，出现投入冗余与产出不足的不匹配现象。

表 5-6 2009—2018 年江苏 R&D 经费内部支出结构（单位：%）

年份	基础研究	应用研究	试验发展
2009	2.053	5.249	92.698
2010	2.155	5.105	92.740
2011	1.698	4.121	94.181
2012	1.945	4.374	93.681
2013	2.310	4.225	93.465
2014	2.205	4.566	93.229
2015	2.124	4.631	93.245
2016	2.057	4.572	93.371
2017	2.374	4.542	93.084
2018	2.165	4.386	93.450
平均值	2.109	4.577	93.314

在知识创新环节创新资源配置阶段，国家知识产权局发布的《2019 年中国专利调查报告》显示，仅 39.2%的高校选择"积极与相关企业接洽，根据企业委托从事专题研究，合作生产产品"的研发模式。而 85.5%企业的自主研发模式为"根据市场需求提出创意，自行研发立项，融资投资，产品开发，进行销售"，仅 23.7%的企业选择"研发部门提出创意，委托专门研究机构（设计院、高校等）进行产品设计"的研发模式。同时，知识创新环节高校和科研机构等创新主体所进行的原始创新存在长周期和不确定性等特点，导致校企合作不紧密，企业对基础研究的投入规模较小。

在产品创新环节创新资源配置阶段，主要是将研发创新环节的技术专利等成果进行样品试制、产品生产和市场开发，该环节资金配置的重点是样品试制的设备经费、产品生产成本和销售费用。国家统计局数据显示（图 5-5），2009—2017 年江苏规模以上工业企业新产品开发经费支出占应用研究 R&D 内部经费投入比例呈现先下降后上升再下降的趋势。值得注意的是，2013—2017 年比例从 94.940%下降至 81.390%，降幅为 13.55 个百分点，直至 2018 年才缓慢上升至 83.957%。基于以上分析，江苏创新链产品创新环节对于新产品开发的创新资本配置不足，导致研发创新环节专利等创新成果无法实现产品化和市场化，进而影响江苏创新链质量的形成。

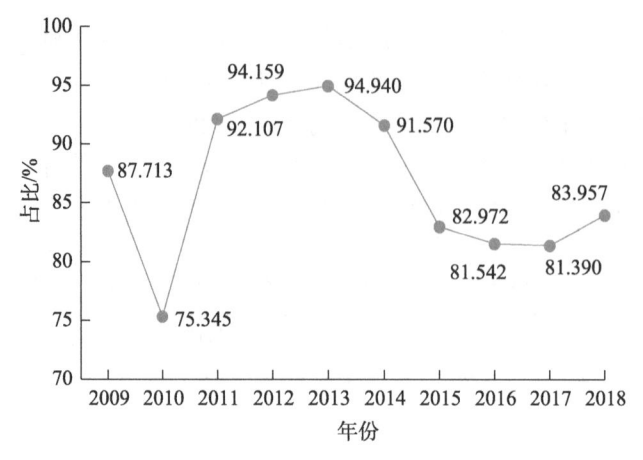

图 5-5　2009—2018 年江苏规模以上工业企业新产品开发经费支出占应用研究 R&D 内部经费投入比例

5.4　质量-环节-影响因素相互作用分析

基于 5.3 节遗传算法-扩展灰色关联分析模型的计算结果，总结在江苏创新链质量创新资源投入质量、创新资源配置质量和产出质量下，知识创新、研发创新、产品创新不同创新环节质量及影响因素与江苏创新链质量的关联程度，并重点分析其中关联程度排序靠前的影响因素，以研究江苏创新链质量的质量-环节-影响因素相互作用。

5.4.1　创新资源投入质量-环节-影响因素分析

在江苏创新链创新资源投入质量方面，如表 5-7 所示，创新资源投入质量的整体关联程度近年来波动较大，知识创新环节和研发创新环节关联程度存在下降趋势，产品创新环节保持较高关联程度。同时，在各个创新环节吸聚、投入 R&D 资金等创新资源投入质量方面存在不同程度的负向关联，尤其在产品创新环节对于 R&D 资金和人员的投入质量均存在负向关联。2016—2018 年，知识创新环节的平均灰色关联系数为 0.73，研发创新环节的平均灰色关联系数为 0.86，产品创新环节的平均灰色关联系数为 0.93。创新资源投入质量中呈负向关联的主要影响因素为 A_{14}（基础研究 R&D 经费内部支出增长率）、A_{24}（应用研究 R&D 经费内部支出增长率）、A_{32}（试验发展 R&D 人员全时当量增长率）和 A_{34}（试验发展 R&D 经费内部支出增长率）。

由第 4 章江苏创新链创新资源投入质量现状分析可知，江苏创新链在产品创新环节的 R&D 经费和 R&D 人员投入总量大，但其 R&D 经费投入占主营业务收

表 5-7 创新资源投入质量各环节和影响因素灰色关联系数

影响因素	2009年	2010年	2011年	2012年	2013年	2014年	2015年	2016年	2017年	2018年	2016—2018年均值
创新资源投入质量	1.00	0.63	0.51	0.75	0.71	0.39	0.42	0.68	1.00	0.33	0.67
知识创新环节	0.88	0.72	0.80	0.62	0.84	0.55	0.66	0.69	1.00	0.51	0.73
研发创新环节	0.76	0.97	0.61	0.81	0.86	0.74	0.73	0.89	1.00	0.70	0.86
产品创新环节	1.00	0.60	0.61	0.64	0.74	0.82	0.63	0.98	0.81	0.99	0.93
A_{11}	0.94	0.69	0.69	0.44	0.62	0.58	0.71	0.83	1.00	0.97	0.93
A_{12}	0.39	0.93	0.39	0.71	0.52	0.71	0.74	0.89	0.75	0.34	0.66
A_{13}	1.00	0.82	0.67	0.51	0.81	0.72	0.68	0.68	0.97	0.70	0.78
A_{14}	−0.41	−0.70	−0.42	−0.37	−0.54	−0.69	−0.71	−0.84	−0.37	−0.70	−0.64
A_{21}	1.00	0.74	0.63	0.50	0.76	0.67	0.74	0.84	1.00	0.70	0.85
A_{22}	0.50	0.98	0.77	0.60	0.73	0.41	0.54	0.54	0.53	0.34	0.47
A_{23}	1.00	0.80	0.68	0.51	0.64	0.70	0.72	0.78	0.81	0.70	0.76
A_{24}	−0.37	−0.53	−0.39	−0.37	−0.54	−0.68	−0.74	−0.85	−0.65	−0.71	−0.74
A_{31}	1.00	0.94	0.86	0.63	0.84	0.72	0.81	0.98	0.70	0.70	0.84
A_{32}	−0.45	−0.73	−0.68	−0.37	−0.45	−0.78	−0.96	−0.85	−0.80	−0.72	−0.78
A_{33}	1.00	0.79	0.82	0.55	0.72	0.69	0.69	0.74	0.75	0.70	0.73
A_{34}	−0.39	−0.59	−0.57	−0.57	−0.63	−0.70	−0.66	−0.80	−0.67	−0.93	−0.80

入比重较低。灰色关联系数计算结果表明，江苏创新链受逆全球化的影响，国外对江苏产品创新环节的资源投入积极性下降，合作意愿降低。从创新资源投入质量看，江苏创新链在产品创新环节的全球嵌入程度下降，而现阶段江苏科技创新的定位依然以"跟随"为主，自主性不强，这显然会使江苏创新链质量受到影响。

5.4.2 创新资源配置质量–环节–影响因素分析

创新资源配置质量是当前阻碍江苏创新链质量提升的主要来源。以 2016—2018 年江苏创新链质量的创新资源配置质量为例，如表 5-8 所示，知识创新环节的平均灰色关联系数为 0.51，研发创新环节的平均灰色关联系数为 0.82，产品创新环节的平均灰色关联系数为–0.39。导致产品创新环节负贡献率的主要影响因素为 B_{31}（规模以上工业企业每万名研发人员产生的新产品产值）和 B_{32}（规模以上工业企业新产品开发经费支出占应用研究 R&D 内部经费投入比例）。

由第 4 章江苏创新链创新资源配置质量现状分析可知，知识创新环节基础研究 R&D 人员以及基础研究 R&D 经费支出逐年上涨，投入增加明显，但相应的基础研究成果数量却未能表现出与投入相符的增长态势。江苏省部、省属科研院所

表 5-8 创新资源配置质量各环节和影响因素灰色关联系数

影响因素	2009年	2010年	2011年	2012年	2013年	2014年	2015年	2016年	2017年	2018年	2016—2018年均值
创新资源配置质量	1.00	0.33	0.67	0.59	0.54	0.60	0.38	0.50	0.36	0.45	0.44
知识创新环节	0.49	0.72	0.92	0.55	0.82	0.64	0.84	0.43	0.44	0.66	0.51
研发创新环节	1.00	0.77	0.77	0.60	0.68	0.67	0.74	0.93	0.81	0.73	0.82
产品创新环节	−0.77	−0.38	−0.59	−0.98	−0.58	−0.54	−0.44	−0.40	−0.33	−0.45	−0.39
B_{11}	−1.00	−0.49	−0.76	−0.78	−0.77	−0.65	−0.97	−0.81	−1.00	−0.77	−0.86
B_{12}	1.00	0.79	0.80	0.55	0.68	0.63	0.68	0.77	0.88	0.70	0.78
B_{21}	1.00	0.77	0.70	0.57	0.55	0.51	0.68	0.77	0.75	0.83	0.78
B_{22}	1.00	0.71	0.62	0.43	0.51	0.47	0.47	0.46	0.51	0.70	0.56
B_{23}	1.00	0.94	0.65	0.47	0.57	0.53	0.66	0.51	0.46	0.76	0.58
B_{31}	−0.48	−0.69	−0.62	−0.68	−0.60	−0.69	−0.88	−0.91	−1.00	−0.79	−0.90
B_{32}	−0.38	−0.69	−0.84	−0.86	−0.75	−0.77	−0.73	−0.79	−1.00	−0.74	−0.84

及高校数量位居全国前列，截至 2021 年拥有 56 所部属院所和 15 所双一流高校，专业门类较全，涵盖电子信息、装备制造、新材料、新能源、生物药、环保、农业等新兴产业和传统学科领域，部分科研院所及高校的科研创新能力较强，科研成果丰富。但从整体来看，江苏省多数科研院所及高校的市场化、社会化导向较弱，科研体制较封闭，还没有形成与市场机制相适应的体制机制，与企业之间的合作机制不健全，高校院所专业结构与产业结构的匹配度不高，难以根据企业和市场对产业技术的需求提供科研成果和研发服务，导致科技创新和产业发展相脱节。

产品创新环节中的主要问题在于江苏省 R&D 经费与人员的配置结构不合理。江苏 R&D 经费严重向下游产品创新环节倾斜，对上游知识创新环节和中游研发创新环节的供给比例低。2010—2017 年，江苏的试验发展 R&D 经费内部支出占比都保持在 91% 以上，而应用研究仅略高于 5%，基础研究更是不到 3%。江苏创新链上的 R&D 人员全时当量的分布也是超过 90% 位于下游的产品创新环节，而位于上游知识创新环节与中游研发创新环节的比例合计不到 10%，配置严重失调。

5.4.3 产出质量-环节-影响因素分析

得益于近年来江苏省对吸聚和投入全球创新资源的重视，其创新产出明显表现出增长趋势，创新成果丰硕。2016—2018 年江苏创新链产出质量各个创新环节都表现为正向关联，其中知识创新环节的平均灰色关联系数为 0.67，研发创新环节的平均灰色关联系数为 0.88，产品创新环节的平均灰色关联系数为 0.87（表 5-9）。江苏创新链产出质量中负向关联的主要影响因素为 C_{12}（高等学校和研究与开发机构发表科技论文数增长率）、C_{23}[发明专利授权数增长率（不含企业）]、C_{26}

（规模以上工业企业有效发明专利数增长率）和 C_{33}（规模以上工业企业新产品销售收入增长率）。

表 5-9　产出质量各环节和影响因素灰色关联系数

影响因素	2009年	2010年	2011年	2012年	2013年	2014年	2015年	2016年	2017年	2018年	2016—2018年均值
产出质量	1.00	0.71	0.62	0.89	0.40	0.60	0.84	0.97	0.93	0.33	0.74
知识创新环节	0.57	0.72	0.78	0.92	0.90	0.79	0.96	0.56	0.72	0.73	0.67
研发创新环节	1.00	0.89	0.89	0.72	0.60	0.66	0.71	0.80	0.86	0.98	0.88
产品创新环节	1.00	0.50	0.60	1.00	0.86	0.74	0.89	0.98	0.89	0.73	0.87
C_{11}	1.00	0.85	0.86	0.57	0.72	0.72	0.76	0.66	0.69	0.70	0.68
C_{12}	−0.56	−0.91	−0.59	−0.40	−0.78	−0.56	−0.59	−0.77	−0.33	−0.34	−0.48
C_{13}	0.40	0.69	0.62	0.59	0.84	0.67	0.66	0.96	0.63	0.84	0.81
C_{14}	0.42	0.69	0.57	0.60	0.66	0.88	0.73	0.52	0.44	0.62	0.53
C_{21}	1.00	0.75	0.72	0.50	0.59	0.56	0.89	0.81	0.97	0.70	0.83
C_{22}	1.00	0.75	0.71	0.49	0.57	0.62	0.74	0.80	1.00	0.70	0.85
C_{23}	−1.00	−0.78	−0.66	−0.44	−0.72	−0.53	−0.51	−0.35	−0.42	−0.70	−0.49
C_{24}	1.00	0.86	0.80	0.56	0.74	0.52	0.53	0.60	0.64	0.70	0.66
C_{25}	1.00	0.86	0.79	0.55	0.70	0.50	0.51	0.59	0.65	0.70	0.65
C_{26}	−0.39	−0.69	−0.56	−0.68	−0.52	−0.79	−0.69	−0.85	−0.73	−0.95	−0.84
C_{31}	1.00	0.74	0.98	0.63	0.88	0.94	0.97	0.80	1.00	0.71	0.84
C_{32}	1.00	0.49	0.79	0.52	0.70	0.65	0.60	0.60	0.64	0.70	0.70
C_{33}	−0.44	−0.79	−0.57	−0.47	−0.60	−0.57	−0.96	−0.95	−0.88	−0.70	−0.84

虽然江苏创新成果表现出显著的增长态势，但是仍与世界发达国家或地区存在差距，需要持续保持关注。目前全国超出 1/5 的高技术产品出口来自"江苏制造"，反映出江苏硕果累累的创新成果，但多数企业仍以配套制造为主，产品科技含量不高，技术落后较明显[106]。江苏省专利数量的快速增长之势难以转化为产业竞争的优势，缺少从 0 到 1 的原创性成果，知识产权优势企业同样较少。

5.4.4　江苏创新链质量整体分析

结合江苏创新链质量指数，各环节、各阶段质量指数，协同质量指数及具体影响因素灰色关联度与灰色关联系数，从整体分析江苏创新链质量形成的关键影响因素。

（1）过程性视角。创新资源投入质量的整体关联程度近年来波动较大；创新资源配置质量的灰色关联系数近年来呈现下降趋势，未对江苏创新链质量提升起到有力支撑；产出质量的灰色关联系数近年来保持较显著的正向关联，是江苏创新链质量指数总体呈上升趋势的主要原因。从过程性视角来看，对江苏创新链质量提升起到明显积极作用的关键质量是产出质量,尚未对江苏创新链质量提升起到有力支撑的关键质量为创新资源配置质量。

(2)结构性视角。知识创新环节的创新资源投入质量以及产出质量近年来得到持续改善,但其创新资源配置质量持续恶化,呈现粗放发展态势;研发创新环节的情况与知识创新环节相似,但其创新资源配置质量下降得没有知识创新环节严重;产品创新环节的创新资源投入质量近年有所提高,创新产出能力较好,但其创新资源配置质量有所下降。从结构性视角来看,阻碍江苏创新链质量提升的关键是产品创新环节,特别是产品创新环节的创新资源配置质量。

(3)协同性视角。从总体趋势来看,除2018年外,江苏创新链协同质量指数呈现上升趋势。其中,2010年至2013年江苏创新链处于低水平协同,2014年进入中水平协同,2018年协同质量指数下降。从各环节、各阶段的有序度变化可知,知识创新环节创新资源投入阶段、研发创新环节创新资源投入阶段和知识创新环节产出阶段是影响2017—2018年江苏创新链协同质量指数下降的主要原因。

综合上述分析结果可知,江苏创新链整体质量的提高主要得益于其研发、产品创新环节创新成果产出能力的快速提升,而产品创新环节的创新人才和创新资本等创新资源的配置不合理与利用不充分问题,阻碍了江苏创新链整体质量的提高。新产品产出质量、产品创新环节创新人才投入质量和产品创新环节创新人才配置质量对江苏创新链质量的提升影响较大,是促进江苏创新链质量指数提升的促进性关键因素;而知识创新环节创新资本配置和产品创新环节创新资本配置对江苏创新链质量指数的降低作用最为显著,是抑制江苏创新链质量提升的抑制性关键因素。因此,江苏应通过相关政策的适当调整和倾斜,促进产品创新环节资金、人员投入的合理配置,进一步提升产品创新环节对江苏创新链质量形成的支撑作用,同时重视知识创新环节的创新资本配置问题,为激活知识创新环节提供动力。

第 6 章

江苏创新链质量跃迁路径设计

针对第 4 章江苏创新链质量现状调研及分析得到的创新资源投入不足、创新资源配置失衡、资源利用效率不高、创新成果转化存在阻碍等现实问题，本章在第 5 章识别的既有江苏创新链质量形成的促进性和抑制性关键因素的基础上，识别未来江苏创新链质量跃迁的关键影响因素，进而设计区域创新链质量提升的江苏实践路径。为此，本章基于 GM(1,1)灰色预测模型，预测 2019—2023 年江苏创新链质量影响因素及江苏创新链质量指数，在对各影响因素的不同干预强度及不同干预时间下，仿真分析其对江苏创新链质量指数影响的边际效应，识别关键影响因素；同时，结合 5.3 节所识别的江苏创新链质量形成的促进性、抑制性关键因素，对比分析全球典型区域的创新链质量演化过程，从创新要素驱动与创新产出牵引两种视角，双向设计江苏创新链质量跃迁路径。

6.1 江苏创新链质量指数预测及影响因素边际效应分析

为识别对江苏创新链质量提高影响较大的因素，即边际效应较高的影响因素，本节首先基于 GM(1,1)灰色预测模型预测江苏创新链质量影响因素在 2019—2023 年的预测值，并基于 5.2.2 节计算 2019—2023 年江苏创新链质量指数预测值；其次，对江苏创新链质量指数影响因素进行边际效应分析，识别边际效应较高的影响因素，为 6.3 节江苏创新链质量跃迁路径的设计提供依据。

6.1.1 江苏创新链质量指数灰色预测

本书基于灰色预测法中的 GM(1,1)模型预测江苏创新链质量影响因素的时间序列取值，并依据 5.3.1 节的基于遗传算法-扩展灰色关联分析模型预测江苏创新链质量指数。江苏创新链质量指数预测方法如下，设江苏创新链质量影响因素具体指标的时间序列数据取值 $a_j^{(0)} = (a_j^{(0)}(1), a_j^{(0)}(2), \cdots, a_j^{(0)}(m))$，计算其一次累加（1-AGO）数列 $a_j^{(1)} = (a_j^{(1)}(1), a_j^{(1)}(2), \cdots, a_j^{(1)}(m))$，以及 $a_j^{(1)}$ 的均值生成序列 $z_j^{(1)} = (z_j^{(1)}(2), z_j^{(1)}(3),$

$z_j^{(1)}(4),\cdots,z_j^{(1)}(m))$。其中，

$$a_j^{(1)}(k)=\sum_{i=1}^{k}a_j^{(0)}(i),\quad k=1,2,\cdots,m \tag{6-1}$$

$$z_j^{(1)}(k)=0.5a_j^{(1)}(k)+0.5a_j^{(1)}(k-1),\quad k=2,3,\cdots,m \tag{6-2}$$

建立差分方程[式（6-3）]及其白化微分方程[式（6-4）]

$$a_j^{(0)}(k)+\alpha z_j^{(1)}(k)=\beta,\quad k=2,3,\cdots,m \tag{6-3}$$

$$\frac{\mathrm{d}a_j^{(1)}}{\mathrm{d}t}+\alpha a_j^{(1)}(t)=\beta \tag{6-4}$$

令 $u=[\alpha,\beta]^{\mathrm{T}}$，运用最小二乘法估计 u，则 $\hat{u}=[\hat{\alpha},\hat{\beta}]^{\mathrm{T}}=(B^{\mathrm{T}}B)^{-1}B^{\mathrm{T}}Y$，其中，

$$Y=\begin{bmatrix}a_j^{(0)}(2)\\ a_j^{(0)}(3)\\ \vdots \\ a_j^{(0)}(m)\end{bmatrix},\quad B=\begin{bmatrix}-z_j^{(1)}(2) & 1\\ -z_j^{(1)}(3) & 1\\ \vdots & \vdots\\ -z_j^{(1)}(m) & 1\end{bmatrix}$$

求解白化微分方程

$$\hat{a}_j^{(1)}(k+1)=\left(a_j^{(1)}(1)-\frac{\hat{\beta}}{\hat{\alpha}}\right)\mathrm{e}^{-\hat{\alpha}k}+\frac{\hat{\beta}}{\hat{\alpha}},\quad k=0,1,\cdots,m \tag{6-5}$$

根据累减还原式 $\hat{a}_j^{(0)}(k+1)=\hat{a}_j^{(1)}(k+1)-\hat{a}_j^{(1)}(k)$，得到江苏创新链质量影响因素的预测值。通过构建 GM(1,1)模型，预测江苏创新链质量影响因素在 2019—2023 年的预测值（附录 E）。并采用 5.2.2 节质量指数测算方法预测江苏创新链质量指数，具体过程如下。设江苏创新链质量影响因素数据矩阵 $A=(a_{ij})_{(m+t)\times n}$，其中，$m=10$，表示江苏 2009—2018 年的年份跨度，$t=5$，表示预测江苏 2019—2023 年的年份跨度，$n=33$，表示江苏创新链质量影响因素指标体系中的 33 个影响因素数量，a_{ij} 表示第 i 年的第 j 个影响因素的数据值，前 m 年为真实值，第 $m+1$ 年开始到第 $m+t$ 年为灰色预测值。设第 k 年影响因素序列 $A_k=(a_{k1},a_{k2},\cdots,a_{kn})^{\mathrm{T}}$，表示第 k 年全部影响因素的数据值。基于前景理论，以第 k 年影响因素序列 A_k 为参考点，第 i 年影响因素序列 A_i 中第 j 个影响因素的相对质量为 $\varphi_j(A_i,A_k)$ [式（6-7）]。将所有影响因素的相对质量加总，得到第 i 年相对于第 k 年的质量函数 $\vartheta(A_i,A_k)$：

$$\vartheta(A_i,A_k)=\sum_{j=1}^{n}\varphi_j(A_i,A_k),\quad i,\ k=1,2,\cdots,m+t \tag{6-6}$$

第 6 章　江苏创新链质量跃迁路径设计

$$\varphi_j(A_i, A_k) = \begin{cases} \sqrt{w_{jr}(a_{ij}-a_{kj}) \Big/ \sum_{j=1}^{n} w_{jr}}, & a_{ij}-a_{kj} > 0 \\ 0, & a_{ij}-a_{kj} = 0 \\ -\dfrac{1}{\theta}\sqrt{\left(\sum_{j=1}^{n} w_{jr}\right)(a_{kj}-a_{ij}) \Big/ w_{jr}}, & a_{ij}-a_{kj} < 0 \end{cases} \quad (6\text{-}7)$$

$$w_{jr} = w_j / \max\{w_j \mid j=1,2,\cdots,n\}, \quad j=1,2,\cdots,n \quad (6\text{-}8)$$

其中，w_j 表示江苏创新链质量影响因素数据矩阵 A 中第 j 个指标的权重值，用以表示第 j 个影响因素在全部 n 个影响因素中的相对重要程度，基于信息熵赋权法计算得到；w_{jr} 表示第 j 个影响因素相对于权重最大影响因素的相对权重值[式（6-8）]。影响相对质量 $\varphi_j(A_i, A_k)$ 的因素包括与参考点影响因素实际值之差和影响因素的相对权重值，体现了前景理论中的参照依赖与损失规避假设。参数 θ 表示江苏创新链质量面对影响因素变差时的质量损失程度，通常 θ 越小表示影响因素变差时江苏创新链质量的损失越严重，本书参考前景理论的实证研究[107]，取参数 $\theta=2.25$。第 i 年的江苏创新链影响因素序列 A_i 的总体质量函数为其所有相对质量函数的加总，即 $\sum_{k=1}^{m} \vartheta(A_i, A_k)$，归一化后，得到第 i 年的江苏创新链质量指数 $\phi(A_i)$ [式（6-9）]，江苏创新链质量指数 $\phi(A_i)$ 越大，表示第 i 年的江苏创新链质量越高。

$$\phi(A_i) = \dfrac{\sum_{k=1}^{m}\vartheta(A_i,A_k) - \min_i\left\{\sum_{k=1}^{m}\vartheta(A_i,A_k)\right\}}{\max_i\left\{\sum_{k=1}^{m}\vartheta(A_i,A_k)\right\} - \min_i\left\{\sum_{k=1}^{m}\vartheta(A_i,A_k)\right\}} \quad (6\text{-}9)$$

如图 6-1 所示，未来江苏创新链质量指数呈平稳增长态势。

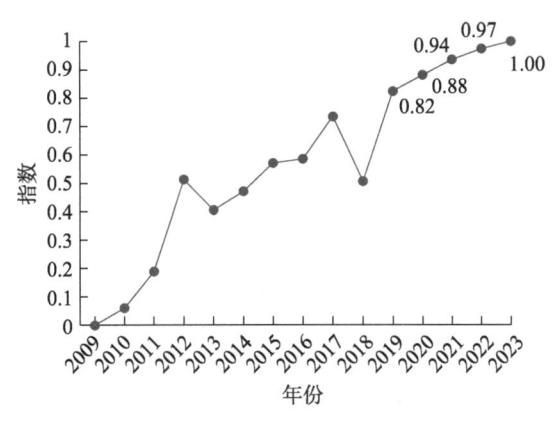

图 6-1　江苏创新链质量指数灰色预测值

除了江苏创新链质量指数灰色预测值之外，本书还计算了各环节、各阶段质量指数的灰色预测值，结果如图 6-2 所示（附录 F），仅产品创新环节创新资源配置质量指数和产品创新环节产出质量指数出现下降，其余各创新环节质量指数预测值都呈上升趋势，并且各创新环节创新资源投入质量指数上升的幅度较大。结果表明，江苏创新链的创新资源投入能力具有较大提升空间，而产品创新环节的资源配置及利用问题不仅当前较为突出，且就灰色预测结果来看有持续恶化的可能。

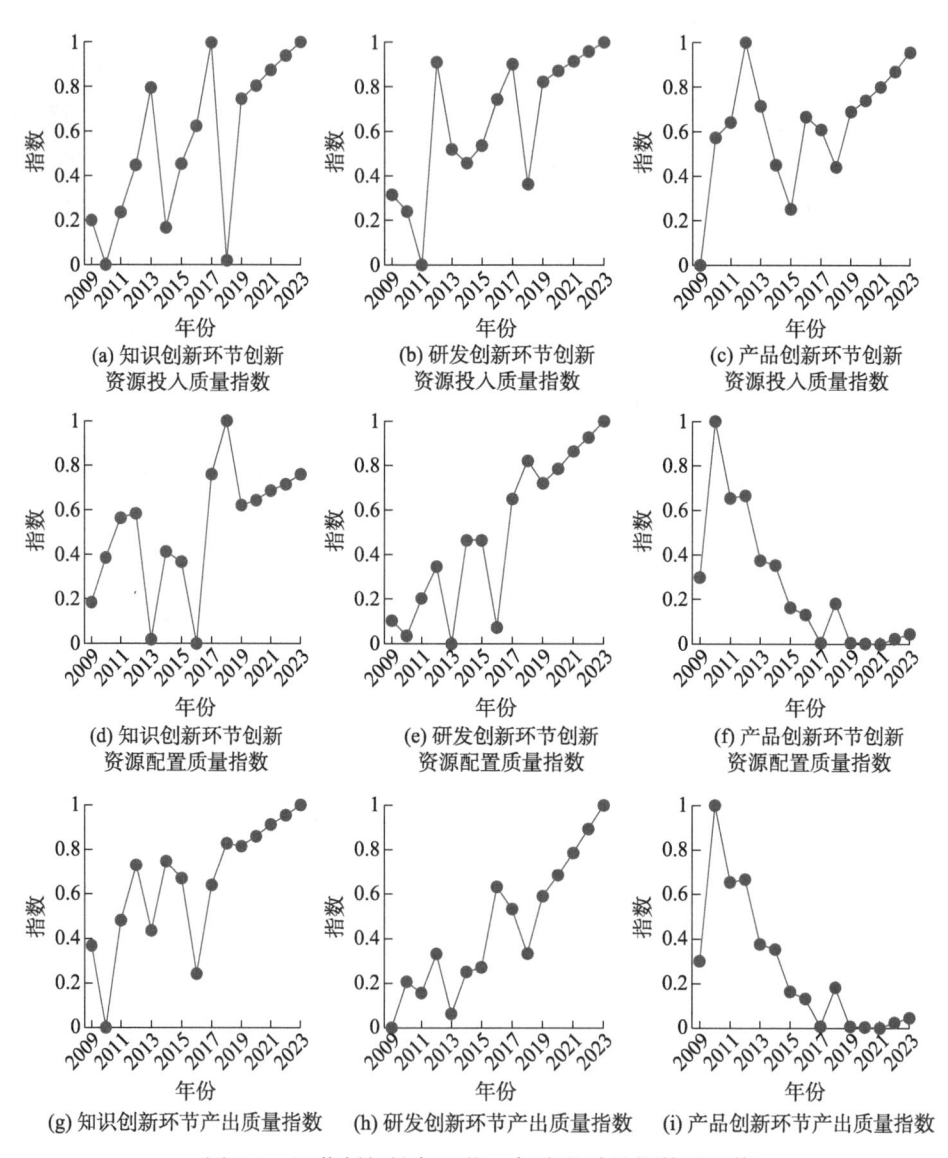

图 6-2 江苏创新链各环节、各阶段质量指数预测值

6.1.2 江苏创新链质量影响因素边际效应分析

本节基于 6.1.1 节江苏创新链质量指数灰色预测结果，识别江苏创新链质量跃迁的关键优化因素。基于仿真建模方法，模拟在各个影响因素的不同干预强度和干预时间下，江苏创新链质量指数预测值的变化程度，分析江苏创新链质量影响因素的边际效应。构建江苏创新链质量影响因素数据矩阵 $A = (a_{ij})_{(m+1) \times n}$，其中，前 m 年为真实值，第 $m+1$ 年开始到第 $m+t$ 年为灰色预测值，再构建江苏创新链质量影响因素数据矩阵 $A' = (a'_{ij})_{(m+t) \times n}$，其中，

$$a'_{ij} = \begin{cases} a_{ij} + \varepsilon, & i > m, j = j_0 \\ a_{ij}, & \text{其他} \end{cases} \quad (6\text{-}10)$$

A' 表示干预第 $m+1$ 年至第 $m+t$ 年第 j_0 个影响因素预测值的数据矩阵；ε 表示干预强度。通过式（6-6）计算无干预下矩阵 A 对应的质量函数 $\vartheta(A_i, A_k)$，以及干预下 A' 对应的质量函数 $\vartheta'(A_i, A_k)$，则边际效应 $M_{j_0}(\varepsilon)$ 表示影响因素 j_0 在干预强度为 ε 时第 $m+t$ 年江苏创新链质量指数相比不干预的情况下提升的程度，如式（6-11）所示。

$$M_{j_0}(\varepsilon) = \frac{\left(\sum_{k=1}^{m+t} \vartheta'(A_{m+t}, A_k) - \min_{1 \leqslant i \leqslant m+t} \left\{ \sum_{k=1}^{m+t} \vartheta'(A_i, A_k) \right\} \right) - \left(\sum_{k=1}^{m+t} \vartheta(A_{m+t}, A_k) - \max_{1 \leqslant i \leqslant m+t} \left\{ \sum_{k=1}^{m+t} \vartheta(A_i, A_k) \right\} \right)}{\max_{1 \leqslant i \leqslant m+t} \left\{ \sum_{k=1}^{m+t} \vartheta(A_i, A_k) \right\} - \min_{1 \leqslant i \leqslant m+t} \left\{ \sum_{k=1}^{m+t} \vartheta(A_i, A_k) \right\}}$$

（6-11）

影响因素的边际效应越强，说明该影响因素的改善对未来江苏创新链质量的提升效果越显著。基于边际效应分析，对相应创新链环节和阶段重点优化，设计江苏创新链质量跃迁路径，可以有效提升未来江苏创新链质量。当时间跨度 t 为 1 年、3 年和 5 年时，在干预强度 $\varepsilon=0.01$、$\varepsilon=0.05$ 和 $\varepsilon=0.1$ 下各个影响因素的边际效应结果如表 6-1 所示。

表 6-1 江苏创新链质量影响因素边际效应（单位：‰）

影响因素	$t=1$			$t=3$			$t=5$		
	$\varepsilon=0.01$	$\varepsilon=0.05$	$\varepsilon=0.1$	$\varepsilon=0.01$	$\varepsilon=0.05$	$\varepsilon=0.1$	$\varepsilon=0.01$	$\varepsilon=0.05$	$\varepsilon=0.1$
A_1：基础研究 R&D 人员全时当量	0.301	1.476	2.890	0.287	1.412	2.774	0.279	1.375	2.705
A_2：基础研究 R&D 人员全时当量增长率	0.807	7.268	18.309	0.760	7.450	18.44	0.718	6.671	18.585
A_3：基础研究 R&D 经费内部支出	0.304	1.489	2.916	0.289	1.425	2.800	0.281	1.387	2.728
A_4：基础研究 R&D 经费内部支出增长率	0.746	2.410	4.621	0.575	3.659	5.772	0.512	2.711	6.217

续表

影响因素	t=1 ε=0.01	t=1 ε=0.05	t=1 ε=0.1	t=3 ε=0.01	t=3 ε=0.05	t=3 ε=0.1	t=5 ε=0.01	t=5 ε=0.05	t=5 ε=0.1
A_5: 应用研究 R&D 人员全时当量	0.294	1.444	2.831	0.281	1.387	2.729	0.275	1.355	2.668
A_6: 应用研究 R&D 人员全时当量增长率	0.849	5.961	17.036	0.775	4.557	17.373	0.724	4.082	17.680
A_7: 应用研究 R&D 经费内部支出	0.301	1.477	2.893	0.287	1.415	2.782	0.280	1.379	2.714
A_8: 应用研究 R&D 经费内部支出增长率	0.561	2.968	6.981	0.791	3.743	6.730	1.511	4.830	8.473
A_9: 试验发展 R&D 人员全时当量	0.300	1.472	2.888	0.288	1.421	2.796	0.282	1.390	2.739
A_{10}: 试验发展 R&D 人员全时当量增长率	0.715	4.027	8.563	0.884	4.500	8.470	0.731	4.074	8.284
A_{11}: 试验发展 R&D 经费内部支出	0.304	1.490	2.919	0.290	1.428	2.808	0.282	1.392	2.740
A_{12}: 试验发展 R&D 经费内部支出增长率	1.157	4.812	10.813	0.875	4.845	10.045	0.781	4.117	9.364
B_1: 高等学校和研究与开发机构每万名研发人员发表科技论文数	0.295	1.448	2.841	0.283	1.396	2.747	0.277	1.366	2.691
B_2: 高校和科研院所研发经费内部支出额中来自企业资金的比例	1.116	5.774	8.843	0.855	4.624	10.994	0.717	3.728	7.931
B_3: 规模以上工业企业就业人员中研发人员比例	0.406	2.055	4.262	0.299	1.453	2.838	0.281	1.385	2.727
B_4: 规模以上工业企业研发活动经费内部支出总额占销售收入比例	0.406	2.079	4.453	0.286	1.405	2.755	0.275	1.356	2.671
B_5: 每亿元研发经费内部支出产生的发明专利授权数（不含企业）	0.302	1.479	2.892	0.286	1.409	2.770	0.278	1.373	2.704
B_6: 规模以上工业企业每万名研发人员产生的新产品产值	0.299	1.465	2.870	0.285	1.403	2.759	0.277	1.368	2.695
B_7: 规模以上工业企业新产品开发经费支出占应用研究 R&D 内部经费投入比例	1.232	4.954	10.345	0.827	4.551	9.777	0.741	3.905	8.784
C_1: 高等学校和研究与开发机构发表科技论文数	0.299	1.465	2.869	0.285	1.406	2.767	0.279	1.377	2.713
C_2: 高等学校和研究与开发机构发表科技论文数增长率	0.742	3.978	9.162	0.969	5.048	9.192	0.788	4.296	9.238
C_3: 高等学校和研究与开发机构出版科技著作数	0.399	1.942	3.769	0.385	1.882	3.663	0.378	1.850	3.604
C_4: 高等学校和研究与开发机构出版科技著作数增长率	0.765	13.726	20.124	3.771	13.694	20.094	3.781	13.651	20.054
C_5: 发明专利授权数（不含企业）	0.308	1.509	2.950	0.292	1.437	2.821	0.283	1.393	2.738

续表

影响因素	t=1 ε=0.01	t=1 ε=0.05	t=1 ε=0.1	t=3 ε=0.01	t=3 ε=0.05	t=3 ε=0.1	t=5 ε=0.01	t=5 ε=0.05	t=5 ε=0.1
C_6: 每万名研发人员发明专利授权数（不含企业）	0.306	1.502	2.938	0.291	1.433	2.813	0.282	1.390	2.731
C_7: 发明专利授权数增长率（不含企业）	0.736	3.822	8.102	0.657	3.375	7.016	0.608	3.110	6.413
C_8: 规模以上工业企业有效发明专利数	0.313	1.530	2.988	0.295	1.451	2.851	0.286	1.410	2.773
C_9: 每万家规模以上工业企业平均有效发明专利数	0.314	1.535	2.995	0.295	1.452	2.852	0.286	1.410	2.771
C_{10}: 规模以上工业企业有效发明专利数增长率	1.244	6.202	10.164	0.869	4.741	11.127	0.785	4.139	9.248
C_{11}: 规模以上工业企业新产品销售收入	0.302	1.482	2.906	0.289	1.425	2.803	0.282	1.391	2.739
C_{12}: 规模以上工业企业新产品销售收入占总销售收入比例	0.464	2.494	5.381	0.293	1.440	2.828	0.284	1.400	2.758
C_{13}: 规模以上工业企业新产品销售收入增长率	0.637	3.409	7.411	1.061	4.479	8.236	0.791	4.568	9.141

由影响因素边际效应的计算结果可知，在相同的时间跨度内，干预强度越高，江苏创新链质量提升的效果越显著；一般地，在相同的干预强度下，边际效应强的影响因素随时间跨度的增大，其边际效应逐渐减弱，相反，边际效应弱的影响因素随时间跨度的增大，其边际效应逐渐增强。如表 6-1 所示，时间跨度分别为 1 年、3 年、5 年的灵敏度分析结果表明，边际效应较强影响因素的组成具有稳健性，说明在计算期内，影响江苏创新链质量指数提升的关键影响因素构成，受时间跨度影响较小，可以作为后续分析江苏创新链质量跃迁的关键影响因素。如表 6-2 所示，以时间跨度 $t=1$，干预强度 $\varepsilon=0.01$ 为例，对影响因素边际效应以及其占所有影响因素边际效应之和的比例进行分析，边际效应最强的 10 个影响因素的边际效应之和约占所有影响因素边际效应之和的 51.1%，其中 4 个属于创新资源投入质量，2 个属于创新资源配置质量，4 个属于产出质量。创新资源投入质量影响因素包含知识创新（A_2、A_4）、研发创新（A_6）和产品创新（A_{12}）；创新资源配置质量影响因素包含知识创新（B_4）和产品创新（B_7）；产出质量影响因素包含知识创新（C_2、C_4）和研发创新（C_7、C_{10}）。

在不同干预强度下，模拟同时对边际效应最强的前 5 项、前 10 项以及前 15 项影响因素施加干预，并分析其后 5 年江苏创新链质量指数的变化情况（图 6-3），详见附录 G。仿真结果表明，仅对 5 个影响因素施加 10%的干预，就可以使江苏创新链质量指数提升约 10%；随着干预影响因素数量的增加，质量指数的提升幅度逐渐降低，即边际收益递减。通过干预边际效应最强的几个影响因素组合，可以有效提升江苏创新链质量指数。

表 6-2 影响因素边际效应分析

影响因素	边际效应（‰）	占比（%）
C_{10}：规模以上工业企业有效发明专利数增长率	1.244	6.769
B_7：规模以上工业企业新产品开发经费支出占应用研究 R&D 内部经费投入比例	1.232	6.703
A_{12}：试验发展 R&D 经费内部支出增长率	1.157	6.296
B_2：高校和科研院所研发经费内部支出额中来自企业资金的比例	1.116	6.072
A_6：应用研究 R&D 人员全时当量增长率	0.849	4.620
A_2：基础研究 R&D 全时当量增长率	0.807	4.390
C_4：高等学校和研究与开发机构出版科技著作数增长率	0.765	4.159
A_4：基础研究 R&D 经费内部支出增长率	0.746	4.059
C_2：高等学校和研究与开发机构发表科技论文数增长率	0.742	4.036
C_7：发明专利授权数增长率（不含企业）	0.736	4.000

注：取 $t=1$、$\varepsilon=0.01$、边际效应排名前 10 的影响因素

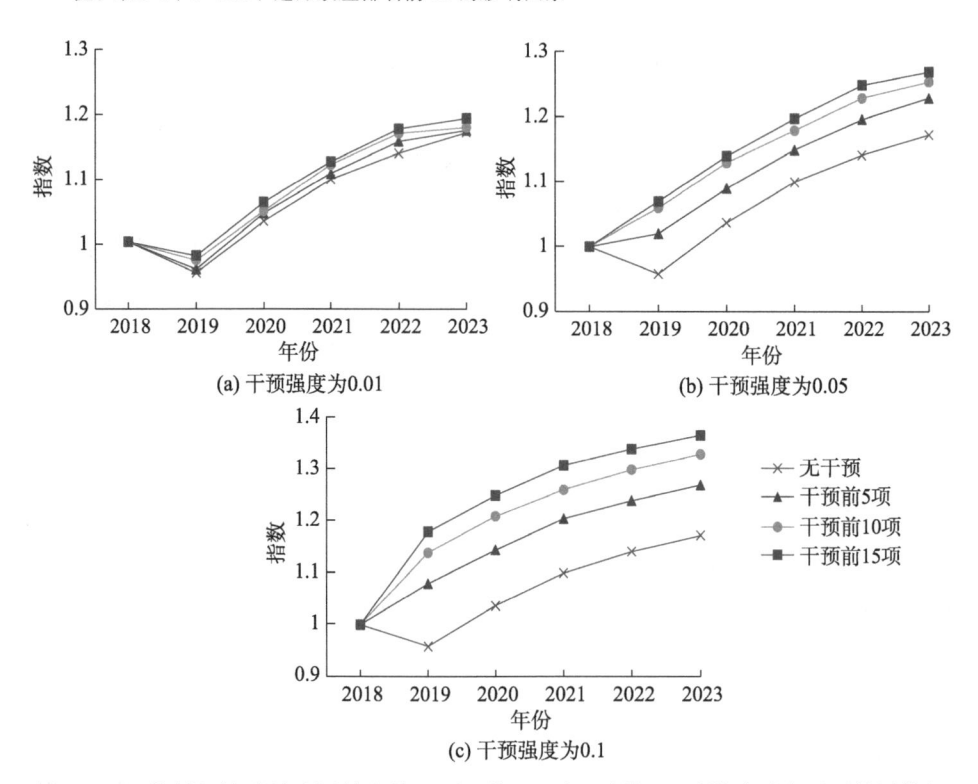

图 6-3 江苏创新链质量边际效应前 5 项、前 10 项以及前 15 项影响因素干预结果模拟

整体上讲，江苏省吸聚和投入全球创新资源的能力正不断提高，所获得的创新成果也逐年增多，但海外创新资源投入与海外创新主体的参与程度有所下降；另外，江苏在加大创新资源投入的同时忽视了各环节创新主体间的有机衔接，创新资源投入结构形式亟须优化，创新资源有效利用率有待提升。江苏应当抓住历史机遇，有针对性地制定对策，参考边际收益较高的创新资源配置质量与创新资源投入质量中的关键创新环节和关键影响因素，提升江苏创新链质量。

6.2 典型区域创新链质量跃迁路径对比分析

创新是区域经济发展的重要动力，区域创新链质量逐渐成为衡量一个地区综合竞争力与发展潜力的决定性因素。为提高江苏创新链质量，寻找江苏创新链质量跃迁的有效路径，本书对全球典型区域创新链演进路径进行分析，以提取具有参考价值的成功经验。通常区域创新链演进会经历较长时间，本书以多年来在《全球创新指数报告》中表现较为突出的区域创新集群，以及在全球区域创新方面具有代表性的地区作为选择对象。经过综合比较，最终选取创新资源吸聚能力突出的美国旧金山湾区、具有产学研一体化优势的德国巴登-符腾堡州以及依靠二次创新迅速崛起的日本首都圈这三大区域的区域创新链演进路径作为具体研究对象，并对比分析其创新链质量跃迁路径的主要特点。

6.2.1 创新资源吸聚增强路径——以美国旧金山湾区为例

旧金山湾区（简称湾区）是美国加利福尼亚州北部的一个大都会区，包括旧金山、奥克兰、圣何塞等多个大小城市，总面积约 18 040 平方公里，人口超过 760 万，被誉为"科技创新的圣地"。《硅谷优势——创新与创业精神的栖息地》一书中提到："信息技术每一次重大的进步，都由一家在硅谷诞生成长的公司来领导：集成电路（国家半导体、英特尔、AMD）、个人电脑（苹果）、工作站（惠普、太阳微系统）、三维图像（硅谷图文）、数据库软件（甲骨文），还有网络计算器（3Com、思科）……"

回溯其发展历史，二战之前，硅谷腹地圣克拉拉谷还是美国的农业中心，一片田园风光。二战时期，硅谷开始与政府合作，兴起包括航空及电子科技在内的军工科技。20 世纪 50 年代初，在斯坦福大学租出的 0.2 平方千米的土地上，美国第一个高科技工业园区——斯坦福研究园成立，它以斯坦福大学为中心，集知识创新、研发创新、产品创新于一体。此时，由斯坦福校友于 1939 年在一间小车库里创办的，以音频振荡器这一单一产品起家的惠普公司成长为一家拥有 200 万美元资产和 200 多名员工，涉足电子仪器设备等诸多领域的大公司。受他们的鼓舞，越来越多的人开始创业，并将湾区发展成为对全球创新资源极具吸引力的地区——2014—2017年每年都吸引了全美近45%的风险投资，2018年全球超过73.8%的融资事件发生在美国，而湾区在其中稳居首位；全区本科学历及以上的人口超过45%，聚集了200多万科技人员，其中近1/3来自全球其他国家。基于以上分析可知，湾区的创新链跃迁模式为广泛吸聚和投入全球创新资源的创新资源投入质量引领型，具体特征如下。

1. 全球范围内广泛吸聚创新资源

得益于美国政府的创新开放型政策，湾区在全球范围内广泛吸聚创新资源的能力较强。20世纪60年代美国进行移民制度改革，打破了对外国人按民族原籍仅提供极小量配额的做法，优先给予专业技术人才及其家人美国公民的待遇，促使很多优秀外国技术人员移民美国，其中很大一部分都去往了正在兴起高技术产业的湾区。此后美国又陆续颁布了一系列聚焦人才引进的政策，例如，90年代的修改移民法，进一步扩大了非限额移民与技术类移民的范畴，还增设了投资移民条款[108]，为湾区持续面向全球招贤纳才提供了良好的政策条件。另外，得益于著名高校、研发机构和企业云集而产生的马太效应，湾区汇聚了斯坦福大学、加利福尼亚大学伯克利分校等多所世界一流大学，劳伦斯伯克利国家实验室等25所国家级或州级科技实验室，以及Google（谷歌）、Meta（前脸书公司）、Microsoft（微软）等众多领军型创新企业，硬核的创新实力源源不断地吸聚着来自世界各地的人才、资金、技术等创新资源。据统计，超百位诺奖获得者、数十位菲尔兹奖得主和图灵奖得主在湾区求学和工作过，更有近千名美国科学院院士在湾区供职。

2. 重视人才创新能力培养

湾区以高等教育"共同体"模式极大地提高了人才培养能力，并且其输出的绝大部分人才都选择留在湾区发展，他们在当地的创新发展中发挥了巨大作用。高等教育共同体本质指大学间通过合作共享稀缺资源、寻求共赢，有助于跨界、个性化地进行人才培养。湾区在这方面的主要特征有两点：一是高校的种类多元、数量密集、国际化程度高。湾区的高校类型不仅包括公立型、私立非营利型以及私立营利型，且比例较为均衡（分别占23.1%、34.1%和42.6%），而且也包含研究型、教学型、社区学院等多种方向。湾区1.8万平方公里的土地上坐落着370多所高校，其中在美国教育部备案的有119所，即湾区每6万—7万人就拥有1所正规大学，该密度在全球都很占优势。湾区高校老师与学生的国际化程度都很高，因此校园的办学理念、创新氛围也处于国际前沿。二是高校办学质量高，校企合作着力增强学生的实践能力。除斯坦福大学、加利福尼亚大学伯克利分校等世界顶尖研究型大学，湾区的很多教学型大学和社区学院也十分出色，各类专业领域都独具特色，同时形成了多学科交叉的跨界培养模式。研究型大学十分注重与企业合作,从而给学生项目实践的机会,得益于此,湾区高校师生创业的比重与成功率都普遍高于世界其他地区[109]。

3. 持续 R&D 资金投入

湾区是全球风险投资出现较早、发展得最成熟的地区之一,为其创新链的跃迁与发展持续注入资本力量。湾区的风险投资始于 20 世纪 50 年代末,1974 年美国通过《雇员退休收入保障法案》,使得其风险投资资金来源更加多元,20 世纪 80 年代湾区高新技术产业的迅速发展对资金产生了更多需求,再加上 2000 年前后美国的互联网泡沫使得部分股市的早期投资者获得了巨大收益,于是湾区的风险投资开始爆发,高风险与高回报是其主要特征。如今两三公里长的沙丘路上已聚集起全球最大、最多的风险投资公司,例如,红杉资本(Sequoia Capital)、凯鹏华盈(Kleiner Perkins Caufield & Byers,KPCB)、全国教育协会(National Education Association,NEA)等,在纳斯达克上市的科技公司至少有一半是由这条街上的风险投资公司投资的。同时,发达的金融科技体系对湾区的腾飞也起到了很大的赋能作用。金融科技(Fintech)是指将金融(finance)与科技(technology)深入融合,可理解为"银行业的专业经验和现代管理科学和计算机技术的结合"[110],旨在通过在金融领域运用科技,丰富金融产品(服务)的内容并改进其得以提供的渠道与方式,从而实现更好的客户体验、更高的服务效率以及更低的交易成本[111]。

6.2.2 创新资源配置效率优化路径——以德国巴登-符腾堡州为例

巴登-符腾堡州(简称巴符州)地处德国西南部及欧洲腹地,主要城市有斯图加特、卡尔斯鲁厄、海德堡、曼海姆等,总面积约 35 752 平方千米,人口约 1 080 万。巴符州以创新驱动、发明精神和低失业率而闻名,在此坐落着康斯坦茨大学、海德堡大学等 9 所著名学府,弗劳恩霍夫协会、马克斯·普朗克科学促进协会等世界级研究机构以及史太白技术转移中心(Steinbeis Transfer Centers,STC)等技术转移机构,其支柱产业是机械制造、汽车、信息与通信技术业等,不仅孕育了戴姆勒、保时捷、博世等知名企业,同时拥有一批掌握着关键核心技术的"隐形冠军"企业。而职能定位明确的公共科研机构、技术转移机构以及双元制大学教育模式,是巴符州通过促进产学研一体化提升创新链创新资源配置质量,从而实现创新链跃迁的关键武器。巴符州创新链跃迁的具体特征如下。

1. 优化各创新环节资源配置结构

巴符州在知识创新、研发创新、产品创新各环节的创新资源配置结构较为优化,这主要得益于公共科研机构、技术转移机构以及双元制大学起到的桥梁作用。以弗劳恩霍夫协会这家成立于 1949 年的以研发创新为主的公共研发机构为例,它具有明确的职能定位——与产业部门和公共部门的客户密切合作,开展具有实用性的研究，并且方向分为两大类：一类是面向产业界现实需求，围绕企业发展中遇到的技术问题提供服务；另一类是依托协会自身实力，发展面向未来产业的应用研究。再加上其大部分研究所都设立在高校里，创新资源投入也大多是在高校团队的基础上成立的，与高校有着天然的渊源，因此能够将知识创新环节与产品创新环节紧密联系，在各环节有效配置资源，从而顺利跨越创新的"死亡之谷"[112]。

2. 提高各创新环节资源利用效率

巴符州在知识创新、研发创新、产品创新各环节的创新资源使用效率也较高，同样得益于公共科研机构、技术转移机构以及双元制大学，创新资源得到了有效配置，释放了创新活力。如巴符州的史太白技术转移中心，该中心于1998年创办了史太白大学，期望通过教育与服务来连接科技与经济。史太白技术转移中心的特点包括[113]：①集中框架下的分散式运营，兼具规模优势和灵活性；②现代化扁平式创新资源投入结构，能做到以客户为中心迅速提供全方位服务；③以专家学者为核心的技术转移服务网络和开放式创新网络。史太白技术转移中心目前已在包括江苏省太仓市、昆山市在内的世界各城市中构建了跨区域国际技术转移平台，有利于更好地整合与配置全球创新资源。

双元制大学教育模式平衡了人才、资金等创新资源在知识创新、研发创新和产品创新间的配置，还有效提升了资源的利用效率。20世纪70年代，巴符州诞生了德国第一家校企合办的新型高等学校——巴登-符腾堡州职业学院，形成了职业学校与企业双元办学、理论学习与技术培训双元教育的产学研创新教育模式，因其优异的人才培育结果而受到热烈欢迎，并已在包括苏州市在内的世界多地得到推广。双元制大学的优势在于[114]：①学生的双元身份使其更有创新的动力，明确的培养目标能够激励学生的创新活力；②课堂教学与实践培训的结合能够使学生快速成长；③一些双元制大学下设科研支持中心，专门为分校提供包括科研意向评估、项目申请、第三方科研资金引入与管理、科研成果转化等在内的科研咨询服务，为产学研合作提供了有效平台。

6.2.3　创新产出牵引跃迁路径——以日本首都圈为例

日本首都圈一般是指包括东京都、神奈川县、千叶县和埼玉县在内的一都三县，以关东平原为腹地，总面积约1.3万平方公里，人口数超4000万，是日本的政治、经济和产业中心，也是世界知名的高端制造业走廊。这里坐落着东京大学、早稻田大学和庆应义塾大学等著名高校，产业技术综合研究所等优秀研究机构，以及爱信精机、普利司通、佳能等创新型企业。据科睿唯安发布的"德温特2018—2019年度全球百强创新机构"榜单，日本上榜的有39家，超过美国（31家），排在首位，且其中绝大部分位于首都圈。目前已走上自主创新道路的日本首都圈，从20世纪40—50年代起，有过很长一段以产出为导向、依靠引进消化吸收再创新的经历，这种创新链跃迁的模式为注重二次创新的产出质量引领型，具有以下主要特征。

1. 官产学合作保障创新产出

极具整体性的官产学合作机制是日本首都圈得以在二战后迅速恢复、于 1955—1973 年实现年均近 10%的经济增长率，并在 21 世纪有多名学者获诺贝尔奖的重要原因。日本政府一直基于自身技术和经济基础，审时度势地调整创新战略，并出台相关政策促进创新资源投入官产学合作，以产业为主的目标导向十分明确，日本首都圈受此影响最为深刻。例如，为发展电子工业，日本政府出台《电子工业振兴临时措施法》、《特定电子工业及特定机械工业振兴临时措施法》和《特定机械情报产业振兴临时措施法》等法律条文，为创新提供强有力的法律保障。同时，经济产业省（原通商产业省）牵头联系高校、科研院所以及企业，为保证富士通、日立、三菱电机等相互间有竞争性质的企业能够协作，确立关键共性技术——大规模集成电路技术为研发目标，并出资近一半，给予各方面的鼎力支持以及严格管理。这一举措为 20 世纪 70—80 年代日本半导体"黄金时代"的到来打下了坚实的基础。

2. 以应用为目标，注重技术的消化吸收

日本首都圈从具体应用角度出发，决定引进哪些技术。二战后至 1955 年的经济恢复期，日本首都圈针对生产急需的关键薄弱环节，重点引进电力、钢铁、海运等国外已经很成熟的基础工业技术，且合同形式也以成套设备为主。重建目标达成后，为在满足大规模生产的基础上实现现代化，重点引进自动化技术、半导体和电子计算机技术、通信卫星地面站技术等国外先进技术以带动新兴高技术产业的投资和发展，并在这类国外先进技术处于实验室阶段时就购买，进而进行研发以实现技术赶超。另外，日本首都圈很注重对引进技术的消化吸收，进行以应用研发为导向的二次创新，这体现在：①日本政府对尚处于幼稚产业阶段的民族企业实施严格的保护，为其成熟化争取时间，手段包括外汇管制、控制关税率等。例如，20 世纪 60 年代，日本对银行专用计算机与机票预订专用计算机有很大需求，但国产机还难以满足实际需要，因此日本政府规定对缺乏竞争力的国产 CPU 仅收取 15%的进口关税，而对国产外部设备收取 25%的进口关税[115]。②将重心放在对引进技术的消化吸收再创新上，全面分析创新者的核心技术和设计理念。例如，从 R&D 经费配置结构来看，20 世纪 50—70 年代，日本的技术引进费用增加了 14 倍，但用于消化吸收再创新的费用提升了 73 倍。

3. 推动创新成果转化

日本首都圈很善于将国外的军用技术改造成民用技术，并将之迅速大规模地运用到市场中去，从而为进一步的创新积累资源。以东京通信研究所（1958 年更名为索尼）在 1955 年推出的晶体管收音机为例，晶体管最初是于 1947 年由美国贝尔电话实验室基于量子力学发明出来的，且在美国多被用于军事产品上。意识到晶体管的发明具有十分重大的意义，日立、东芝等企业纷纷引进该技术进行研究，当时仅有七八名员工的东京通信研究所也争取到了外汇指标，并于 1954 年正式与美国企业签署专利实施许可合同。当时日本真空管收音机的市场普及率已达 74%，但东京通信研究所的创始人井深大相信 74%只是以家庭为单位的结果，第一次婴儿潮（1947—1949 年）出生的人已成长为青少年，他们喜欢外出游玩和听欧美流行音乐，以个人为单位、便于携带的小型半导体收音机依旧是一片蓝海。果然该产品于 1955 年被推出后，很快以青少年为中心打开了市场，而最终产品的大量销售又反过来带动了中间产品晶体管的发展[116]。军用产品对晶体管的总需求量远远不及民用产品，日本首都圈能够创新产出目标并迅速将之大规模市场化，这是之后 30 年间其晶体管等半导体技术得以超越美国的一大重要原因。

6.3 创新资源驱动路径与创新产出牵引路径设计

5.3 节对江苏创新链质量形成促进性和抑制性关键因素识别与 6.1 节对未来江苏创新链质量跃迁关键影响因素识别，为设计江苏创新链质量跃迁路径提供理论依据；对美国旧金山湾区、德国巴登-符腾堡州以及日本首都圈的区域创新链质量跃迁历史经验的总结，为设计江苏创新链质量跃迁路径提供现实借鉴。基于 6.1.2 节江苏创新链质量影响因素边际效应分析结果，边际效应排名前 10 的影响因素中，4 个属于创新资源投入质量，2 个属于创新资源配置质量，4 个属于产出质量，本书将跃迁路径分为创新资源驱动和创新产出牵引两个维度，其中，创新资源驱动维度包含 4 个创新资源投入质量和 2 个创新资源配置质量影响因素，创新产出牵引维度包含 4 个产出质量影响因素。基于以上分析，本节从创新资源驱动与创新产出牵引两种视角，设计江苏创新链质量跃迁路径：①从提升各环节创新资源质量的驱动力出发，主要关注创新资源的吸聚、配置与利用对江苏创新链质量跃迁的驱动能力，提出了以知识、产品创新环节为核心的创新资源配置效率驱动跃迁路径，以及以产品创新环节为重点的创新资源投入增强路径；②从提升各环节创新成果产出的牵引力出发，主要关注市场机制下创新产出质量提高所形成的创新资源积累与利用的持续良性循环，提出了以提高各创新环节产出质量为目标的创新产出牵引跃迁路径。

6.3.1 以知识、产品创新环节为核心的创新资源配置效率驱动跃迁路径

面向江苏创新链整体质量提升，本书提出以知识、产品创新环节为核心，提

高人才、资金等创新资源的质量和利用效率，激活知识创新和产品创新环节每个"细胞"的创新活力，形成创新资源内涵高质量、配置高效率的资源驱动跃迁路径。基于 5.3.3 节识别的江苏创新链质量的抑制性关键因素是高校和科研院所研发经费内部支出额中来自企业资金的比例和规模以上工业企业新产品开发经费支出占应用研究 R&D 内部经费投入比例，说明知识创新、产品创新环节创新资本配置质量阻碍江苏创新链质量指数的提升。同时，6.1.2 节江苏创新链质量影响因素边际效应分析的结果显示，知识创新环节创新资源配置质量影响因素（高校和科研院所研发经费内部支出额中来自企业资金的比例）和产品创新环节创新资源配置质量影响因素（规模以上工业企业新产品开发经费支出占应用研究 R&D 内部经费投入比例）的边际效应较高，对江苏创新链质量跃迁影响较大。因此，江苏创新链质量创新资源配置效率驱动跃迁路径的关键，在于提升知识、产品创新环节的创新人才与创新资本等创新资源的利用效率，以及优化知识、产品创新环节创新资源的配置结构。江苏的创新资源投入逐年增多，但管理粗放，创新资源的利用效率随着投入的增加而不断降低，尤其是产品创新环节的创新质量，其灰色预测结果显示未来仍有恶化的趋势；并且，江苏的创新资源过于向产品创新环节集中，创新资源配置存在严重的结构性矛盾，阻碍了江苏创新链质量的稳步提升。可以借鉴德国巴登-符腾堡州的成功经验，在创新平台政策与创新机构设置上加大投入力度，并且加强对现有高校、科研院所等基础研究机构的体制机制改革，释放其创新活力。

图 6-4 为以知识、产品创新环节为核心的创新资源配置效率驱动跃迁路径下，江苏创新链质量指数的模拟仿真结果（详细数据见附录 H），其中模拟了干预强度参数分别为 $\varepsilon=0.01$、$\varepsilon=0.05$ 以及 $\varepsilon=0.1$ 时江苏创新链质量指数的变化。该路径主要干预江苏创新链质量指标体系中的创新资源配置质量影响因素，其中对知识、产品创新环节的部分创新资源配置质量影响因素的干预较强，具体影响因素包括：

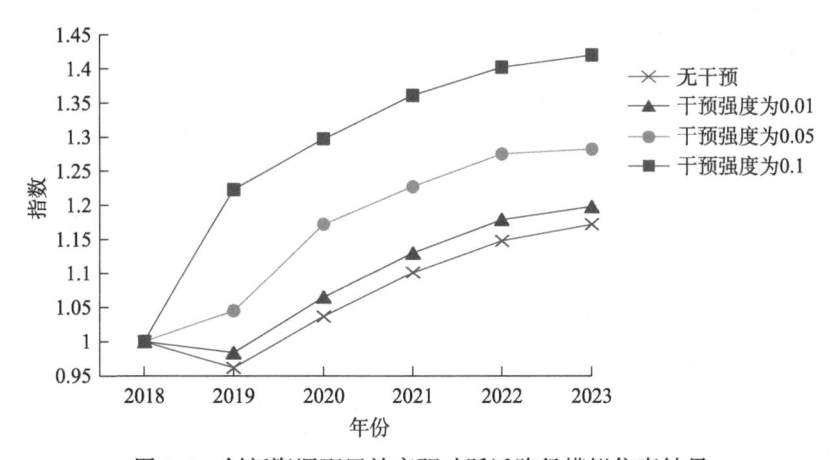

图 6-4 创新资源配置效率驱动跃迁路径模拟仿真结果

B_1（高等学校和研究与开发机构每万名研发人员发表科技论文数）、B_2（高校和科研院所研发经费内部支出额中来自企业资金的比例）、B_6（规模以上工业企业每万名研发人员产生的新产品产值）、B_7（规模以上工业企业新产品开发经费支出占应用研究 R&D 内部经费投入比例）。其余的创新资源配置质量影响因素中，还干预研发创新环节与创新资源配置相关的影响因素（B_3、B_4、B_5），但干预强度相对较弱。模拟仿真结果显示，以知识、产品创新环节为核心的创新资源配置效率驱动跃迁路径可以显著提升江苏创新链质量指数。

6.3.2 以产品创新环节为重点的创新资源吸聚增强跃迁路径

面向江苏创新链创新资源投入质量，本节提出以产品创新环节为重点，跨区域资源互补、互联互通，发挥企业创新主体作用，提升国际创新资源吸聚能力，重视海外先进技术引进的创新资源吸聚增强跃迁路径。基于 5.3.3 节江苏创新链质量促进性关键因素识别的结果，新产品产出质量、产品创新环节创新人才投入质量和产品创新环节创新人才配置质量对江苏创新质量指数的提升影响较大，是促进江苏创新链质量提升的促进性关键因素。同时，6.1.2 节江苏创新链质量影响因素边际效应分析结果显示，产品创新环节试验发展 R&D 经费内部支出增长率对江苏创新链质量提升的边际效应较高。因此，江苏的创新资源吸聚增强跃迁路径的关键，在于提升产品创新环节对境外 R&D 资金的吸聚以及对国外先进技术的引进。鉴于当前全球的逆全球化浪潮，以及新冠疫情下的全球性经济衰退，一方面，贸易壁垒高筑，技术封锁加强，外需萎靡，出口受阻；另一方面，新一轮科技革命方兴未艾，国内经济情况较全球而言相对稳定，内需市场受打击较弱，"一带一路"建设稳步推进，对江苏吸聚全球创新资源而言既是机遇又是挑战。可以借鉴美国旧金山湾区的成功经验，加强创新人才的引进、培养，以及引导金融市场加大对技术密集型产业资金的投入。产品创新环节主要承担创新资源投入的是企业，因此也很有必要引导企业通过积极参加"一带一路"建设，提高与国际接轨的程度，增强自主创新能力。

图 6-5 为以产品创新环节为重点的全球创新资源吸聚增强跃迁路径下，江苏创新链质量指数的模拟仿真结果（详细数据见附录 H），其中模拟了干预强度参数分别为 $\varepsilon=0.01$、$\varepsilon=0.05$ 以及 $\varepsilon=0.1$ 时江苏创新链质量指数的变化。该路径主要干预江苏创新链质量影响因素指标体系中的创新资源投入质量影响因素，其中对产品创新环节的部分创新资源投入质量影响因素的干预较强，具体影响因素包括：A_9（试验发展 R&D 人员全时当量）、A_{10}（试验发展 R&D 全时当量增长率）、A_{11}（试验发展 R&D 经费内部支出）和 A_{12}（试验发展 R&D 经费内部支出增长率），对其余创新资源投入质量影响因素均进行干预，但干预强度较弱。模拟仿真结果

显示，以产品创新环节为重点的全球创新资源吸聚增强跃迁路径可以有效提升江苏创新链质量指数，但提升效果相比创新资源配置效率驱动跃迁路径较差。

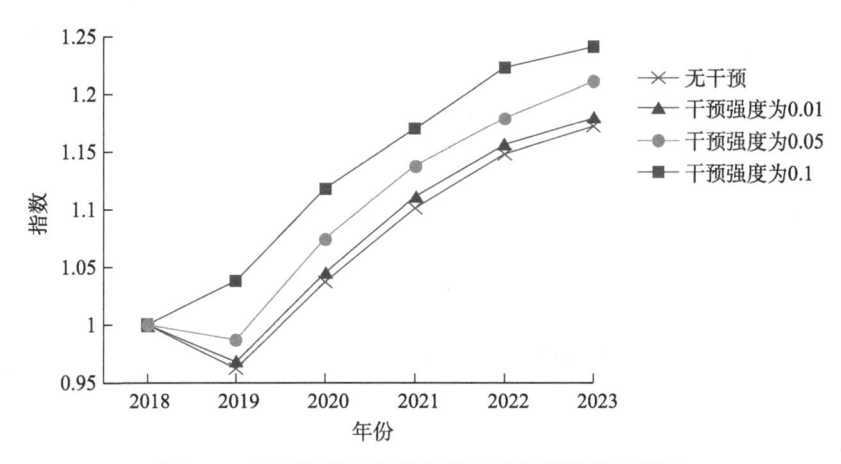

图 6-5　创新资源吸聚增强跃迁路径模拟仿真结果

6.3.3　以提高各创新环节产出质量为目标的创新产出牵引跃迁路径

面向江苏创新链产出质量，提出以提高各创新环节产出质量为目标，通过原创性基础理论、产业关键核心技术等创新成果的产出，结合市场机制，形成创新资源积累和利用持续良性循环的创新产出牵引跃迁路径。因此，本节设计以提高各创新环节产出质量为目标的创新产出牵引跃迁路径。江苏创新成果近年来表现出增长态势，各个环节的创新产出灰色预测结果都显示出良好的增长潜力，但创新产出的快速增长之势难以转化为产业竞争的优势。可借鉴日本首都圈的做法，围绕一些明确的产出目标来进行一系列在创新资源投入和创新资源配置质量方面的安排，如官产学合作机制和注重技术的引进、吸收、二次创新，即通过整合、配置相关创新资源，为创新产出质量的有效提升提供保障，并通过创新成果产出对创新链的反哺，形成创新资源积累和利用的持续良性循环。

图 6-6 为以提高各创新环节产出质量为目标的创新产出牵引跃迁路径下，江苏创新链质量指数的模拟仿真结果（详细数据见附录 H），其中模拟了干预强度参数分别为 $\varepsilon=0.01$、$\varepsilon=0.05$ 以及 $\varepsilon=0.1$ 时江苏创新链质量指数的变化。该路径主要干预江苏创新链质量指标体系中的产出质量影响因素，对各个环节产出质量影响因素施加相同强度的干预。模拟仿真结果显示，以提高各创新环节产出质量为目标的创新产出牵引跃迁路径可以提升江苏创新链质量指数，但效果较不显著，质量指数提升的程度不如创新资源配置效率驱动跃迁路径，也不如创新资源吸聚增强跃迁路径。

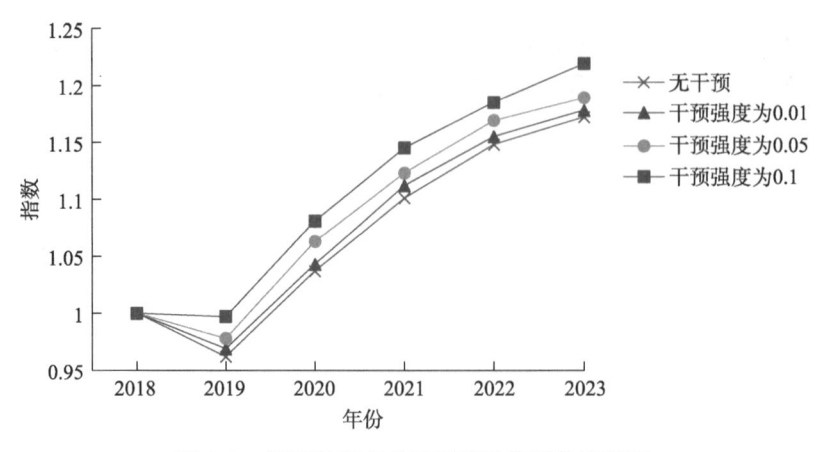

图 6-6 创新产出牵引跃迁路径模拟仿真结果

6.3.4 混合策略路径

上述研究的三种跃迁路径中，前两种路径从提升各环节创新要素质量的驱动力出发，后一种从提升各环节创新成果产出的牵引力出发。单一的江苏创新链质量跃迁路径只是从江苏创新系统的某一方面入手，为江苏创新能力的提升提供参考。在实际的操作中，更多地应当是多种路径策略的混合应用，以应对复杂的现实创新情境。因此，面向创新链中不同质量的协同改进，通过对多种路径策略的混合应用，本书还提出了创新资源配置效率驱动-吸聚增强的跃迁混合路径、创新资源配置效率驱动-产出牵引的跃迁混合路径以及创新资源吸聚增强-产出牵引的跃迁混合路径。

三种混合策略路径的模拟仿真结果，如图 6-7 所示，详见附录 H。模拟了不同混合路径下，干预强度参数分别为 $\varepsilon=0.01$、$\varepsilon=0.05$ 以及 $\varepsilon=0.1$ 时江苏创新链质量指数的变化，混合策略跃迁路径的影响因素干预为两种单独跃迁路径影响因素干预的叠加。模拟仿真结果显示，在相同的干预强度下，创新资源配置效率驱动-吸聚增强的跃迁混合路径的江苏创新链质量指数提升的幅度最大，该混合路径既强调了以知识、产品创新环节为主的创新资源配置效率优化，也包含了以产品创新环节为重点的全球创新资源吸聚。创新资源配置效率驱动-产出牵引的跃迁混合路径下，江苏创新链质量指数提升的幅度居中，该混合路径重视以知识、产品创新环节为主的创新资源配置效率优化，以及以提高各创新环节产出质量为目标的创新产出牵引。创新资源吸聚增强-产出牵引的跃迁混合路径下，江苏创新链质量指数提升的幅度较小，该混合路径包含以产品创新环节为重点的全球创新资源吸聚，以及以提高各创新环节产出质量为目标的创新产出牵引。

(a) 创新资源配置效率驱动–
吸聚增强的跃迁混合路径

(b) 创新资源配置效率驱动–
产出牵引的跃迁混合路径

(c) 创新资源吸聚增强–产出牵引的跃迁混合路径

图 6-7 江苏创新链质量跃迁混合路径模拟仿真结果

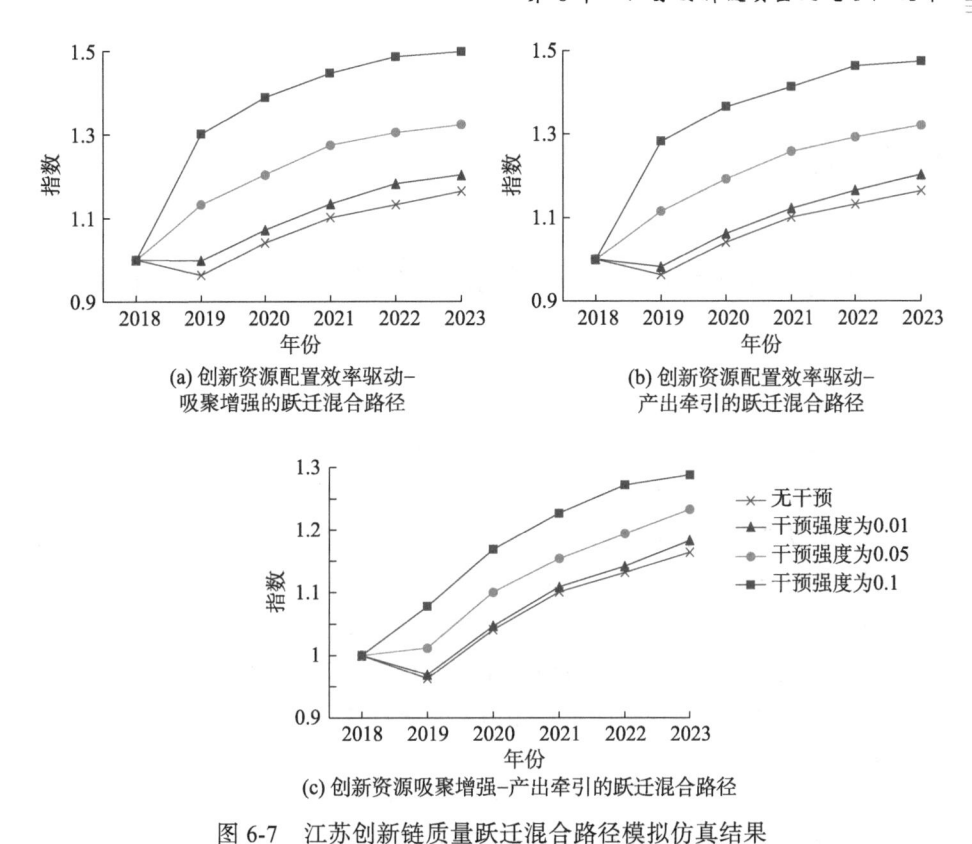

综合以上分析，针对江苏实际情况，目前以创新资源配置效率优化和以创新资源吸聚为主的创新资源配置效率驱动–吸聚增强的创新链跃迁混合路径最优，其中知识创新、产品创新环节的跃迁重点在于提升创新资源利用效率，优化资源配置结构；同时，产品创新环节也要通过吸引创业天才和创新人才，培育"隐形冠军"企业，吸引产业领军企业，提升全球创新资源吸聚能力。

第 7 章

江苏创新链质量跃迁政策建议与对策措施

秉承构建人类命运共同体的理念,中国提出加快以国内大循环为主体、国内国际双循环相互促进的新发展格局,不仅为江苏通过国际、国内资源循环耦合、互联互通,促进创新要素有序自由流动、资源高效配置创造了前所未有的历史机遇,也对江苏创新链的构建提出了更高的要求。本章根据第 4 章江苏创新链质量现状调研及分析与第 6 章江苏创新链质量跃迁路径设计,从江苏创新链质量跃迁本质出发,围绕知识创新由跟踪模仿向原始创新升级、研发创新从技术引进向自主可控转变、产品创新由模仿改进转化为率先突破等目标,有针对性地提出政策建议与对策措施。

7.1 江苏创新链质量形成相关政策现状调研

自 2016 年全国科技创新大会、两院院士大会和中国科学技术协会第九次全国代表大会召开以来,江苏各级政府及相关部门更是认真学习贯彻会议精神,结合自身实际密集出台了一系列创新驱动政策,加快推进产业科技创新中心和创新型省份建设。通过在江苏省人民政府、江苏省科学技术厅、江苏省教育厅、江苏省财政厅等部门网站上搜索"创新政策""创新""科技"等关键词,并以政策文件相互引用为线索查漏补缺,最终遴选出如表 7-1 所示的 171 条与创新关联较为密切的政策文件(附录 I),结合区域创新链质量内涵,从政策目标、政策议题以及政策工具(附录 J)组合视角,对江苏创新链资源吸聚与投入、资源配置与利用以及成果管理与利用三个方面的相关政策进行量化的调研分析,并综合述评。编码原则是:若该文件政策议题较为单一,则以其编号产生单一编码;若涉及多项政策议题,则以"政策编号-具体条款/章节"进行编码[117]。

表 7-1 江苏省"十三五"以来实行的创新政策汇总

编号	政策名称	政策文号	发布时间	发文机关
1	省政府关于取消下放行政审批等权力事项和清理规范中介服务事项的通知	苏政发〔2016〕1 号	2016.01	省政府

续表

编号	政策名称	政策文号	发布时间	发文机关
2	江苏省企业制造装备升级计划	苏政发〔2016〕9号	2016.02	省政府
3	关于2016年度省级工业和信息产业转型升级专项资金项目申报具体要求的通知	苏经信综合〔2016〕118号	2016.03	省经济和信息化委员会、省财政厅
……				
169	省政府办公厅关于印发江苏省医疗卫生领域、科技领域、教育领域、交通运输领域省与市县财政事权和支出责任划分改革方案的通知	苏政办发〔2020〕14号	2020.03	省政府办公厅
170	省政府办公厅关于促进文化和旅游消费若干措施的通知	苏政办发〔2020〕15号	2020.03	省政府办公厅
171	省政府办公厅关于促进平台经济规范健康发展的实施意见	苏政办发〔2020〕17号	2020.03	省政府办公厅

7.1.1 江苏创新链资源吸聚和投入等相关政策现状分析

围绕建设具有全球影响力的产业科技创新中心和具有国际竞争力的先进制造业基地的目标，江苏运用多种政策工具，积极整合全球创新资源，走创新国际化道路，致力于将开放优势转化为创新优势，扩充创新资源的存量。参考已有研究，本书将创新链质量建设的相关政策工具做以下分类（附录J）：一是供给面政策工具，即政府通过对人才、资金、信息、技术等的支持，直接扩大创新链相关创新资源的供给，从而对创新链发展起到推动作用，可细分为人才投入、资金投入、基础设施、信息支持和公共服务等相关政策；二是环境面政策工具，即政府通过财务金融、税收制度、法律制度等政策，影响区域创新链发展的环境因素，为创新提供有利的政策环境，间接影响并促进创新链发展，可细分为金融服务、税收优惠、市场管制、行政环境、目标规划等政策；三是需求面政策工具，即政府通过采购或贸易管制等措施，减小市场的不确定性，积极开拓并稳定创新成果应用与扩散的市场，从而对区域创新链发展起到拉动作用，可细分为政府采购、海外机构、贸易管制、服务外包、消费端补贴和平台搭建等政策。江苏创新链资源吸聚与投入等相关政策具体到各环节的分类汇总大致如表7-2所示。

江苏创新链资源吸聚与投入的政策目标可以对应到知识创新、研发创新、产品创新这三个环节，而这三者各自的政策议题都可以根据面向对象分为国（境）外资源吸聚与国（境）内资源投入这两部分，前者旨在吸引国外创新资源来苏，后者旨在激励国内方面加大在苏的创新资源投入。由表7-2的统计结果可知，在江苏创新链资源吸聚与投入政策方面，涉及知识创新、研发创新、产品创新的比重分别为15%、30%和55%，相比创新资源现状的配置比例（如2017年基础研究、应用研究、试验发展R&D经费投入的占比分别为2.99%、5.72%和91.28%）已均衡很多，表明政府已意识到需加强基础研究与应用研究，为试验发展提供支撑。而在各环节的政策议题下，国外资源吸聚与国内资源投入政策数量之比基本维持在 3∶7，相比资源吸聚与投入现状（如 2017 年国外资金仅占江苏 R&D 经费来源的 0.31%），政府旨在吸聚国外创新资源的努力清晰可见。而在每一项政策议题下，供给面与环境面政策使用较多，需求面政策的数量较少。从政策效果来看，在资源吸聚与投入方面，未来仍需增加需求面政策的比重，以更好地释放创新活力。具体到各环节而言，知识创新环节资源吸聚与投入共涉及 114 次，提及国外资源吸聚 31 次、国内资源投入 83 次。

表 7-2　江苏创新链资源吸聚和投入等相关政策汇总

政策目标	政策议题	政策工具类型	政策工具名称	政策编码	小计/次
知识创新资源吸聚与投入（114次）	国外资源吸聚（31次）	供给面（21次）	人才投入	15-4, 16-2, 31, 57, 77, 78, 101-7, 112-2, 116, 135-4, 144-2, 166-1	12
			资金投入	31, 78, 116, 135-4	4
			基础设施	78, 116, 135-4	3
			公共服务	116	1
			信息支持	31	1
		环境面（6次）	行政环境	15-4, 77, 78, 112-2, 116	5
			市场管制	135-4	1
		需求面（4次）	海外机构	16-2, 97-3, 109-2	3
			平台搭建	31	1
	国内资源投入（83）	供给面（49次）	人才投入	8-1, 15-4, 15-7, 16-2, 31, 57, 78, 84, 93, 112-1, 112-2, 116, 144-2, 162-2, 162-4, 166-1	16
			信息支持	8-2, 17-2, 31, 112-2, 116, 119	6
			资金投入	15-7, 16-2, 31, 37-2, 68, 76, 78, 84, 93, 115-3, 116	11
			基础设施	8-2, 15-4, 16-2, 17-2, 31, 37-2, 76, 78, 93, 114-3, 116, 119, 162-2	13
			公共服务	8-1, 16-2, 119	3
		环境面（20次）	目标规划	8-4, 16-1, 78-1, 114-1	4
			金融服务	93	1
			市场管制	93, 151, 152	3
			税收优惠	93	1
			行政环境	15-7, 16-2, 31, 41, 68, 78, 93, 116, 145, 162-4, 166-4	11
		需求面（14次）	政府采购	8-3	1
			海外机构	16-2, 93, 112-1, 114-3	4
			服务外包	16-2, 162-2	2
			平台搭建	8-3, 16-2, 37-2, 93, 112-1, 114-3, 116	7

续表

政策目标	政策议题	政策工具类型	政策工具名称	政策编码	小计/次
研发创新资源吸聚与投入（224次）	国外资源吸聚（71次）	供给面（34次）	人才投入	15-4，16-2，17-1，31，57，77，78，101-7，112-2，116，123-2，135-4，144-2，166-1	14
			资金投入	31，78，101-3，116，123-2，135-4	6
			基础设施	78，101-4，116，135-4，135-5，149-2	6
			公共服务	101-3，101-11，116，123-2，135-3，147	6
			信息支持	31，135-3	2
		环境面（21次）	行政环境	15-4，77，78，101-2，112-2，116，123-3，135-1，135-5，147	10
			税收优惠	42-1，42-2，135-4，147，163	5
			市场管制	101-9，101-12，123-1，135-1	4
			金融服务	42-1，42-2	2
		需求面（16次）	海外机构	16-2，97-3，101-2，109-2，135-2	5
			平台搭建	25-7，31，101-5，116，135-2，135-5	6
			贸易管制	25-7，42-1，101-2，135-3，135-5	5
	国内资源投入（153次）	供给面（73次）	资金投入	12，15-5，16-2，31，37-2，39，68，76，78，81，82-6，84，93，102，114-3，116，117，144-2，156，168-6	20
			基础设施	15-4，16-2，17-2，31，37-2，76，78，81，86，93，97-3，102，114-3，114-3，116，117，119，144-2，162-2，168-2	20
			信息支持	17-2，31，81，82-4，86，102，112-2，116，119，168-3	10
			人才投入	15-4，16-2，31，57，78，81，84，93，102，112-1，112-2，116，149-2，162-2，162-4，166-1	16
			公共服务	16-2，81，82-3，86，116，119，168-2	7
		环境面（58次）	行政环境	15-7，16-2，31，67，68，78，82-5，86，93，102，114-3，116，117，119，145，156，162-4，166-4，168-2	19
			目标规划	16-1，39，78-1，81，82-1，97-2，114-1，117，119，144-1	10
			市场管制	39，82-2，86，93，116，119，151，152，168-3，168-4	10
			金融服务	16-2，67，86，93，97-3，102，116，117，156，168-6	10
			税收优惠	15-5，39，93，102，116，117，166-1，166-2，168-6	9
		需求面（22次）	海外机构	16-2，93，102，112-1，114-3，116，144-2，168-5	8
			服务外包	16-2，119	2
			平台搭建	16-2，37-2，93，97-3，102，112-1，114-3，117，119，144-2，162-2，168-2	12

续表

政策目标	政策议题	政策工具类型	政策工具名称	政策编码	小计/次
产品创新资源吸聚与投入（407次）	境外资源吸聚（121次）	供给面（55次）	人才投入	15-4, 16-2, 17-1, 30-2, 31, 42-1, 60-6, 63, 77, 78, 101-7, 112-2, 116, 123-2, 135-4, 144-2, 162-2, 162-4, 166-1	19
			资金投入	15-7, 31, 42-1, 63, 78, 101-3, 116, 123-2, 126, 135-4, 162-1, 162-2	12
			信息支持	31, 135-3	2
			基础设施	42-2, 78-3, 101-4, 116, 119, 135-4, 135-5, 149-2, 162-1, 162-2	10
			公共服务	25-6, 42-2, 60-6, 101-3, 101-11, 116, 123-2, 135-3, 147, 162-1, 162-2, 162-4	12
		环境面（37次）	行政环境	15-4, 25-6, 42-1, 42-2, 60-6, 77, 78-3, 101-2, 112-2, 116, 123-3, 126, 135-1, 135-5, 147, 162-1, 162-4	17
			市场管制	25-6, 42-1, 42-2, 60-6, 97-3, 101-1, 101-9, 101-12, 123-1, 135-1, 162-1	11
			税收优惠	42-1, 42-2, 135-4, 147, 162-1, 163	6
			金融服务	42-1, 42-2, 162-1	3
		需求面（29次）	海外机构	15-1, 16-2, 25-4, 42-1, 60-4, 97-3, 109-2, 135-2, 168-5	9
			平台搭建	25-7, 30-7, 31, 42-1, 78-3, 81, 101-5, 135-2, 135-5, 162-1, 162-2	11
			服务外包	42-1	1
			贸易管制	25-7, 42-1, 101-2, 101-8, 135-3, 135-5, 162-1, 163	8
	境内资源投入（286次）	供给面（114次）	人才投入	2-4, 15-4, 16-2, 30-2, 31, 35, 60-6, 63, 69-4, 72-4, 72-5, 78, 81, 84, 112-1, 112-2, 116, 134-4, 144-2, 149-2, 162-2, 166-1	22
			资金投入	2-4, 3, 4-3, 12, 15-1, 15-5, 16-2, 19, 20, 31, 35-2, 37-1, 37-4, 39, 40, 60-3, 63, 68, 72-4, 72-5, 76, 78-3, 81, 82-6, 84, 116, 117, 133-2, 134-4, 156, 168-6	31
			信息支持	16-2, 17-2, 30-2, 30-6, 31, 35-2, 37-1, 69-2, 69-4, 72-1, 72-7, 73, 81, 82-4, 86, 112-2, 116, 119, 134-4, 168-3	20
			基础设施	15-4, 15-5, 16-2, 17-2, 24, 30-7, 31, 35-2, 37-2, 72-1, 72-2, 76, 78-3, 81, 86, 97-3, 114-3, 115-3, 116, 117, 119, 133-2, 134-3, 144-2, 168-2	25
			公共服务	4-1, 16-2, 24, 30-2, 35-2, 60-4, 69-2, 72-2, 72-3, 81, 82-3, 86, 116, 119, 133-2, 168-2	16

续表

政策目标	政策议题	政策工具类型	政策工具名称	政策编码	小计/次
产品创新资源吸聚与投入（407次）	国内资源投入（286次）	环境面（119次）	目标规划	2-1, 4-4, 16-1, 17-1, 24, 30-1, 31, 35-1, 36, 39, 40, 60-1, 69-4, 78-1, 79-1, 81, 82-1, 97-2, 114-1, 116, 117, 119, 133-1, 134-2, 144-1	25
			金融服务	15-6, 16-2, 20, 30-7, 31, 35-2, 60-2, 67, 69-2, 72-1, 72-3, 86, 97-3, 116, 117, 133-3, 134-3, 156, 168-6	19
			税收优惠	2-4, 15-1, 15-5, 16-2, 30-7, 31, 35-2, 37-4, 39, 60-6, 69-2, 72-1, 79-4, 116, 117, 126, 133-3, 166-1, 168-6	19
			行政环境	2-4, 15-1, 15-7, 16-2, 17-2, 20, 24, 30-7, 31, 35-2, 60-3, 67, 68, 69-2, 69-5, 72-3, 72-6, 73, 78-3, 79-2, 82-5, 86, 116, 117, 119, 133-2, 134-3, 145, 156, 166-4, 168-2	31
			市场管制	16-2, 19, 20, 35-3, 36, 37-5, 39, 40, 60-5, 69-2, 72-3, 72-6, 79-3, 82-2, 86, 97-3, 116, 119, 133-2, 133-4, 134-3, 151, 152, 168-3, 168-4	25
		需求面（53次）	平台搭建	2-2, 4-2, 15-1, 16-2, 19, 23, 24, 30-2, 30-3, 35-2, 36-4, 37-1, 37-4, 40, 60-4, 69-2, 69-4, 72-1, 78-3, 81, 97-3, 112-1, 114-3, 117, 119, 133-3, 134-3, 144-2, 168-2, 168-5	30
			政府采购	2-3, 17-2, 30-5, 37-2, 69-5, 117	6
			海外机构	15-6, 16-2, 20, 30-7, 69-5, 112-1, 114-3, 116, 144-2	9
			服务外包	40, 72-5, 119	3
			消费端补贴	16-2, 36-4	2
			贸易管制	20, 163, 168-5	3

在国外资源吸聚议题下，供给面政策工具共使用21次（约占68%）。其中人才投入政策工具共12次（约占57%），例如，深化实施"双创计划""江苏特聘教授计划""外国人才智力引进工程"，大力引进外籍科学家和海外高层次科研团队；探索江苏外国留学生毕业后直接留苏就业试点；探索实行高层次人才、急需紧缺人才职称直聘办法；鼓励外籍科学家以合作研究等方式参与基础研究项目。资金投入政策工具共4次（约占19%），例如，完善特级专家津贴制度，对在江苏工作的发达国家的院士给予1万元的省财政特殊人才津贴；为海外高层次人才创新创业团队在苏设立专业性、公益性、开放性新型研发机构提供最高1亿元的财政支持；给予引进"一中心、一基地"建设急需人才或团队的引才中介50万—100万元的奖励。基础设施政策工具共使用3次（约占14%），如加强国际社区、国际学

校、国际文化以及医院等高端服务配套设施建设。公共服务政策工具共使用 1 次（约占 5%），内容为鼓励各设区市建立国际人才服务中心，为其提供一站式公共服务。信息支持政策工具也使用了 1 次（约占 5%），提出建设"江苏人才云"大数据平台，并绘制全球高层次人才地图，以保障人才供给。

环境面政策工具使用共计 6 次（约占 19%）。其中行政环境政策工具共 5 次（约占 83%），主要涉及出入境签证证件审批的简政放权；为符合条件的外籍人才提供办理口岸签证、工作许可和长期居留许可的便利；完善海外高层次人才居住证制度等。市场管制政策工具 1 次（约占 17%），涉及内容包含鼓励招收留学生的高校开设国际产能合作相关专业，加强对留学生汉语教学等。

需求面政策工具仅使用 4 次（约占 13%）。其中 3 次（约占 75%）涉及海外机构，包括对接国家"一带一路"倡议部署，深化与创新型国家和地区的科技合作，引进和并购一批海外研究机构、研发中心；鼓励高校、科研机构与国外共建国际联合研究中心或实验室。平台搭建政策工具共使用 1 次（约占 25%），包括搭建具有全球影响力的聚才活动平台，如国内外高水平学术会议、专业论坛等。

在国内资源投入议题下，供给面政策工具共使用 49 次（约占 59%）。其中，人才投入政策工具共使用 16 次，占比最多，高达约 33%。其政策内容包括提高人群科学素质；落实科研人员兼职兼薪管理政策，畅通人员流通通道；支持退休院士返聘；实施"333 高层次人才培养工程"，培养各领域的本土中青年优秀人才。基础设施政策工具共使用 13 次（约占 27%），例如，建成适应更高水平创新型省份建设需求的基础设施体系；支持高校和科研院所建设国家重大科技基础设施、国家实验室和科技创新中心；完善高校、科研院所所需重大科研设备的政府采购机制。资金投入政策工具共使用 11 次（约占 22%），包括完善省自然科学基金资助机制，培养更多优秀青年科研骨干；完善基础研究长期稳定支持机制。信息支持政策工具共使用 6 次（约占 12%），例如，实施科普信息化建设工程，建设"江苏科普云"信息服务系统，推动科普资源信息集成和服务共享。而公共服务政策工具仅使用 3 次（约占 6%），如加快发展科技服务业，建设产学研用协同互动、创新要素顺畅流动和高效配置的生态系统。

环境面政策工具共使用 20 次，占比约 24%。其中行政环境政策工具使用最频繁，共计 11 次（约占 55%），例如，给予开展原创性基础研究的科研人员更多选择科研方向、组建科研团队的自主权，鼓励选人用人不唯学历、不唯职称、不唯论文；强调科研诚信，放管结合。目标规划政策工具共计使用 4 次（约占 20%），如提出到 2020 年要使科技人才培养体系和政策制度更加完善；提高创新型省份建设水平、建设科技强省的"三步走"目标等。市场管制政策工具共计使用 3 次（约占 15%），相关的政策内容涉及放宽民办教育进入门槛；设立省级科技企业孵化器认定条件等。而金融服务和税收优惠政策工具均只使用 1 次（各约占 5%），都是旨在鼓励民办教育加大投入力度、健康发展。

需求面政策工具仅使用 14 次（约占 17%）。其中 7 次（约占 50%）为平台搭建，如统筹推进大学科技园、科技产业园、科技创业园等各类园区建设；推进产学研产业协同创新基地、校企合作研发机构、高校协同创新中心建设，促进协同发展。另外 7 次分别是政府购买（1 次）、海外机构（4 次）和服务外包（2 次），其中政府购买政策内容为通过建立符合国内规则的政府采购制度优先支持新产品、新服务；海外机构政策内容如鼓励省内企业通过投资、并购等形式利用国外创新资源；服务外包政策内容如完善政府购买公共服务制度，努力构建功能齐全、运转高效、服务便捷的人才公共服务体系。

研发创新资源吸聚与投入环节政策工具共计使用 224 次，涉及国外资源吸聚 71 次，国内资源投入 153 次。针对国外资源吸聚，供给面政策工具使用 34 次（约占 48%），占比最多。其中，作为创新的第一资源，人才投入政策工具使用 14 次（约占 41%），内容包括大力引进产业发展最前沿、科技创新最核心的领军型人才；对外商投资制造业企业急需的外国专业人才放宽年龄和学历要求；探索举荐人才制度等。资金投入、基础设施和公共服务政策工具使用均共计 6 次（各约占 18%）。资金投入政策内容如落实顶尖人才顶级支持政策，根据其发展需要尽全力提供经费支持；鼓励有条件的地区视外商投资企业高层次人才对本地的贡献给予奖励。基础设施政策内容如保障省重大外资项目用地。公共服务政策内容如加强对外资研发中心建设国家级、省级企业技术中心的政策辅导，提升外商投资服务的专业化、社会化水平等。信息支持政策工具使用 2 次（约占 6%），提出建设"江苏人才云"大数据平台，以及依托"大、物、移、云"等新技术支持服务贸易公共平台建设。

环境面政策工具使用共计 21 次（约占 30%），其中，行政环境政策工具共使用 10 次（约占 48%），包括修订完善跨国公司在江苏设立地区总部和功能性机构鼓励政策，吸引跨国公司总部和功能性机构落户；建立健全全省统一的外资投诉处理机制，及时回应和解决外资企业反映的问题等。税收优惠政策工具使用 5 次（约占 24%），如在政策允许和法定权限范围内制定、出台招商引资优惠政策，支持对就业、经济发展、技术创新贡献大的项目；外商投资企业提供技术转让、技术开发及与之相关的技术咨询、技术服务，符合条件的可按规定免征增值税。市场管制政策工具使用 4 次（约占 19%），包括研究制定全省外资提质增效评价体系，加快外资结构优化升级；依法依规严格保护外商投资企业知识产权等。金融服务政策工具使用 2 次（约占 10%），指出扩大"小微创业贷""科技贷款资金池"等外商投资企业覆盖面，为其拓宽融资渠道。

需求面政策工具仅使用 16 次（约占 23%）。其中，平台搭建政策工具使用 6

次（约占 38%），例如，充分发挥新加坡-江苏合作理事会、江苏-澳门·葡语国家工商峰会、友城双边（多边）联委会等机制作用，推进国际交流合作。海外机构政策工具使用 5 次（约占 31%），如鼓励跨国公司与省内高校、科研机构、企业合作建立研发中心或实验室；鼓励有条件的企业在发达国家建设国外园区（研发基地），加强全球创新布局。贸易管制政策工具使用 5 次（约占 31%），如加快推进人民币在跨境贸易和投资中的使用。

针对国内资源投入，供给面工具同样使用最多，共计 73 次（约占 48%）。资金投入和基础设施政策均使用 20 次，各占比约 27%。前者包括设立省知识产权专项资金，加强知识产权创造、保护、运用和管理；对具备独立法人条件的新型研发机构上一年非财政支持的研发经费支出额度给予不超过 20%、最高 1000 万元的奖励等。后者包括全面落实推广中关村自主创新政策，在深化科技体制改革、建设新型科研机构、科技资源开放共享等方面先行先试、寻求突破等。人才投入相关政策使用 16 次（约占 22%），例如，引导高校加强追求学术卓越，组建跨学科、综合交叉的科研团队；实施新型技能大军培育工程，加快造就一批具有精湛技艺、高超技能、国际视野的高技能领军人才队伍；鼓励设立首席研究员、首席科学家等高级技术岗位，加强人才流动。此外，信息支持政策工具共计 10 次（约占 14%），如整合双创教育课程资源，建立双创教育课程资源共享平台。公共服务政策工具使用 7 次（约占 10%），如采取支持开展研发设计、技术转移、知识产权、检验检测认证、科技咨询等专业化和综合性科技服务，探索组建省科技创新服务联盟等措施。

环境面政策工具共使用 58 次（约占 38%）。行政环境依旧是最频繁采用的政策工具（19 次，约占 33%），如弱化对科研院所从事前沿技术研究的科研人员的短期目标考核；制定科技企业孵化器管理办法、研究生工作站管理办法等。目标规划、市场管制和金融服务政策工具都各出现 10 次（各约占 17%）。目标规划政策的相关内容包括提出科技强省建设"三步走"目标、省"十三五"科技人才发展规划等。市场管制政策内容如制定《江苏省贯标服务机构信用评价体系和失信惩戒制度》，深入推进信息化和工业化融合工程。金融服务政策内容则包括鼓励各地设立信贷风险补偿基金、科技金融风险补偿资金等，加大对中小微企业、科技创新企业的支持。税收优惠政策工具使用共计 9 次（约占 16%），如对企事业单位中取得省政府颁发的技术方面的奖金免纳个人所得税。

需求面政策工具使用次数仅为 22 次（约占 14%）。平台搭建约占据 55%（12次），相关内容涉及完善重大产业技术联合攻关机制，实施前瞻性产业技术创新专项，为其打造交流互动平台等。海外机构 8 次（约占 36%），包括与海外共建实验室、技术合作中心等。服务外包出现 2 次（约占 9%），包括发展人力资源服务业，完善政府购买公共服务制度，努力构建功能齐全、运转高效、服务便捷的人才公共服务体系，以及发展第三方咨询服务机构，面向重点行业、重点领域信息化建设提供咨询服务。

旨在增加产品创新资源吸聚与投入的政策工具共出现 407 次，其中以境外资源吸聚为目的的政策工具出现 121 次，以境内资源投入为目的的出现 286 次。对于境外资源吸聚而言，供给面政策工具使用了 55 次，约占据 45%。其中，涵盖海外科技创新型企业家、产业专家等人才引进、外国及港澳台毕业生在苏就业等内容的人才投入政策工具使用最多，共计 19 次（约占 35%）。资金投入和公共服务都出现了 12 次（各约占 22%），前者如对在苏设立具有独立法人资格、符合江苏产业发展方向的研发机构和研发总部并引入核心技术和配置核心研发团队的知名跨国公司最高给予 3000 万元的财政支持。后者如完善港澳投资重点企业和重点项目联系服务制度；推动跨国公司地区总部与税务部门签订《税收遵从合作协议》或税企备忘录，帮助企业提高政策确定性，及时解决遇到的涉税问题等。出现 10 次（约占 18%）的基础设施政策工具提及的内容包括打造各类国际产业合作园区、产业特色小镇等，吸引国际创新要素；保障符合要求的外资项目用地需要等。而信息支持政策工具使用 2 次（约占 4%），包括建设"江苏人才云"大数据平台，以及依托"大、物、移、云"等新技术大力支持服务贸易公共平台建设。

环境面政策工具为 37 次（约占 31%）。行政环境依旧为使用最频繁的政策工具（17 次，约占 46%），内容包括简化出入境手续；将处理外商投资准入负面清单内投资总额 10 亿美元以下的外商投资企业设立及变更等事务的权力下放；持续推进负面清单以外领域外商投资企业商务备案与工商登记"一口办理"；等等。市场管制政策工具共包括 11 次（约占 30%），内容如全面实施《外商投资准入特别管理措施（负面清单）（2018 年版）》，对外商投资实施准入前国民待遇加负面清单管理制度；外商投资过程中技术合作的条件由投资各方议定，各地不得利用行政手段强制技术转让。税收优惠和金融服务分别出现 6 次（约占 16%）和 3 次（约占 8%），例如，落实外资鼓励项目引进技术设备免征关税、重大技术装备进口关键零部件和原材料免征关税等政策；鼓励外商投资企业以增资扩股和利润再投资等形式加大对江苏投资力度，按国家规定落实相关税收减免和政策优惠，积极扩大利用外资并促进其提质。

需求面政策工具出现 29 次，占比约 24%。其中使用最频繁的是平台搭建政策工具（11 次，约占 38%），如强化对外招商平台；积极支持具有境内外资金管理中心功能的跨国公司总部开展外汇集中运营管理试点工作和跨境双向人民币资金池业务；等等。海外机构政策工具使用 9 次（约占 31%），包括吸引跨国公司在江苏设立全球性或区域性研发中心，鼓励跨国公司与省内高校、科研机构、企业合作建立研发中心或实验室等。贸易管制政策工具涉及8次（约占28%），例如，鼓励外商投资企业引进先进技术装备，进行技术改造等。而服务外包的1次（约占3%）则是在高层次人才集聚的国家和地区，建立引才引智联络机构，聘请引才引智大使。

而对于境内资源投入，供给面政策工具使用了114次（约占40%）。其中，资金投入政策工具使用占比最多（31次，约占27%），如对企业的研发投入按比例进行奖补；对重大产业项目给予财政支持；落实省天使投资引导资金政策，对出现投资损失的项目，省及地方财政按照实际发生损失额的一定比例分别给予支持。基础设施政策工具共使用25次（约占22%），如支持企业购买首套重大科研设备。此外，人才投入、信息支持和公共服务各出现22次（约占19%）、20次（约占18%）和16次（约占14%），例如，借鉴德国双元制大学教育模式大力发展以培养高水平专业技术工人为目标的职业教育；实施百千科技企业家培育工程，通过强化项目支持、建立定向联系、搭建合作平台等途径，进行定制式培育和个性化扶持；培育国际化的中介服务机构和中介组织，完善企业涉外专业服务体系；等等。

环境面政策工具共涉及119次（约占42%），其中行政环境最多（31次，约占26%），如"放管服"改革。然后是市场管制和目标规划，都为25次，各约占21%的比重。前者内容包括保护知识产权、改善营商环境等；后者包括《江苏省大数据发展行动计划》、加快推进"互联网+"行动等。最后，金融服务和税收优惠各出现19次（各约占16%），如激励以企业为主体的机构增加对产品创新的投入，并帮助其扩展融资渠道。

需求面政策工具使用53次，占比约19%，涉及的具体政策工具类型及其数量都比知识创新和研发创新更多。平台搭建政策工具出现30次（约占57%），其中以示范带动工程居多，还包括各类产学研合作平台、专业服务平台等。海外机构政策工具使用次数为9次（约占17%），如鼓励省内企业通过投资、并购等形式利用国外创新资源。政府采购政策工具使用6次（约占11%），如通过建立符合国际规则的政府采购制度，优先支持新产品、新服务，给创新机构注入强心剂。此外，贸易管制、服务外包各计3次（各约占6%）。消费端补贴政策工具使用2次（约占4%），如利用用户补贴、发放信息化券和创新券等扶持措施，降低企业创新成本，扩大创新产品和服务的市场空间。

7.1.2 江苏创新链资源配置和利用等相关政策现状分析

根据江苏创新链结构与质量内涵，并结合对政策文本的理解，创新资源配置与利用等相关政策一方面在于进行创新资源在知识创新、研发创新和产品创新环节的配置，另一方面在于提高其利用效率，具体分类如表7-3所示。

表 7-3　江苏创新链资源配置和利用等相关政策汇总

政策目标	政策议题	政策工具类型	政策工具名称	政策编码	小计/次
知识创新资源配置与利用（113次）	优化资源配置（14次）	供给面（7次）	人才投入	6-7, 45	2
			资金投入	45, 57, 128	3
			基础设施	45, 128	2
		环境面（5次）	目标规划	45	1
			税收优惠	111	1
			行政环境	45, 111, 128	3
		需求面（2次）	平台搭建	6-7, 45	2
	提高资源使用效益（99次）	供给面（45次）	资金投入	15-2, 41, 57, 108, 127, 129, 139-2	7
			人才投入	15-2, 15-3, 22-3, 41, 56, 57, 89, 90, 108, 111, 129, 139-3, 146, 159	14
			基础设施	28-2, 41, 57, 66, 72-5, 94, 108, 111, 115-1, 127, 139-3	11
			信息支持	89, 108, 111, 139-3, 140, 146, 160	7
			公共服务	15-3, 111, 130, 139-3, 140, 146	6
		环境面（41次）	行政环境	15-2, 15-3, 28-3, 33, 34, 41, 56, 57, 66, 90, 100, 111, 115-1, 128, 129, 130, 138, 139-3, 140, 157, 158, 159-2, 159-3, 161, 167, 169	26
			市场管制	15-2, 18, 89, 115-1, 128, 129, 130, 139-4, 140, 159-2	10
			目标规划	28-1, 72-5, 111, 129, 139-1	5
		需求面（13次）	平台搭建	15-3, 22-3, 28-2, 108, 111, 139-3	6
			服务外包	157	1
			海外机构	72-5, 109-2, 111, 129, 139-3, 140	6
研发创新资源配置与利用（186次）	优化资源配置（26次）	供给面（11次）	人才投入	14-2, 22-3, 22-6, 144-2	4
			信息支持	14-2	1
			资金投入	14-2, 22-3, 37-2, 57, 144-2	5
			公共服务	14-3	1
		环境面（9次）	目标规划	14-1, 22-1	2
			市场管制	14-2, 22-2, 22-5	3
			行政环境	14-3, 22-3, 22-6	3
			税收优惠	57	1
		需求面（6次）	平台搭建	14-2, 22-3, 144-2	3
			海外机构	22-4, 22-6	2
			贸易管制	22-3	1

续表

政策目标	政策议题	政策工具类型	政策工具名称	政策编码	小计/次
研发创新资源配置与利用（186次）	提高资源使用效益（160次）	供给面（66次）	资金投入	15-2, 41, 57, 108, 109-2, 128, 129, 131, 136, 139-2, 149-1, 150-2, 155, 165-3	14
			人才投入	15-2, 15-3, 41, 57, 83-4, 89, 90, 98, 108, 111, 129, 136, 139-3, 146, 150-3, 159, 165-4	17
			基础设施	28-2, 41, 57, 66, 72-5, 94, 108, 109-2, 111, 115-1, 128, 136, 139-3, 165-4	14
			信息支持	89, 108, 109-2, 111, 127, 139-3, 140, 146, 160, 165-3	10
			公共服务	15-3, 108, 111, 127, 130, 131, 136, 140, 146, 155, 165-3	11
		环境面（71次）	行政环境	15-2, 15-3, 28-3, 33, 34, 41, 44, 57, 66, 90, 98, 100, 108, 109-2, 111, 115-1, 120, 127, 128, 129, 130, 131, 132, 136, 138, 140, 144-3, 147, 149-4, 150-2, 153, 155, 157, 158, 159-2, 159-3, 161, 164, 165-4, 167, 169	41
			市场管制	15-2, 18, 89, 109-2, 115-1, 127, 128, 129, 130, 139-4, 140, 147, 149-4, 159-2	14
			税收优惠	115-3, 127, 136, 147-3, 149-1, 154	6
			金融服务	109-2, 127, 136, 147-3, 165-4	5
		需求面（23次）	目标规划	28-1, 72-5, 109-2, 150-1, 168-1	5
			平台搭建	15-3, 28-2, 83-3, 108, 109-2, 111, 127, 136, 139-3, 149-1, 165-3	11
			政府采购	132	1
			服务外包	157, 165-3	2
			海外机构	72-5, 83-3, 109-2, 111, 135-4, 136, 139-3, 140, 150-3	9
产品创新资源配置与利用（312次）	优化资源配置（33次）	供给面（14次）	人才投入	5-3, 22-6, 144-2	3
			资金投入	5-3, 22-3, 144-2	3
			信息支持	5-2, 5-3	2
			基础设施	5-2, 22-3, 28-2, 61-4	4
			公共服务	5-2, 22-3	2
		环境面（10次）	目标规划	5-1, 22-1	2
			金融服务	5-2, 5-3	2
			市场管制	5-2, 22-3, 22-5	3
			税收优惠	61-4	1
			行政环境	5-2, 22-6	2
		需求面（9次）	平台搭建	5-2, 22-3, 144-2	3
			政府采购	5-2	1
			海外机构	5-2, 5-3, 22-4, 22-6	4
			贸易管制	22-3	1

续表

政策目标	政策议题	政策工具类型	政策工具名称	政策编码	小计/次
产品创新资源配置与利用（312次）	提高资源使用效益（279次）	供给面（87次）	基础设施	6-2, 6-7, 6-8, 6-9, 38, 50-3, 58-2, 91, 94, 103, 108, 109-2, 110, 115-1, 118, 126, 136, 165-4	18
			人才投入	6-5, 6-8, 15-3, 37-3, 37-6, 50-4, 58-3, 83-4, 89, 90, 91, 103, 108, 110, 129, 136, 146, 150-3, 159, 165-4	20
			信息支持	27, 38, 58-2, 74, 89, 91, 103, 109-2, 118, 127, 140, 146, 160, 165-3	14
			公共服务	32-3, 38, 74, 83-3, 91, 103, 108, 109-2, 118, 127, 130, 136, 140, 146, 155, 165-3	16
			资金投入	6-10, 32-3, 37-3, 37-6, 38, 50-3, 58-2, 63, 103, 108, 109-2, 110, 118, 129, 131, 149-1, 150-2, 155, 165-3	19
		环境面（150次）	行政环境	1, 6-8, 6-10, 15-2, 27, 28-3, 32-3, 33, 34, 37-3, 37-7, 38, 44, 50-3, 51, 52, 53, 54, 58-3, 59, 63, 65, 70, 71, 73, 75, 83-4, 88, 90, 91, 100, 103, 108, 109-2, 110, 115-1, 118, 120, 126, 127, 129, 130, 131, 132, 136, 140, 144-3, 147, 149-4, 150-2, 153, 155, 157, 158, 159-2, 159-3, 164, 165-4, 167, 169, 171	61
			市场管制	6-2, 6-8, 6-9, 15-2, 18, 27, 37-6, 38, 50-3, 51, 52, 58-3, 59, 63, 65, 71, 73, 83-33, 89, 91, 103, 109-2, 115-1, 118, 126, 127, 129, 130, 140, 147, 149-4, 159-2, 171	33
			金融服务	6-6, 27, 28-4, 37-6, 38, 50-3, 58-2, 63, 91, 103, 109-2, 118, 127, 131, 136, 147-3, 149-3, 150-3, 165-4	19
			税收优惠	6-8, 22-3, 27, 28-4, 37-6, 37-7, 38, 49, 50-4, 58-3, 63, 71, 91, 110, 115-3, 126, 127, 136, 147-3, 149-1, 149-4, 154	22
			目标规划	6-1, 6-9, 28-1, 32-2, 42-1, 50-2, 58-1, 63, 83-1, 92, 103, 109-1, 118, 150-1, 168-1	15
		需求面（42次）	平台搭建	6-2, 6-3, 15-2, 28-2, 32-3, 37-3, 38, 47-6, 50-3, 58-2, 83-3, 91, 103, 108, 109-2, 110, 127, 136, 149-1, 165-3	20
			政府采购	6-4, 6-10, 37-3, 132, 149-4	5
			服务外包	88, 157, 165-3	3
			贸易管制	27, 50-3, 91	3
			海外机构	6-5, 6-8, 15-2, 37-3, 83-3, 109-2, 110, 135-4, 136, 140, 150-3	11

对于优化资源配置议题，知识创新、研发创新和产品创新环节分别使用14次、26次和33次政策工具，如图7-1所示。尽管出台的政策中同时提及加强基础研究和原始创新、加强（应用）基础研究、打造知识产权强省、加快培育互联网龙头企业等议题，但根据其数量分布，且参考前两章的分析，创新资源绝大部分是被引导着向企业集聚，集中在产品创新环节。由图7-2可以看出，在创新链各环节使用的政策工具类型多样性也在依次增加，在产品创新环节最为多元，共使用了14种；而研发创新环节为11种；知识创新环节仅有7种。

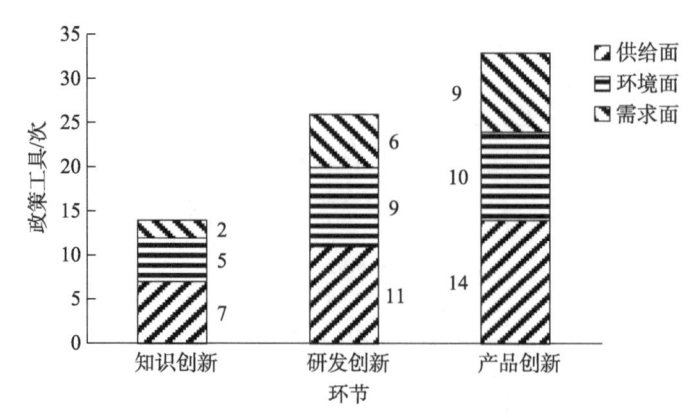

图 7-1 创新链各环节旨在优化资源配置的政策工具次数对比

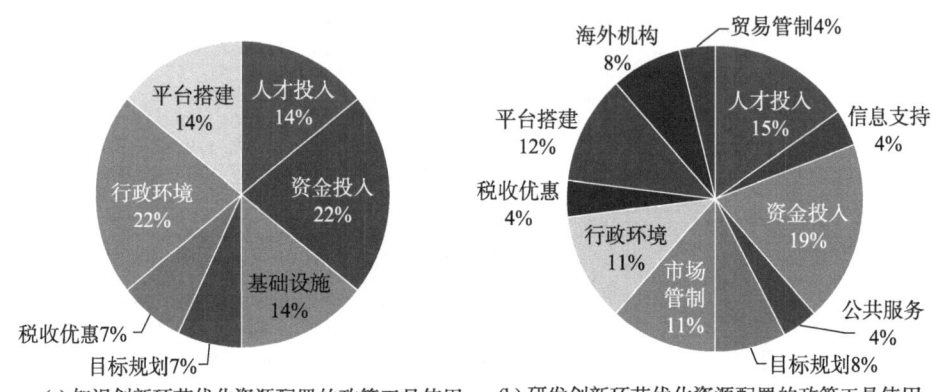

(a) 知识创新环节优化资源配置的政策工具使用

(b) 研发创新环节优化资源配置的政策工具使用

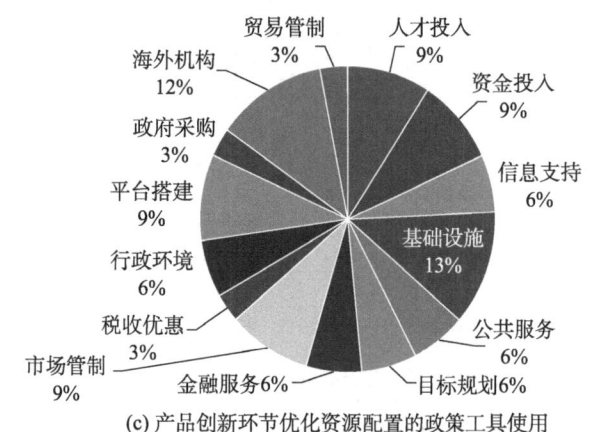

(c) 产品创新环节优化资源配置的政策工具使用

图 7-2 创新链各环节旨在优化资源配置的政策工具类型对比

为提高资源使用效益，知识创新、研发创新和产品创新环节各使用了 99 次、160 次和 279 次政策工具，如图 7-3 所示。知识创新环节供给面工具出现次数稍多于环境面，而研发创新和产品创新环节则环境面政策工具出现最多；三个环节的需求面政策工具都使用最少。且由图 7-4 可知，知识创新环节在此方面涉及的政

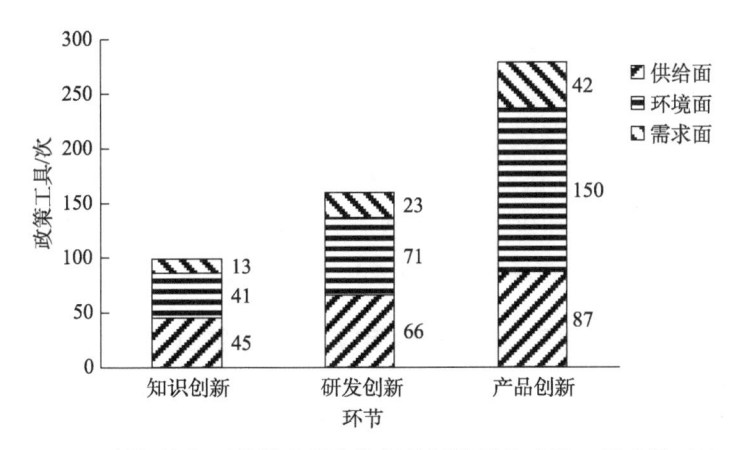

图 7-3　创新链各环节旨在提高资源使用效益的政策工具次数对比

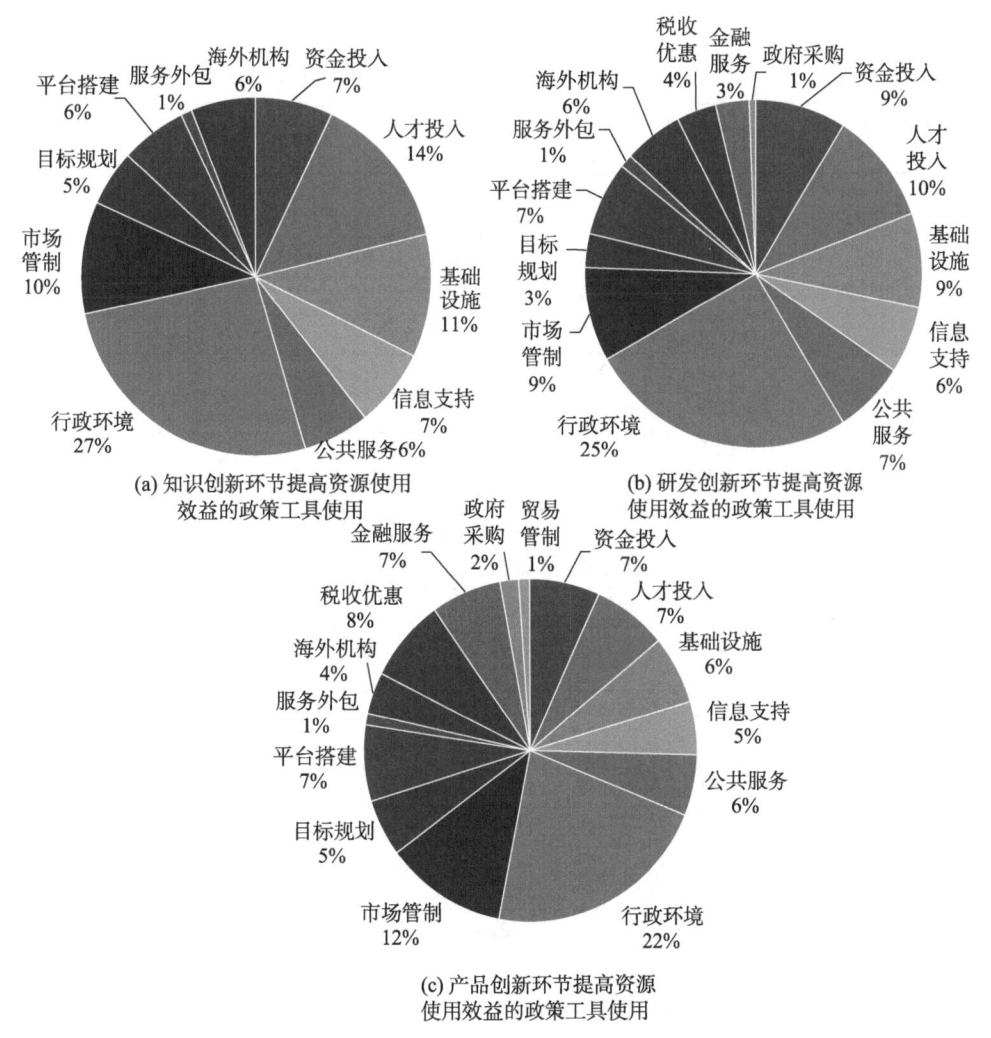

图 7-4　创新链各环节旨在提高资源使用效益的政策工具类型对比

策工具类型最少，仅为11种，其中行政环境政策工具使用最为频繁（约占27%），其次是人才投入（约占14%）、基础设施（约占11%）和市场管制（约占10%）。研发创新环节涉及14种政策工具，相比知识创新增加了税收优惠、金融服务和政府采购，但使用次数最多的前四种工具类型和知识创新环节一样。产品创新环节使用了15种政策工具，相比研发创新增加了贸易管制，且占比较多的工具类型为行政环境（约占22%）、市场管制（约占12%）、税收优惠（约占8%）。

7.1.3 江苏创新链成果管理与利用等相关政策现状分析

江苏关于创新成果管理与利用的相关政策议题主要体现在两方面：一是鼓励提高原始创新成果质量、鼓励高价值产出；二是促进成果的转移转化。江苏创新链成果管理与利用等相关政策汇总如表7-4所示。

表7-4 江苏创新链成果管理与利用等相关政策汇总

政策目标	政策议题	政策工具类型	政策工具名称	政策编码	小计/次
知识创新成果管理与利用（77次）	提高成果价值（25次）	供给面（18次）	人才投入	10-2，11-2，94，95，105，115-3，115-4，129，166-2	9
			资金投入	10-3，94，97-3，105，114-3，115-3，166-2	7
			基础设施	115-3，150-3	2
		环境面（5次）	行政环境	94，115-3，159-2	3
			市场管制	94，159-2	2
		需求面（2次）	海外机构	10-2	1
			平台搭建	115-3	1
	促进转移转化（52次）	供给面（24次）	信息支持	11-2，16-2，112-4，114-3	4
			资金投入	16-2，80-2，112-3，114-3，115-3，144-2，166-2	7
			基础设施	80-3，112-3，129	3
			公共服务	114-3	1
			人才投入	16-2，57，80-3，85-6，95，114-3，115-3，129，166-2	9
		环境面（17次）	目标规划	11-1，80-1	2
			市场管制	15-7，89，114-3，129	4
			税收优惠	129	1
			金融服务	129	1
			行政环境	15-7，16-2，46-3，57，80-7，95，112-6，114-3，129	9
		需求面（11次）	平台搭建	11-2，46，80-3，85-6，89，112-3，114-3，129，150-3	9
			海外机构	80-3，129	2

续表

政策目标	政策议题	政策工具类型	政策工具名称	政策编码	小计/次
研发创新成果管理与利用（190次）	提高成果价值（81次）	供给面（42次）	信息支持	10-2, 43-4, 121, 124, 165-2	5
			人才投入	10-2, 11-2, 37-2, 43-5, 94, 95, 105, 107, 115-3, 115-4, 121, 129, 166-2	13
			公共服务	107, 121, 124, 125, 137	5
			基础设施	115-3, 124, 125, 150-3, 165-2	5
			资金投入	10-3, 13, 15-7, 37-2, 43-1, 94, 97-3, 105, 114-3, 115-3, 124, 125, 144-2, 166-2	14
		环境面（32次）	目标规划	10-1, 16-2, 107, 121, 124, 165-2	6
			行政环境	10-2, 94, 97-3, 107, 115-3, 115-4, 121, 124, 137, 159-2	10
			税收优惠	37-2, 97-3, 124	3
			金融服务	121, 124, 125	3
			市场管制	10-2, 16-2, 94, 107, 115-3, 121, 124, 125, 137, 159-2	10
		需求面（7次）	平台搭建	16-2, 43-1, 107, 121, 165-2	5
			海外机构	107, 134-4	2
	促进转移转化（109次）	供给面（43次）	信息支持	11-2, 16-2, 43-4, 43-5, 80-2, 95, 112-4, 114-3	8
			资金投入	15-7, 16-2, 43-2, 69-4, 80-2, 104, 112-3, 114-3, 115-3, 122, 125, 126, 149-2, 166-2	14
			基础设施	80-3, 80-6, 95, 112-3, 125, 129	6
			公共服务	80-4, 104, 114-3, 150-4	4
			人才投入	16-2, 43-5, 57, 80-3, 85-6, 95, 104, 114-3, 115-3, 129, 166-2	11
		环境面（40次）	目标规划	11-1, 43-2, 80-1, 104, 125	5
			市场管制	11-2, 15-7, 43-2, 43-7, 80-6, 89, 104, 114-3, 122, 125, 129, 150-7	12
			税收优惠	104, 129, 150-7	3
			金融服务	69-4, 80-6, 95, 114-3, 125	5
			行政环境	15-7, 16-2, 46-3, 57, 80-4, 80-7, 96, 104, 112-6, 114-3, 122, 125, 129, 150-7, 159-2	15
		需求面（26次）	平台搭建	11-2, 16-2, 46, 69-4, 80-3, 85-6, 89, 95, 97-3, 104, 112-3, 114-3, 125, 129, 144-2, 150-3, 150-5	17
			贸易管制	43-1, 162-1	2
			消费端补贴	112-5	1
			海外机构	43-3, 80-3, 95, 104, 129, 134-4	6
产品创新成果管理与利用（350次）	提高成果价值（167次）	供给面（77次）	信息支持	9-6, 10-2, 21-2, 43-4, 47-2, 48-3, 55, 61-2, 64, 85-4, 99, 121, 124, 134-3, 165-2, 170	16
			人才投入	10-2, 21-3, 29, 37-2, 43-5, 64, 94, 95, 105, 107, 115-3, 115-4, 121, 129, 166-2	15

续表

政策目标	政策议题	政策工具类型	政策工具名称	政策编码	小计/次
产品创新成果管理与利用（350次）	提高成果价值（167次）	供给面（77次）	资金投入	10-3, 15-7, 21-2, 29, 37-2, 43-1, 61-2, 64, 94, 97-3, 99, 105, 112-5, 114-3, 115-3, 124, 134-3, 142, 144-2, 166-2	20
			基础设施	29, 61-3, 64, 80-3, 85-3, 115-3, 124, 125, 134-3, 150-3, 165-2, 170	12
			公共服务	10-2, 29, 43-4, 55, 61-5, 64, 99, 107, 121, 124, 125, 134-3, 137, 170	14
		环境面（68次）	市场管制	9, 10-2, 21-2, 29, 48-3, 55, 61-2, 64, 85-2, 94, 99, 107, 115-3, 121, 124, 125, 137, 142, 159-2, 170	20
			目标规划	10-1, 21-1, 29, 48-1, 64, 85-1, 95, 107, 121, 124, 125, 134-3, 142, 165-1	14
			金融服务	11-2, 21-3, 43-2, 48-2, 61-3, 99, 112-5, 121, 124, 125, 170	11
			税收优惠	97-3, 99, 124	3
		需求面（22次）	行政环境	9-5, 10-2, 29, 48-4, 55, 61-2, 64, 94, 97-3, 99, 106, 107, 115-3, 121, 124, 125, 134-3, 137, 142, 170	20
			平台搭建	10-2, 21-2, 43-1, 47-1, 61-2, 85-2, 107, 115-3, 121, 125, 134-3, 165-2, 170	13
			消费端补贴	170	1
			海外机构	61-3, 64, 85-2, 107, 170	5
			政府采购	99	1
			贸易管制	29, 43-1	2
	促进转移转化（183次）	供给面（63次）	基础设施	7, 25-4, 26, 47-3, 47-7, 80-6, 95, 112-4, 113, 141, 148-5	11
			公共服务	11-2, 25-1, 25-8, 43-4, 62, 80-4, 114-3, 125, 141, 143, 148-4, 150-4	12
			人才投入	11-2, 16-2, 43-5, 80-3, 85-6, 96, 114-3, 115-3, 115-4, 166-2	10
			资金投入	11-2, 15-7, 16-2, 43-2, 69-4, 80-2, 112-5, 113, 114-3, 115-3, 115-4, 125, 126, 141, 149-2, 165-3, 166-2	17
			信息支持	11-2, 16-2, 25-3, 26, 43-4, 62, 80-2, 95, 112-4, 113, 114-3, 143, 148-3	13
		环境面（73次）	市场管制	7-4, 11-2, 15-7, 25-2, 26, 43-2, 43-7, 47-8, 62, 80-6, 87, 89, 112-5, 113, 114-3, 115-4, 125, 129, 134-4, 141, 143, 148-9, 150-7	23
			金融服务	7-6, 11-2, 25-4, 25-8, 47-11, 62, 69-4, 80-6, 85-6, 87, 95, 112-5, 114-3, 115-4, 125	15

续表

政策目标	政策议题	政策工具类型	政策工具名称	政策编码	小计/次
产品创新成果管理与利用（350次）	促进转移转化（183次）	环境面（73次）	行政环境	7-5、11-3、15-7、16-2、25-2、25-5、26、46-3、47-9、62、69-4、80-4、85-6、96、112-6、113、114-3、115-4、125、129、141、143、148-2、150-7	24
			目标规划	11-1、25、43-2、62-1、80-1、87-3、95、99、125、141、148-1	11
		需求面（47次）	贸易管制	7-3、25、47-4、143、162-1	5
			平台搭建	11-2、15-7、16-2、25-1、26、46、62、69-4、80-1、80-3、89、95、97-3、112-4、113、114-3、125、144-2、148-11、150-3、150-5	21
			政府采购	11-2、15-7、43-4、62、126、134-4	6
			消费端补贴	11-2、37-2、43-4、112-5	4
			服务外包	15-7、25-5、143	3
			海外机构	7-3、25-1、25-8、43-3、80-3、95、113、134-4	8

首先，在提高成果价值议题下，知识创新、研发创新和产品创新环节相关的政策工具使用次数分别为 25 次、81 次和 167 次，三个环节都是供给面政策工具出现最频繁，环境面次之，而需求面政策工具使用最少，具体信息如图 7-5 所示。且具体到使用的政策工具名称而言，如图 7-6 所示，知识创新环节涉及 7 种，且主要为人才投入（约占 36%）、资金投入（约占 28%）和行政环境（约占 12%）；研发创新环节出现了 12 种，资金投入（约占 17%）、人才投入（约占 16%）、行政环境（约占 12%）和市场管制（约占 12%）政策工具的使用最为频繁；产品创新环节政策工具最为多元，共涉及 15 种，且资金投入、市场管制和行政环境都占据约 12%，此外人才投入（约占 9%）、信息支持（约占 9%）等也是较为常用的。

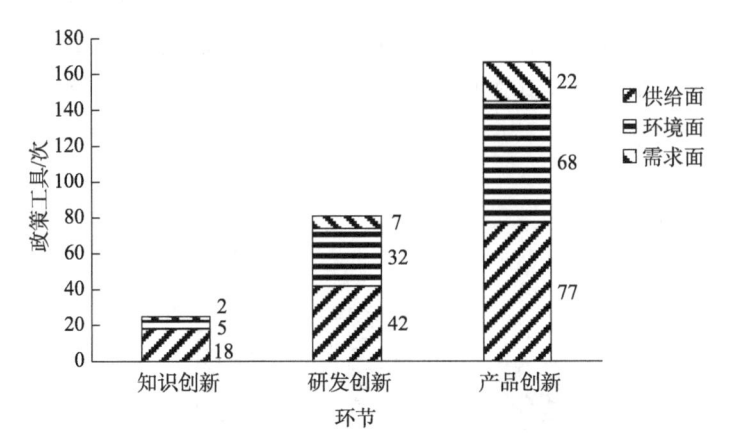

图 7-5 创新链各环节旨在提高成果价值的政策工具次数对比

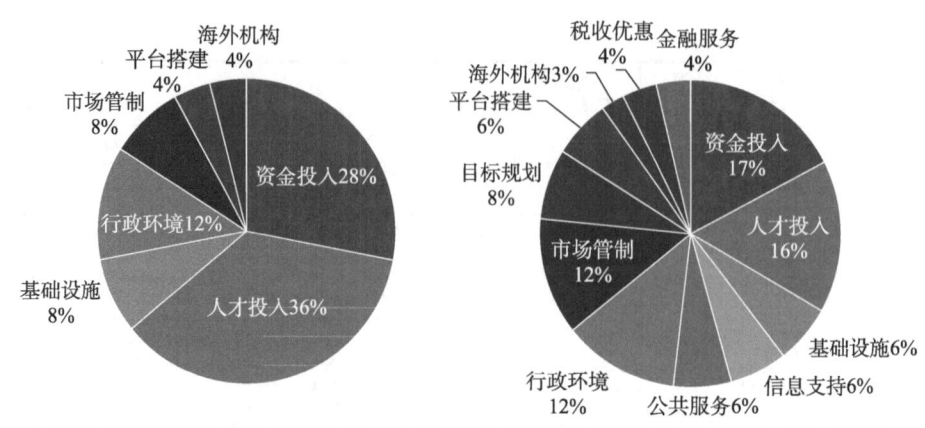

(a) 知识创新环节提高成果价值的政策工具使用

(b) 研发创新环节提高成果价值的政策工具使用

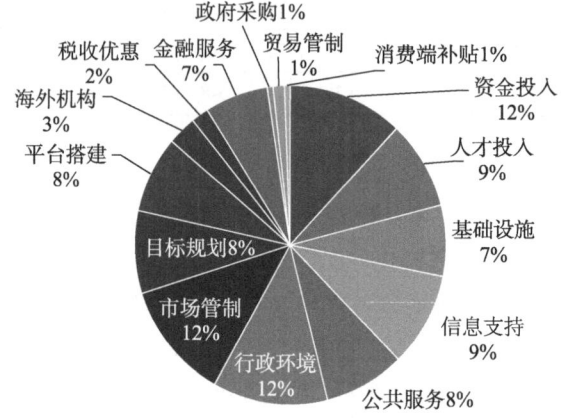

(c) 产品创新环节提高成果价值的政策工具使用

图 7-6 创新链各环节旨在提高成果价值的政策工具类型对比

其次，在促进创新成果转移转化方面，见图 7-7，知识创新、研发创新和产品创新环节的政策工具使用次数各为 52 次、109 次和 183 次，且需求面政策工具依旧使用得最少，前两个环节的供给面政策工具使用较之环境面稍频繁，产品创新

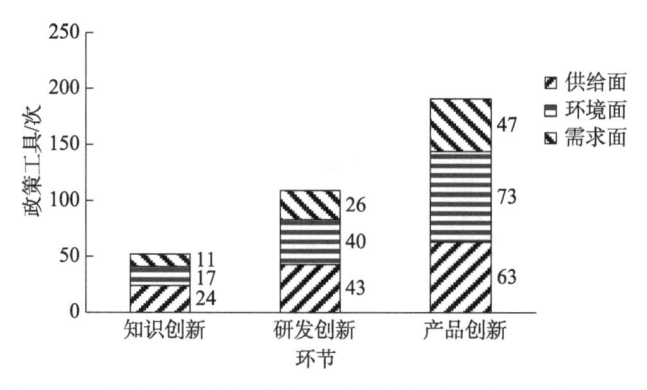

图 7-7 创新链各环节旨在促进转移转化的政策工具数量对比

环节则是环境面相对更多。在政策工具类型多元性方面，如图 7-8 所示，知识创新环节使用了人才投入（约占 17%）、行政环境（约占 17%）和平台搭建（约占 17%）等 12 种政策工具；研发创新环节主要使用了平台搭建（约占 16%）、行政环境（约占 14%）和资金投入（约占 13%）等 14 种政策工具；而产品创新环节涉及行政环境（约占 13%）、市场管制（约占 13%）和平台搭建（约占 12%）等 15 种政策工具，措施最为丰富。

(a) 知识创新环节促进成果转移转化的政策工具使用

(b) 研发创新环节促进成果转移转化的政策工具使用

(c) 产品创新环节促进成果转移转化的政策工具使用

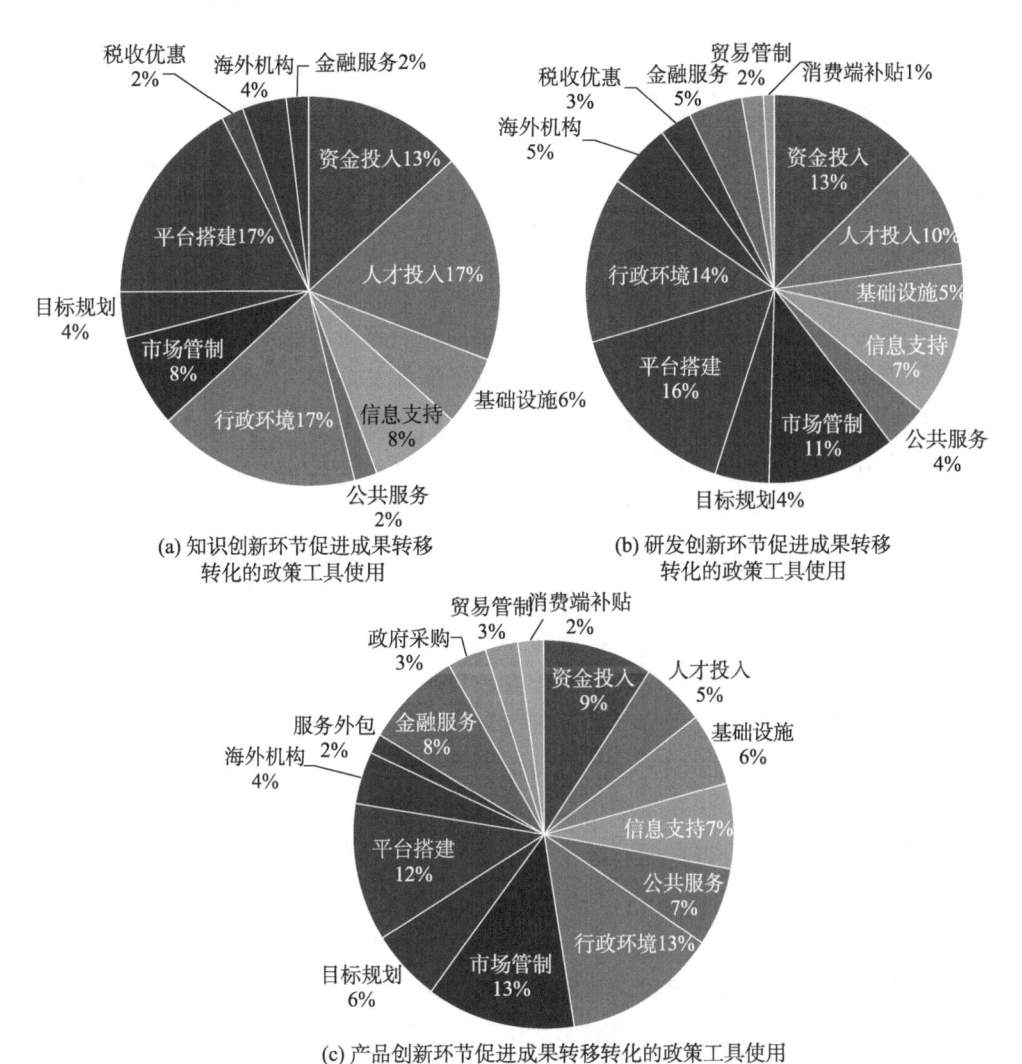

图 7-8 创新链各环节旨在促进转移转化的政策工具类型对比

7.1.4 江苏创新链质量形成相关政策综合分析

在前文对近年来江苏创新链资源吸聚与投入、资源配置与利用以及成果管理与利用等方面相关政策进行调研分析的基础上，本节主要从政策目标、政策主体、政策作用对象、政策工具组合、政策作用强度、政策内容、政策执行效果等角度，进一步综合分析目前江苏创新链质量形成相关政策的突出特点以及需要进一步完善的地方。

从政策调研总体情况看，江苏创新链相关政策的突出特点主要体现在以下几个方面：一是江苏创新链主要相关政策的目标设置结合了江苏创新发展的现实需求。2014年12月，习近平总书记在江苏考察时指出，努力建设经济强、百姓富、环境美、社会文明程度高的新江苏[①]，以及2016年全国科技创新大会召开以来，江苏省各部门在省委、省政府的坚强领导下，坚持创新发展理念，贯彻落实各项会议精神，树立"企业是主体，产业是方向，人才是支撑，环境是保障"的工作路径，创新政策目标紧密围绕着江苏的发展需求。二是越来越多的政府部门参与到创新政策的制定与发布中来，并且联合发文的情况也较多，表明江苏对创新政策的重视程度有所加强，部门间协同水平也在提升。三是围绕着江苏创新链建设的相关政策议题，综合运用了供给面、环境面和需求面等各种类型的政策工具，注重从资源的供给、有效利用和激励产出等各方面发挥作用。四是政策文本之间关联性较强，对政策的执行和落实起到了一定的支撑作用，而且江苏创新链相关政策的内容也在不断丰富完善，鼓励创新的政策环境逐渐形成。

虽然江苏积极实施创新驱动发展战略，努力破除制约创新发展的制度障碍，但在创新链质量形成相关政策方面还存在以下主要问题：第一，江苏创新链质量形成相关政策在政策目标维度分布不均。从创新链环节看，面向知识创新、研发创新、产品创新的政策数量分别占据约15%、30%和55%，针对知识创新环节的政策数量明显较少；从江苏创新链质量看，在国外资源吸聚、优化资源配置和提高成果价值这三项政策议题方面的政策数量都较少。第二，不同政策制定主体之间协同难度较大。政出多门、职能交叉加大了政策实施的难度，使得政策执行面临的环境更复杂、动态，且不少创新政策的制定涉及的政府部门较多，但职责划分不够清晰，难以保证各部门对政策进行深入地贯彻落实。第三，从政策作用对象看，现有政策分布较不均匀，创新活力有待进一步激发。目前以重点高校、重点实验室、博士工作站、高新技术开发区等为对象的政策数量很多，而对"草根"创新创业的政策指导则相对较少，双创主体的积极性有待进一步调动。第四，部分政策文本内容的设计较多关注短期效益，而忽视了一些探索性强、难度较大的创新活动可能需要较长时间才能产生效益，缺乏长期规划设计。例如，《江苏省技术转移奖补资金实施细则（试行）》（苏财教〔2018〕152号）第十一条中明确规定："省技术转移奖补资金对各市、县（市）按因素法予以补助。分配因素主要有：

[①]《让"强富美高"成为江苏的鲜明标识 贯彻新发展理念 推动高质量发展》，《人民日报》2021年5月15日第5版报道。

地方技术转移奖补资金总额、地方技术合同成交额占全省比重的增长率、地方技术交易额占全省比重的增长率、地方技术转移体系建设及参与全省技术产权交易情况。"这四类因素大多与资金挂钩,注重短期经济效益,缺乏评估被转移技术对本地经济社会的长期影响方面的政策内容。第五,政策工具结构组合不够优化。从一级政策工具类型看,涉及供给面和环境面的政策数量较多,而涉及需求面的政策则相对较少,不利于充分发挥需求面政策对创新的带动作用;从二级政策工具类型看,人才投入、资金投入、行政环境、市场管制、平台搭建等"硬"政策使用得最为频繁,而信息支持、公共服务、金融服务、政府采购、服务外包、消费端补贴等"软"政策的使用频率却较低,不利于有效发挥政策组合的协同作用。第六,大多数政策执行力度有限,政策执行效果有待完善。目前江苏适用的创新政策大多都是带有引导性或自愿性质,根据对政策样本的分析,绝大部分都是以通知(15%)和意见(42%)等形式出现,也有部分是以办法(15%)或方案(14%)等出现,而条例、决定和细则的比重则相对较小,大部分政策作用强度较小,难以保障很好的实施效果。不少创新政策发布之后,对相关政策的实施情况没有进行及时的跟踪调研、反馈与评估,政策执行效果有待进一步完善。例如,2012年出台的《省政府关于印发江苏省创新型领军企业(智慧百企)培育工作推进方案的通知》(苏政发〔2012〕75号),提出到2020年10—15家江苏企业进入世界500强或世界行业前三位的目标,但是至2019年,江苏仅有恒力集团、江苏沙钢集团、苏宁易购集团这三家企业入围《财富》世界500强。当然政策的执行效果不佳可能与多种原因有关,有必要根据政策实施的阶段情况,动态调整并完善相关政策内容,形成政策实施的纠偏机制,不断提高政策实施效果。

7.2 政策建议

针对江苏创新链质量存在的主要问题,结合当前江苏创新链相关政策调研与分析,以实现江苏创新链质量跃迁为目标,从政策目标、政策制定主体、政策作用对象、政策内容设计、政策工具组合、政策执行效果等方面提出相关政策建议。

7.2.1 强化各环节政策目标协同及顶层设计导向

江苏创新链质量跃迁需要创新链各个环节深度融合与良性互动,相关政策制定要注重不同环节政策目标之间的协同性。当前,江苏创新链质量跃迁体现为知识创新由跟踪模仿向原始创新升级、研发创新从技术引进向自主可控转变、产品创新由模仿改进转化为率先突破等目标的实现。区域创新链上各环节紧密相连,环环相扣,知识创新环节为研发创新环节中的关键核心技术重大突破提供新思想、新理论与新方法,研发创新环节则体现知识创新环节的应用,并促进知识创新环节进一步发展；而产品创新环节要率先突破，推出创新产品，不断提升新产品质量，则应以原始创新能力强、拥有关键核心技术作为重要支撑。江苏创新链质量跃迁需要创新链各个环节深度融合与良性互动，因此，相关政策目标的制定要注重不同环节之间的关联性。

以江苏创新链质量跃迁为主线，注重完善政策目标的顶层设计，加强不同环节政策目标之间协同，使知识创新环节的先进性，研发创新和产品创新环节的实用性、营利性等不同目标间形成合力，以修补创新链的断裂点。近年来，有关江苏创新链建设的主要政策中，政策目标的设置以单一环节为主，较少考虑江苏创新链各环节之间的关联性，难以保证其跃迁目标的实现。在相关政策议题维度下，从江苏创新链不同环节和不同阶段看，主要相关政策均呈现出数量分布不均，在某些环节或者某个阶段上政策扎堆，而在另一些环节或阶段的相关政策则出现缺失，这也间接体现政策目标设置缺乏系统性。在此情况下，需要以江苏创新链质量跃迁为主线，系统规划江苏创新链不同环节政策的目标设置，注重不同环节政策之间目标的系统性与协同性，完善政策目标的顶层设计。如当前科学、技术、工程不断渗透与融合，科学研究的模式在不断重构，制定江苏创新链的知识创新环节相关政策时，不仅要加强重大科学目标导向，制定长期目标规划，对人才培养、资金项目等进行持续支持，鼓励科研人员自由选题，坐得住"冷板凳"，突出原始创新，而且需要以应用目标为导向，针对江苏在产业发展和生产实践中的共性基础问题，为江苏在研发创新和产品创新环节的重点突破提供支撑。

7.2.2 协调联动各政策制定部门以形成政策合力

通过优化机构设置、明确权责划分、创新管理职能等加强各层级政策制定部门的协调联动，从简政放权、市场化改革等方面营造江苏创新链质量跃迁的政商环境，形成江苏创新链质量跃迁的政策合力。江苏创新链相关政策的制定通常涉及多个部门，存在多头管理、政策较为分散等问题，而相关政府部门间权责界定不清晰，进一步增大了政策实施的难度。例如，在《省政府关于扩大对外开放积极利用外资若干政策的意见》（苏政发〔2017〕33号）中，面向全球创新资源的吸聚与投入议题，不仅涉及省发展和改革委员会、省商务厅、省科学技术厅、省教育厅等多个省级部门，还涉及各设区市人民政府，同时还包括中国人民银行南京分行等机构，同一细分议题往往由不同的部门组合负责，且同一部门往往需负责好几项不同的细分议题，对各部门间的工作联动机制要求较高。在新型全球化时代，跨部门合作经常发生，有必要厘清各政府部门在创新政策中的权责划分，进一步完善机构设置，协调部门间的工作联动，创新管理职能，完善管理体制，简化办事流程，统筹规划各种政策的制定，加快简政放权与市场化改革。如从江苏创新发展需求出发，强化政策管理与分类引导，在创新资金投入与使用、项目评审与运作、政府购买服务等方面政策的制定和执行过程中，可以适当引入第三方服务机构以及社会大众的参与，协同推进各项政策落实。在各级部门相关政策制定基础上，适时出台相应的办事指南与行为规范，加强公共科技资源服务平台的建设，提高政策窗口利用率和政策查询便利度，为江苏创新链质量跃迁提供良好的政商环境。

7.2.3 精准定位政策作用对象以激发创新主体活力

强化面向中小企业、"草根"创业者的政策支持，提高政策作用对象的精准性，有效激发江苏创新链创新主体活力。从江苏创新链相关政策的作用对象看，大部分创新政策主要关注重点高校、重点实验室、知名企业等相关创新主体，而针对中小企业以及广大"草根"创业者的创新政策较少，广大人民的创新潜能与活力需要进一步充分调动。不同的创新主体具有不同的特点和创新优势，都是江苏创新链建设中不可或缺的部分，政策的制定需考虑江苏创新链各类创新主体的差异，以充分发挥不同类型创新主体的活力，从而构建与江苏发展相适应的区域创新链生态系统。随着大众创业、万众创新政策的积极推行与不断完善，江苏可在此基础上进一步围绕区域创新链质量提升，针对各类创新主体特征，制定有针对性的政策激发创新主体的潜能与活力，面向不同创新主体提供更精准、更专业的解决方案。例如，当前江苏中小企业已成为经济发展的主力军和科技创新的主动力，截至2019年底，江苏省中小企业突破300万家，占全省企业总数的99.9%，其研发投入占全省研发投入总数的50%以上，2018年江苏省通过评价的科技型中小企业就有15 518家，但中小企业创新资源往往很有限，自身管理制度尚不完善，技术壁垒弱，抗风险能力较差，创新能力亟待提高。政府可通过财政扶持、风险投资和租税优惠等方式，在资金上有针对性地扶持中小企业，为企业的研发与运营提供较好的支撑，还可以通过建立由国有及民营大型企业、中小企业参与的创新协作体系，鼓励创新能力强的企业开放科技资源，加大科技外包力度，并联合专业服务机构提供一站式、全方位、低成本的服务，带动中小企业为大型企业开展配套研究，提高中小企业创新能力。

7.2.4 针对创新链跃迁关键突破点动态调整政策导向

面向江苏创新链质量跃迁中原始创新自主、关键技术可控、产品创新领先等关键突破点，抓住"一带一路"倡议带来的全球创新资源优化配置机遇，将提升各环节创新资源内涵和配置质量作为政策内容设计要点。江苏创新链质量跃迁的关键在于"一带一路"引领的新型全球化下，利用好国际、国内两个市场的创新资源，而不能闭门造车，同样政策文本内容应契合实际发展需要，进行动态更新与修订，充分打开创新格局。如在江苏创新链的创新资源投入质量方面，为充分吸聚和投入全球创新资源，可采取灵活调整的政策措施，再如为大力促进战略性新兴制造业的关键技术突破，可根据实际需求适当缩小外商投资负面清单、加大技术引进力度、促进核心技术突破。针对目前江苏的基础研究经费绝大部分都是来自政府财政，结构稍显单一的情况，可通过政策鼓励形成基础研究多元化投入机制，增加基础研究的资金来源。在创新资源配置质量方面，需要重点加强在全球范围内对优质创新资源的配置能力，可重点参考美国的总统科学技术顾问委员会、日本的官产学联盟、欧盟的联合执行体等创新资源投入创新管理的经验，整合政府、企业、高校和研发机构等多方资源，建立各领域相应的政府与社会资本合作的相关政策性推广机构，发挥示范工程的带动作用，严格把控项目参与者的准入门槛，严格执行项目信息披露规定，协调各方风险分担与利益分配机制，并完善项目退出机制，从而有效发挥政府创新政策的战略性引导作用，降低投融资、研发、转化推广等方面的成本与风险，激活市场创新主体的活力。在江苏创新链产出质量方面，应主动探索全球市场，坚持高水平的"引进来"与"走出去"并重，着力培育重大原始创新成果，加快科技成果转化，增强创新产品的全球竞争力，如加快引进或培育涉外知识产权中介服务机构，为创新主体对外投资提供有力的知识产权保护。

7.2.5 发挥政策工具的组合效应

实现江苏创新链质量跃迁的本质，是提高知识创新、研发创新及产品创新三个环节的创新资源投入质量、创新资源配置质量和产出质量。对江苏创新链相关政策调研发现，供给面政策工具的直接推动、环境面政策工具的间接影响发挥了较大作用，而具有投入低、实施效果好等优势的需求面政策工具的运用仍有待进一步完善。为了充分发挥政府创新政策的引导和支持作用，常采用操作相对简便的补贴、优惠等政策工具，以激发创新主体的创新积极性，而需求引导式、公共服务体系建设等方面的政策工具效果相对薄弱。为有效提高江苏创新链质量，需要灵活运用各种政策工具组合，发挥各种政策工具的组合效应，尤其是需求面政策工具的运用。

从江苏创新链创新资源投入质量、创新资源配置质量和产出质量看，建议以优化其创新资源配置质量为重点，发挥财政补贴、税收优惠、平台搭建、海外机构、服务外包等政策工具的组合效应。当前江苏创新链创新资源配置质量亟须优化，建议在财政补贴、税收优惠的基础上，进一步优化组合多种政策工具，如增加平台搭建、海外机构、服务外包等需求面政策工具，面向需求优化配置全球高端创新资源，例如，以发展现代海洋经济为特色的南通、盐城、连云港等沿海三市，可加强与韩国、法国等海洋强国的交流与合作，探索关键共性技术联合攻关机制，提高创新资源利用效率；在优化江苏创新链创新资源投入质量方面，在现有政策工具的基础上，可组合使用平台搭建、海外机构、服务外包等需求面政策工具，全方位扩充与完善吸聚国外创新资源和投入国内创新资源的渠道，例如，将人才引进工作部分外包给其他国家或地区的人力资源中介机构，利用它们在当地的资源优势更好地吸引江苏需要的人才；在优化江苏创新链产出质量方面，除平台搭建、海外机构、服务外包以外，还可增加政府采购、贸易管制、消费端补贴等需求面政策工具，通过不同政策工具的组合，促进创新成果加快转化为经济效益，例如，对符合购买标准的消费者给予一定的财政补贴，或者通过发放创新券等方式鼓励有需要的企业向科研服务机构购买科研服务，以激励科技服务机构与企业加强研发合作。

7.2.6 建立基于创新链政策强度动态优化的后评估机制

根据江苏创新链政策重要性合理设计政策强度，建立政策后评估和动态优化机制。提高政策强度，是政策得以贯彻落实的保障。为提高政策的执行效果，在监管理念上，应更多地确立规则，而非直接规定行为，创新活动的不确定性较高，监管不宜放在过细的维度上；在执行机制上，创新活动的动态性要求政策在执行过程中有灵活调整的空间，相关部门需实行有机地配合；在实施手段上，要多换位思考，选择政策作用对象更容易理解和接受的方式，减小政策执行的阻力。例如，美国、德国、日本等科技强国都十分注重制订长期的基础研究发展规划，并辅之以更具强制执行力的法律法规以保证基础研究政策的实施效果，如美国的《拜杜法案》等，通过合理的制度安排，为政府、科研机构、产业界三方合作，共同致力于政府资助研发成果的商业运用提供了有效的制度激励。针对江苏创新链知识创新环节创新资源配置质量有待优化的问题，江苏可借鉴上述类似经验，在加紧深入贯彻落实《省政府办公厅关于深化产教融合的实施意见》《省教育厅关于加快培养一流人才建设一流本科教育的实施意见》等相关政策文件的基础上，适度提高政策强度，优化知识创新环节创新资源配置与利用，有效促进江苏知识创新环节质量的提升。然而相关政策实施的效果，不仅受到政策强度的影响，还会受到政策重要性、政策内容明确性、资源有限性等多种因素干扰，因此应根据江苏创新链相关政策的颁布情况与政策实施重点，合理设计政策强度，并对相关政策的实施进行跟踪调研、反馈与评估，动态调整并完善相关政策内容，形成政策纠偏与动态优化机制，不断改善政策大环境。

7.3 对策措施

江苏创新链质量跃迁主要表现为知识创新由跟踪模仿向原始创新升级、研发创新从技术引进向自主可控转变、产品创新由模仿改进转化为率先突破，以下主要根据江苏创新链质量跃迁本质,从江苏创新链知识创新环节、研发创新环节和产品创新环节的创新资源投入质量、创新资源配置质量和产出质量出发,结合以上政策建议和江苏创新链质量跃迁路径设计仿真结果,进一步提出有针对性的对策措施。

7.3.1 制订基础与应用性并重的知识创新发展规划

根据江苏创新链质量跃迁目标和知识创新环节的发展现状,制定面向重大科学研究与应用目标导向的知识创新统筹发展规划,在科研和产业之间,形成一个完整的知识"流动和增值"链。知识创新是江苏创新链上相对薄弱的一环,知识创新落后,研发创新、产品创新就会成为无源之水、无本之木。江苏作为科教大省,在推进创新型省份建设的过程中,应充分发挥自身科教资源的优势,坚持系统性思维,把握知识创新与研发创新、产品创新相互关联的系统特征,要强化知识创新的目标导向,支持自由探索,在注重原始创新的基础上,鼓励提出新思想、新理论与新方法,进一步强化战略性、前瞻性的基础研究。同时注重解决江苏经济发展中的突出问题,以产品创新、研发创新带动知识创新,推动南京大学、东南大学等知名大学结合国家急需、重大的行业或区域的发展重点,积极发展面向重大科学的基础研究,形成优势突出、特色鲜明的高峰学科。面向应用目标导向,调动各高校、研发机构与龙头企业参与相关基础研究的积极性,重点解决江苏产业发展与生产实践中的共性基础问题,为江苏开展重大技术创新提供支撑。

7.3.2 构建知识创新经费投入多元化吸聚机制

基于江苏创新链知识创新环节创新资源投入质量的现状,需进一步加大对基础研究的支持力度,不断提高基础研究的投入比重,形成对基础研究长期稳定的资金支持。从全球范围看,世界科技强国如美国、英国、德国、法国、日本等均强调基础研究的重要战略地位,自 1990 年以来对基础研究的投入强度基本都在 10%以上,保持持续高强度投入,并通过制定有助于基础研究的法律、制度或政策等,以保障基础研究获得长期、稳定的支持,而江苏的基础研究投入强度远低于这一数字。近年来,我国相关部门陆续发布了《国务院关于全面加强基础科学研究的若干意见》《中国教育现代化 2035》《加强"从 0 到 1"基础研究工作方案》《新形势下加强基础研究若干重点举措》等一系列政策,鼓励强化基础研究,积极开展前瞻性基础研究,实现引领性原创成果重大突破。从 2008—2018 年平均状况看,江苏对基础研究的投入占 R&D 支出的比重约 3%,与北京、广东、上海等有一定差距,相对于广东而言江苏具有较丰富的科教资源,更应强化基础研究的投入。

保障知识创新研发经费的持续加大投入，形成由政府财政支持、企业研发投入和社会资金注入等构成的多元化吸聚机制。知识创新虽然不直接提供新的产品、工艺等，但其产生的新知识、新原理以及新方法等，对应用技术的开发、新产品和工艺的产生有重要的推动作用，是提升原始创新能力的根本途径。基础研究具有公共产品特性，政府部门通常是基础研究经费投入的重要力量。江苏要充分发挥政府财政对基础研究的支持作用，不断健全对高校、科研院所以及相关基础学科、基础研究基地等的长期稳定支持机制。除了政府直接财政投入以外，还可以通过政府政策的引导和信号作用，运用财税、金融等方面的政策措施，鼓励江苏高校与企业合作，激发企业投入基础研究的积极性，尤其是投资与企业自身创新领域相关的前沿基础研究领域，以改变企业在基础研究中长期不作为的状况，同时支持江苏企业与研发机构加强基础研究。另外，还可以鼓励社会资金通过科研创新基金、捐赠等形式支持基础研究，以形成多元化知识创新资源吸聚机制。

7.3.3 培育原始创新支撑体系以激发创新人才活力

知识创新从跟踪模仿向原始创新升级，关键在于人才，需要加强对知识创新人才的培养力度，吸引全球优秀的人才，培育原始创新支撑体系，充分激发知识创新人员的创新活力。江苏省高校数量多，各具特色，应结合区域发展的特点，优化学科建设与发展，打造高峰学科，在推进世界一流大学和一流学科建设的过程中，积极开展基础研究，并培养从事基础研究的创新人才。依托江苏高校在人才培养上的优势，将丰富的高等教育资源与基础研究结合起来，通过对学生尤其是硕士、博士研究生的科研素质与创新能力的训练与激励，激发他们对基础研究的兴趣。同时江苏应采用积极主动的策略，为引进的在全球基础研究领域表现突出的人才提供完善的政策保障和配套服务，争取吸引世界各国家的学生来江苏高校留学深造，从而改变全球外国留学生流动的方向，为未来江苏基础研究储备人才。还可通过建立全球创新研发中心或者合作平台，发挥本省国家重点实验室的辐射带动作用，吸引海外相关领域的高层次人才来江苏进行学术分享与交流，有针对性地提升江苏基础研究团队的专业素质，为基础研究提供支持。

为释放知识创新人员的创新创造活力，首先要扩大支持知识创新人员的资金扶持力度，激励更多的青年研究人员开展基础研究工作，不断促进高质量、原创性成果涌现。给予他们在立项选题、经费使用和资源配置等方面的自主权，完善以增加知识价值为导向的薪酬奖励制度，探索实行年薪制和学术休假制度。重点支持知识创新领域的优秀青年人才，如通过实施青年科学家长期项目，重点支持淡泊名利、有志于献身科学、专心研究的优秀青年人才，尤其是在数学、物理、生命科学等基础前沿领域，和材料、信息、能源、生物、医药、制造与工程等应用领域进行基础研究的人员。系统改革针对知识创新人员的评价制度，给予青年人在沉寂期更多的激励与保护，如建立江苏青年人才公共服务平台，协助其解决住房交通、培训进修、精神文化生活等方面的困境，尽可能地为青年研究人员解除后顾之忧。

7.3.4 建立利于知识创新成果分类和管理的评价机制

积极推行以科学水平与学术贡献为重点的标志性成果评价制度，完善知识创新产出成果管理，建立有利于原创性成果产出的分类评价机制。知识创新一般需要长期积累，难以快速地出成果，而在当前科研成果大多与研究人员待遇挂钩的情况下，从事基础研究的人员易出现创新动力不足，部分有潜质的科研人员可能选择对基础研究敬而远之。江苏近年来科技论文数量不断增加，但高质量、原创性强的论文较少。需要进一步改革基础研究成果评价和奖励制度，不断激发科研人员开展基础研究，勇于进行高水平、探索性强的原创研究的动力。政府应鼓励江苏高校、科研院所根据发展规划自主布局基础研究，鼓励基础研究人员围绕学校学科布局与自身研究特长开展长期研究，不盲目追热点，把冷板凳坐热。鼓励和支持基础研究人员敢于啃硬骨头，敢于挑战最前沿的科学问题，努力开辟新领域、发现新现象，形成具有独创性和社会影响力的新理论或新方法。在《加强"从0到1"基础研究工作方案》的指引下，积极推行代表作评价制度，对基础研究人员与创新团队，注重评价代表作的科学水平和学术贡献，避免唯论文、唯职称、唯学历、唯奖项倾向。可根据基础研究特点降低评价次数，建立适当周期的分类评价机制，重视基础研究质量提升，淡化数量评价，保障基础研究人员心无旁骛、集中精力地开展高质量研究。对于数学、物理等纯理论基础研究项目，可进一步根据实际情况灵活调整间接经费比例。针对一些创新性强、风险较高的基础研究项目，要建立不同于传统评审的评价管理模式和评审机制。对知识创新人才的评价需要设置较长的周期和较大的宽容度，要注重考察基础研究的后续效应，对于那些原创性较强，具有深远影响力的基础研究要给予其研究人员相应的奖励。

7.3.5 依托高层次国际研发创新交流活动形成研发创新资源全球整合机制

积极发展江苏与世界各国家间的技术交流与合作，以高层次国际研发创新交流活动为抓手，形成研发创新资源全球整合机制。研发创新是江苏创新链中承上启下的关键一环，目前江苏研发创新整体水平有了明显提高，但总体质量、国际化水平不高，关键核心技术受制于人的局面依然严峻。从全球范围看，不同国家间的研发创新竞争正在加剧，全球创新链发生深刻变化，急需在关键核心技术领域掌握主动权。江苏作为制造业大省，在鼓励支持基础研究向原始创新升级的同时，需更加注重应用研究，在当前国家战略需求和创新强省建设的现实下，发挥政府在创新资源投入和引导研发创新发展方向上的作用，进一步加大应用研究投入，深化对外开放机制，扩大科技开放合作，整合全球创新资源，聚集不同领域的研究力量进行攻关，破解制约江苏省产业发展的"卡脖子"技术领域难题。通过系统评估全球贸易规则调整与重点国家对外局势变化等对江苏重点产业技术领域产生的潜在影响，有针对性地加强国际研发创新合作与交流，创新区域研发合作机制。从战略层面提前布局应对措施，积极主动地整合和运用全球创新资源，有重点、有选择地参与国际研发计划和大科学工程，在更高的起点上推进自主创新。相关部门可充分利用江苏自身的产业优势，制订专项国际研发合作计划，搭建集聚国外资金、技术、人才与成果等的支撑服务平台，结合产业发展方向招商，重点引进与江苏产业关键核心技术突破相关的技术，并和企业进行集成孵化，促进全球技术转移与国内技术融合，共享有关领域的科研数据和信息，推动建立广泛的创新共同体。

7.3.6　依托国家科技重大工程打造新型高效研发机构与创新平台

借助国家科技重大专项和重大工程，构建江苏创新链的上下游创新主体间的水平、垂直交叉的网络化、矩阵式技术创新联盟。在当前复杂的国际国内形势下，江苏需要统筹规划和综合利用研发创新资源，积极开展国家科技重大专项和重大工程，集中力量攻关关键核心技术。现代关键核心技术的研发创新普遍涉及不同学科与领域，仅靠某个部门或某个企业难以完成，需要聚集不同领域的技术力量进行攻关。在国家战略指引下，根据江苏创新发展需求，选准关系自身发展战略全局的关键技术必争领域和长远发展的优先方向，明确当前研发创新的主攻方向与突破口，通过实施一批国家科技重大专项和重大工程，攻克关键核心技术，加快形成若干战略性技术，培育新兴产业。针对江苏创新链各环节体制分割严重，创新资源在各环节配置不合理，以及产业关键公共技术研发薄弱问题，以周期长、风险大的产业共性关键技术为中心，构建江苏创新链的上下游创新主体间的水平、垂直交叉的网络化、矩阵式技术创新联盟。在此基础上，细化科技重大专项、重大工程的后续实施，考虑未来长远发展，积极发展与国外处在同一条起跑线的相关核心技术，以抢占未来发展的战略制高点。

重点打造江苏新型高效研发机构与创新平台。建立新型高效的研发机构与创新平台，是主要发达国家抢占创新制高点的重要方式。遵循技术创新与市场发展的客观规律，江苏新型高效研发创新平台的建设需要充分发挥政府的支持与引导作用，发挥新型举国体制的优势。政府需要灵活运用相关政策工具，引导和激励地方政府、高校、科研院所、企业以及各类投资机构合作共建研发机构与创新平台，破解制约官、产、学、研结合的体制机制困境，加快提升研发创新平台的整体效能。江苏应围绕当前国家重大科技基础设施、重点实验室、工程技术研究中心、工程实验室、工程研究中心等国家科技平台部署，探索并完善江苏新型高效研发机构与创新平台的建设。瞄准江苏省优势领域和重大技术攻关的战略方向，集中优势研发资源，在一些重大创新领域组建一批规模较大、学科交叉融合、综合集成的国家新型研发机构，培育造就一批高水平的研发创新团队，逐步将其打造成国家和区域重要战略的创新力量，建立更加高效的研发创新平台体系，突破产业发展所需的关键核心技术。如面向新一代信息技术、生物技术和新医药等战略新兴产业的发展需求，江苏可部署一批重大产业技术研发项目，全面掌握产业发展的基础技术、通用技术，发展"撒手锏"技术。结合江苏产业和研发创新优势，聚焦全球科技前沿、产业高端与未来发展，依托科技重大专项和重大工程，前瞻布局，深化创新链与产业链的融合，集中力量突破可能引发产业重大变革的颠覆性技术。

7.3.7 完善知识产权保护、知识产权质量提升和成果转化机制

完善且高效的知识产权保护体系对于保障创新人员、研发机构的合法利益，增强研发人员创新意愿，提高江苏创新链研发创新环节产出质量具有重要意义。近几年中央相关部门纷纷出台有关完善知识产权的文件，如中共中央办公厅、国务院办公厅于2019年11月24日印发了《关于强化知识产权保护的意见》，最高人民法院于2020年4月15日发布了《关于全面加强知识产权司法保护的意见》，各省区市也陆续出台了相关文件，以推进落实知识产权大保护、严保护、快保护、同保护。在这些相关文件的指引下，江苏应进一步完善本地区知识产权保护法律法规体系，根据地区发展状况出台地方性保护法规，建立并完善专业的知识产权管理队伍，有步骤地推动相关技术标准的建立。同时积极推进知识产权司法体制改革，根据地区发展特点，引入惩罚性赔偿措施，提高违法侵权成本，降低维权成本，对恶意侵权行为实施惩罚性赔偿。建立知识产权登记制度，加强创新过程中的知识产权保护，为知识产权交易创造条件。建立健全多层次的知识产权交易市场，为知识产权的转移转化、收购托管、交易流转、质押融资等提供平台支撑。

在知识产权制度逐步完善的基础上，还需进一步构建以知识产权质量提升与成果转化为目标的评价机制，促进关键核心技术向自主可控转变。江苏创新链研发创新产出的专利数量具有优势，但在重点产业关键核心技术的专利、境外专利偏少，例如，2018年江苏PCT专利申请数为0.55万件，为广东省的21.1%；国家知识产权局发布的全国专利质量评价指数显示，江苏省为70.01，低于北京（91.58）和广东（84.59）；2017年江苏专利产业化率仅为33.8%；等等。提升专利质量涉及法律、技术和管理等多个方面，也影响全球创新链从创意产生到专利授权的多

个环节。通过运用知识产权相关的法律规定、技术规范，严格控制专利审批的各个环节，保证专利质量，优化专利结构，在有效保护创新主体不可侵犯的地位和合法性的同时，应制定合适的奖励性政策，激励创新者研发高质量专利的积极性，以促进关键技术的突破，使知识产权制度回归激励创新的本源，从保护导向为主逐步向保护与运用二元导向发展，不断促进高质量知识产权的创造和转化。

7.3.8　创新创业人才发展空间及产品创新资源投入机制全球化

发挥"一带一路"倡议支撑作用，拓展创新创业基地和人才工作平台的全球发展空间，多渠道吸引海外高层次人才。产品创新属于区域创新链的最后一环，也是体现创新价值创造的重要环节。当前江苏规模以上工业企业新产品出口额占新产品销售收入的比重有所下降，产品创新环节产出质量与国际竞争力有待提高，亟须实现江苏产品创新由模仿改进向率先突破转化，提高国际竞争力。人才是创新的第一资源，也是实现产品创新由模仿改进向率先突破转化的核心要素。随着《国务院关于大力推进大众创业万众创新若干政策措施的意见》的贯彻落实，创新创业人才的引进与培养备受重视，这为企业开展产品创新提供了较好的政策环境与人才资源储备。江苏可充分深化国际交流合作，不断拓展全球发展空间，通过打造一批具有全球影响力的创新创业基地和人才工作平台，多渠道吸引海外高层次人才来江苏开展创新创业。例如，以姑苏创新创业领军人才计划等为抓手，积极引进全球一流的创新创业人才或团队，尤其是引进和培养在信息、生物医药、高端装备等重点领域掌握了关键核心技术的工程技术人才和工艺精湛的高技能人才，以支持重点领域的产品创新率先突破。

完善产品创新环节创新资源投入机制，支持企业开展新产品研发与推广。根据江苏企业发展与创新现状，充分发挥市场的导向作用，突出企业的创新主体地位，鼓励企业增加研发投入，支持实力较强的企业牵头，实施关键技术、核心产品和行业标准等方面的攻关，提升企业在创新决策、产品研发以及转化方面的自主权。大力推进大中型企业或规模以上高新技术企业建设研发机构，加大研发投入，以提质、增效为目的，鼓励企业通过引入或研发新技术，实施高质量产品创新，增强企业核心竞争力。灵活运用多种方式增加创新资源投入，如运用创新创业基地和人才工作平台等，构建"不求所有，但求所用"的柔性用人机制，缓解重点领域人才的供给短缺问题，借助互联网、通信技术、数字技术等，以入股、兼职等方式借用异地人才智慧，推动产品创新升级。如江苏-以色列产业研发合作计划过程中，研发出一大批技术含量高的创新成果，如无线网络控制器、肝病小分子化药和基因组育种技术等。

7.3.9 优化企业创新资源配置与运用以促进新产品率先突破

以产品创新为导引，围绕江苏产业链部署创新链、资金链和配套政策链，从根本上解决"两张皮"、消除"剪刀差"，构建产品创新率先突破激励机制。针对江苏面临的科技成果向现实生产力转化不力、不畅的痼疾，新产品竞争力亟待提高等突出问题，政府应加快职能转变，优化机构设置，加强科技、经济与社会等各方面政策与资源的统筹协调和有效衔接，创新管理机制，主要发挥好统筹协调各方的主导作用，集中力量来抓战略、抓规划、抓政策、抓服务等。进一步放权，以落实江苏"科技改革30条"为契机，深入推进科技领域"放管服"改革，明确企业在产品创新中的主体地位，充分发挥市场在资源配置中的决定性作用。不断激发市场活力，通过外部市场竞争推动企业加大研发投入、开展新产品研发、攻克关键技术难题，以确保其在竞争中生存发展。鼓励企业做大做强，不断推出创新产品，形成一批具有影响力的创新型领军企业。当前科技成果转化速度越来越快，如果科技成果在转化周期内没有转化为生产力，其经济潜能将会很快衰减。不断完善江苏省技术产权交易市场建设，逐步实现各类科技数据、资源、系统的互联互通、共享共用，制定科研设施与仪器管理的统一标准和规范，向社会大众提供及时的创新创业服务，最大限度地发挥创新资源的使用价值。同时积极搭建企业产品创新信息共享平台，在保护企业核心技术安全的基础上，有针对性地发布关于企业创新能力、科技信用、产品特点以及融资需求等方面的信息，灵活运用多方面资源促进新产品快速开发。建立企业产品创新资源的事前吸聚筛选、事中监管、事后评估的管理体系，完善面向新产品率先突破的内部奖励制度，提升企业产品创新资源配置的精准性和运用的高效性。

7.3.10 营造开放协同的创新生态环境

产品创新与知识创新、研发创新紧密相连，要率先突破推出创新产品，不断提升新产品质量，需要形成开放协同的创新生态环境，促进江苏创新链各个环节的深度融合与良性互动。江苏创新强省建设的过程中，政府作为江苏创新链生态环境营造的服务者与统筹者，需提供良好的公共服务与创新环境，如加快江苏5G信息网络、交通基础设施等的建设，提供研发经费投入、优化营商环境，制定税收减免、人才培养等激励创新的政策。在建立健全财政政策、创新政策、产业政策等诸多政策之间统筹协调机制的基础上，借助当前互联网通信技术、云计算、数字技术等的迅速发展，整合相关资源，建立开放式的创新系统服务平台，打破知识创新、研发创新、产品创新三个环节中创新主体间的信息不对称和体制制约，使有价值的科研成果和运营模式在三个环节之间流动，以加快科技成果转化与产业化，促进江苏创新链的各环节紧密衔接、大中小企业协同的良好创新格局形成。

在政府创新资源投入和引导江苏创新链质量跃迁的同时，更要充分发挥市场的力量，通过建立知识创新环节与产品创新环节的市场导向转换机制、构建多层次的融资机制、形成宽容失败的接力机制等营造开放协同的创新生态环境。一是建立知识创新环节与产品创新环节的市场导向转换机制。原始创新能力强、拥有关键核心技术是创新产品快速开发并成功上市的重要支撑，通过组建多层次的基础科研队伍，使原始创新、关键核心技术突破，能从研究团队快速转换成创业团队，形成新产业领域。江苏应加快整合高校、科研院所、企业等各方科研力量，构建跨组织、跨区域的协同攻关体系，以提高江苏整体的自主创新能力与水平，引导和鼓励社会资本积极参与重大技术攻关，构建完备高效的官、产、学、研、用一体的开放协同创新模式。二是面向江苏创新链三个环节，还需形成包括天使投资、风险投资、股票市场、高风险高收益债券市场等多层次的融资机制，以及技术抵押、知识产权收储、企业并购等吸纳创新成果的中介机制，以汇集全球资金、人才等创新资源，为江苏创新链知识创新、技术创新和产品创新环节服务，并支撑各环节创新资源迅速转换成商业价值。三是构建宽容失败的接力机制，形成勇于创新、鼓励成功、宽容失败的社会氛围，激励知识创新、产品创新等各环节不断寻找更新的前沿领域、突破产业核心技术。

习近平总书记在全国科技创新大会、中国科学院第十八次院士大会和中国工程院第十三次院士大会、中国科学技术协会第九次全国代表大会上指出："科技创新绝不仅仅是实验室里的研究，而是必须将科技创新成果转化为推动经济社会发展的现实动力。[①]"应坚持江苏创新链建设要面向江苏经济社会发展的导向，立足于江苏先进制造和智能制造业等优势领域，面向全球创新链的知识创新高效率、研发创新高精尖和产品创新高端化，聚集全球创新资源。一方面，发挥企业的创新主体作用，打通知识创新到产品创新的梗阻，吸聚全球创新资源向企业集聚，围绕江苏已经具有比较优势的先进制造、物联网等产业领域，布局高质量、持续性的全球创新链；另一方面，着重提升创新资源质量，激活全社会每个"细胞"的创新活力，抢占国际创新制高点。培养和吸引创业天才和创新人才，开拓新领域、新产业；吸引有话语权的领军企业，并将创新机制和创业机制联动，形成知识创新环节原始创新驱动，研发创新环节自主可控创新支撑，以及产品创新环节突破式创新引领的高质量江苏创新链，不断推动江苏创新链质量向中高端跃迁。

---

① 《习近平指出科技创新的三大方向》，http://politics.people.com.cn/n1/2016/0602/c1001-28406379.html，2016-06-02。

参考文献

[1] Schumpeter J A. The Theory of Economic Development[M]. Cambridge: Harvard University Press, 1912.

[2] Solow R M. A contribution to the theory of economic growth[J]. The Quarterly Journal of Economics, 1956, 70(1): 65-94.

[3] Romer P M. Increasing returns and long-run growth[J]. Journal of Political Economy, 1986, 94(5): 1002-1037.

[4] Romer P M. Endogenous technological change[J]. Journal of Political Economy, 1990, 98(5): S71-S102.

[5] 李其玮, 顾新, 赵长轶. 创新生态系统研究综述:一个层次分析框架[J]. 科学管理研究, 2016, 34(1): 14-17.

[6] Freeman C. The Economics of Industrial Innovation[M]. London: Penguin Books, 1974.

[7] 代明, 殷仪金, 戴谢尔. 创新理论:1912—2012——纪念熊彼特《经济发展理论》首版100周年[J]. 经济学动态, 2012(4): 143-150.

[8] 董铠军, 杨茂喜. 浅析创新系统与创新生态系统[J].科技管理研究, 2018, 38(14): 1-9.

[9] Visvanathan S. From laboratory to industry: a case study of the transfer of technology[J]. Contributions to Indian Sociology (NS), 1977, 11(1): 117-136.

[10] 吴晓波, 吴东. 论创新链的系统演化及其政策含义[J]. 自然辩证法研究, 2008, 24(12): 58-62.

[11] OECD Eurostat. "Oslo Manual", Guidelines for Collecting and Interpreting Innovation Data[M]. 3rd ed. Paris: OECD Publishing, 2005.

[12] Hansen M T, Birkinshaw J. The innovation value chain[J]. Harvard Business Review, 2007, 85(6): 121-130, 142.

[13] 兰海. 工匠精神:成就工匠精神的思路与手段[M]. 北京:中国海关出版社, 2018.

[14] 廖理, 汪韧, 陈璐. 探求智慧之旅[M]. 北京: 北京大学出版社, 2000.

[15] Cooke P. Regional innovation systems: competitive regulation in the new Europe[J]. Geoforum, 1992, 23(3): 365-382.

[16] Ohmae K. Managing innovation and new products in key Japanese industries[J]. Research Management, 1985, 28(4): 11-18.

[17] 王凯, 邹晓东. 由国家创新系统到区域创新生态系统——产学协同创新研究的新视域[J]. 自然辩证法研究, 2016, 32(9): 97-101.

[18] 王松, 胡树华, 牟仁艳. 区域创新体系理论溯源与框架[J]. 科学学研究, 2013, 31(3): 344-349, 436.

[19] 李源潮. 把江苏率先建成创新型省份[J]. 群众, 2006(5): 4-8.

[20] 陈立梅, 金慧, 管淑珍. "一带一路"战略下江苏科技创新合作现状的研究[J]. 电子商务, 2018(12): 19-20.

[21] 张雯, 魏晶, 韩子睿, 等. 江苏建设具有全球影响力的产业科技创新中心的人才现

状与问题研究[J]. 江苏科技信息, 2018, 35(16): 1-4, 33.

[22] 付永红, 李思慧. 江苏整合全球创新资源的路径与对策研究——基于京、沪、粤、苏、浙的比较[J]. 江苏科技信息, 2017(5): 1-5.

[23] 刘佐菁, 陈杰. 科技资源配置水平评价及区域差异研究[J]. 科技管理研究, 2019, 39(11): 93-100.

[24] 刘中正. 江苏建设重大创新平台的现状分析[J]. 中国科技信息, 2019(22): 101-103.

[25] 李韵婷, 曾慧君, 张日新. 协同创新视角下高校科技成果转化研究——基于广东和江苏166家高等院校的实证分析[J]. 科技管理研究, 2019, 39(8): 201-207.

[26] 彭灿, 徐瑞泽, 奚雷, 等. 江苏高新技术企业突破性创新能力现状调研与分析[J]. 中国科技论坛, 2016(3): 106-112.

[27] 高东燕, 胡科, 李世奇. 区域产学合作强度和高校创新投入对高校创新能力的影响[J]. 重庆高教研究, 2021, 9(3): 36-52.

[28] 中国科技论文统计与分析课题组. 2014年中国科技论文统计与分析简报[J]. 中国科技期刊研究, 2016, 27(1): 94-102.

[29] 刘盛博, 王博, 丁堃. 科技论文评价研究综述[J]. 情报理论与实践, 2016, 39(6): 126-130, 138.

[30] 王秀翠, 郭孟. 基于专利的江苏高校创新能力和质量提升路径[J]. 中国高校科技, 2019(3): 64-68.

[31] 刘佐菁, 陈杰, 苏榕. 广东省科技人才竞争力评价与提升策略[J]. 科技管理研究, 2018, 38(22): 134-141.

[32] 周文泳, 项洋. 中国各省市区域创新能力关键要素的实证研究[J]. 科研管理, 2015, 36(S1): 29-35.

[33] 姚建建, 门金来. 中国区域经济-科技创新-科技人才耦合协调发展及时空演化研究[J]. 干旱区资源与环境, 2020, 34(5): 28-36.

[34] 李邃, 江可申, 郑兵云. 基于链式关联网络的区域创新效率研究——以江苏为研究对象[J]. 科学学与科学技术管理, 2011, 32(11): 131-137.

[35] 泰勒. 科学管理原理[M]. 马风才, 译. 北京: 机械工业出版社, 2013.

[36] 石川馨. 质量管理入门[M]. 刘灯宝, 译. 北京: 机械工业出版社, 2016.

[37] 程虹, 李清泉. 我国区域总体质量指数模型体系与测评研究[J]. 管理世界, 2009(1): 2-9.

[38] 沈云交. 什么是质量[J]. 世界标准化与质量管理, 2005(8): 1, 16-18.

[39] 魏恒远. ISO 9001质量管理体系及认证概论[M]. 北京: 化学工业出版社, 2011.

[40] 施炳展, 邵文波. 中国企业出口产品质量测算及其决定因素——培育出口竞争新优势的微观视角[J]. 管理世界, 2014(9): 90-106.

[41] 宫华萍, 尤建新. 个性化语言学习系统质量特性的提取与定位[J]. 中国电化教育, 2018(3): 83-88.

[42] 朱新卓, 严芮, 刘寒月. 基于过程的教育质量及其评价[J]. 高等教育研究, 2015, 36(5): 78-85.

[43] 陈红丽, 陆华. 冷链物流服务过程的质量评价[J]. 中国流通经济, 2013, 27(1): 34-39.

[44] Chen K, Wang H C, Zheng Y X, et al. Productivity change in Chinese industry:

1953–1985[J]. Journal of Comparative Economics, 1988, 12(4): 570-591.
[45] 陈诗一. 中国的绿色工业革命:基于环境全要素生产率视角的解释(1980—2008)[J]. 经济研究, 2010, 45(11): 21-34, 58.
[46] 余淼杰, 张睿. 中国制造业出口质量的准确衡量:挑战与解决方法[J]. 经济学(季刊), 2017, 16(2): 463-484.
[47] 唐红祥, 张祥祯, 吴艳, 等. 中国制造业发展质量与国际竞争力提升研究[J].中国软科学, 2019(2): 128-142.
[48] 史丹, 李鹏. 中国工业70年发展质量演进及其现状评价[J]. 中国工业经济, 2019(9): 5-23.
[49] Donabedian A. The quality of care: how can it be assessed?[J].JAMA, 1988, 260(12) : 1743-1748.
[50] 陈朝兵. 基本公共服务质量:概念界定、构成要素与特质属性[J]. 首都经济贸易大学学报, 2019, 21(3): 65-71.
[51] 方勇, 郑银霞. 全面质量管理在科研管理中的应用与发展[J]. 科学学与科学技术管理, 2014, 35(2): 28-38.
[52] 冯建军. 优质均衡:义务教育均衡发展的新目标[J]. 教育发展研究, 2011, 31(6): 1-5.
[53] 陈衍泰, 吴哲, 范彦成, 等. 研发国际化研究:内涵、框架与中国情境[J]. 科学学研究, 2017, 35(3): 387-395, 418.
[54] 周文泳, 李娜. 基于科研过程的科研风险形成规律与防范策略[J]. 科技进步与对策, 2013, 30(1): 23-28.
[55] 刘钒, 张君宇, 邓明亮. 基于改进生态位适宜度模型的区域创新生态系统健康评价研究[J]. 科技管理研究, 2019, 39(16): 1-10.
[56] 傅元海, 周铭山. 国家创新体系建设[J]. 经济学动态, 2019(6): 112-121.
[57] Haner U E. Innovation quality-a conceptual framework[J]. International Journal of Production Economics, 2002, 80(1): 31-37.
[58] 杨幽红. 创新质量理论框架:概念、内涵和特点[J]. 科研管理, 2013, 34(S1): 320-325.
[59] 周冠华, 杨幽红. 创新质量由何决定?——基于文献的整合性研究框架[J]. 标准科学, 2014(8): 78-81.
[60] 杨立国, 缪小明, 曾又其. 基于企业成长的中小型高科技企业创新质量评估模式研究[J]. 科技管理研究, 2007(6): 79, 96-98.
[61] 李飞, 陈岩, 张李叶子. 海外并购整合、网络嵌入均衡与企业创新质量[J]. 科研管理, 2019, 40(2): 22-34.
[62] 姜博, 马胜利, 王大超. 中国高技术产业创新质量内涵与测度研究[J]. 社会科学, 2019(3): 64-75.
[63] 蔡绍洪, 俞立平. 创新数量、创新质量与企业效益——来自高技术产业的实证[J]. 中国软科学, 2017(5): 30-37.
[64] 张古鹏, 陈向东, 杜华东. 中国区域创新质量不平等研究[J].科学学研究, 2011, 29(11): 1709-1719.
[65] 李扬, 樊霞, 章熙春. 产业科学关联度视角下的产学研合作关系强度及创新质量研究[J]. 科学学与科学技术管理, 2017, 38(12): 12-25.
[66] 许庆瑞, 吴志岩, 陈力田. 转型经济中企业自主创新能力演化路径及驱动因素分析

——海尔集团 1984~2013 年的纵向案例研究[J]. 管理世界, 2013(4): 121-134, 188.

[67] 毛蕴诗, 汪建成. 基于产品升级的自主创新路径研究[J]. 管理世界, 2006(5): 114-120.

[68] 张银银, 邓玲. 创新驱动传统产业向战略性新兴产业转型升级:机理与路径[J]. 经济体制改革, 2013(5): 97-101.

[69] 武建龙, 王宏起. 战略性新兴产业突破性技术创新路径研究——基于模块化视角[J]. 科学学研究, 2014, 32(4): 508-518.

[70] 姜江, 胡振华. 区域产业集群创新系统发展路径与机制研究[J]. 经济地理, 2013, 33(8): 86-90, 115.

[71] 刘雪芹, 张贵. 京津冀产业协同创新路径与策略[J]. 中国流通经济, 2015, 29(9): 59-65.

[72] 李振国. 区域创新系统演化路径研究:硅谷、新竹、中关村之比较[J]. 科学学与科学技术管理, 2010, 31(6): 126-130.

[73] 徐佳, 魏玖长, 王帅, 等. 开放式创新视角下区域创新系统演化路径分析[J]. 科技进步与对策, 2017, 34(5): 25-34.

[74] Doloreux D, Gomez I P. A review of (almost) 20 years of regional innovation systems research[J]. European Planning Studies, 2017, 25(3): 371-387.

[75] 张仁枫, 王莹莹. 承接产业转移视角的区域协同创新机理分析——兼论欠发达地区跨越式发展的路径创新[J]. 科技进步与对策, 2013, 30(7): 26-30.

[76] 孙庆, 王宏起. 区域科技创新平台网络化发展路径研究[J]. 科技进步与对策, 2010, 27(17): 44-47.

[77] Lew Y K, Khan Z, Cozzio S. Gravitating toward the quadruple helix: international connections for the enhancement of a regional innovation system in northeast Ital[J]. R&D Management, 2018, 48(1): 44-59.

[78] Dutta S, Lanvin B, Wunsch-Vincent S. The global innovation index 2019: creating healthy lives—the future of medical innovation[R]. WIPO, 2019.

[79] 张古鹏, 陈向东. 基于专利的中外新兴产业创新质量差异研究[J]. 科学学研究, 2011, 29(12): 1813-1820.

[80] 高林, 贺京同, 那艺. 创新数量、质量及其激励的异质影响[J]. 北京理工大学学报(社会科学版), 2014, 16(4): 92-98.

[81] 张震. 创新数量、创新质量与企业规模[J]. 经济问题, 2018(12): 56-60, 87.

[82] 王灏晨, 夏国平. 基于系统动力学的广西区域创新系统研究[J]. 科学学与科学技术管理, 2008(6): 66-71.

[83] 刘顺忠, 官建成. 区域创新系统创新绩效的评价[J]. 中国管理科学, 2002(1): 76-79.

[84] 黄宇, 王晓军, 李战国. 城市科技资源配置体系的构建与评价——杭州实证研究[J]. 科技管理研究, 2011, 31(19): 51-55.

[85] 孟卫东, 王清. 区域创新体系科技资源配置效率影响因素实证分析[J]. 统计与决策, 2013(4): 96-99.

[86] Moed H F, de Bruin R E, van Leeuwen T N. New bibliometric tools for the assessment of national research perfor-mance: database description, overview of indicators and first applications[J].Scientometrics, 1995, 33(3): 381-422.

[87] Fagerberg J, Srholec M. National innovation systems, capabilities and economic

development[J]. Research Policy, 2008, 37(9): 1417-1435.
[88] 余泳泽, 刘大勇. 我国区域创新效率的空间外溢效应与价值链外溢效应——创新价值链视角下的多维空间面板模型研究[J]. 管理世界, 2013(7): 6-20, 70, 187.
[89] 刘思峰, 蔡华, 杨英杰, 等. 灰色关联分析模型研究进展[J]. 系统工程理论与实践, 2013, 33(8): 2041-2046.
[90] 邓聚龙. 灰理论基础[M]. 武汉: 华中科技大学出版社, 2002.
[91] Yamaguchi D, Li G D, Nagai M. Verification of effectiveness for grey relational analysis models[J]. Journal of Grey System, 2007, 10(3): 169-182.
[92] 黄元亮, 陈宗海. 灰色关联理论中存在的不相容问题[J]. 系统工程理论与实践, 2003(8): 118-121.
[93] 魏勇, 曾柯方. 关联度公理的简化与特殊关联度的公理化定义[J]. 系统工程理论与实践, 2015, 35(6): 1528-1534.
[94] Liu S F, Xie N M, Forrest J. Novel models of grey relational analysis based on visual angle of similarity and nearness[J]. Grey Systems: Theory and Application, 2011, 1(1): 8-18.
[95] Holland J H. Adaptation in Natural and Artificial Systems: An Introductory Analysis with Applications to Biology, Control, and Artificial Intelligence[M]. Cambridge: MIT Press, 1992.
[96] Deng J L. Introduction to grey system theory[J]. The Journal of Grey System, 1989, 1(1): 1-24.
[97] 郭云丽. 江苏、广东、浙江、上海科技创新能力比较研究[J]. 价值工程, 2019, 38(31): 291-297.
[98] 朱迎春, 袁燕军, 张海波. R&D 经费配置的现状、问题与对策——基于 2000—2015 年的统计数据[J]. 中国科技论坛, 2017(8): 28-34.
[99] 于佳佳, 邹漩, 韩衍青, 等. 江苏省科技成果转移转化实践与思考[J]. 江苏科技信息, 2018, 35(36): 13-16.
[100] 张辉, 石琳. 数字经济: 新时代的新动力[J]. 北京交通大学学报(社会科学版), 2019, 18(2): 10-22.
[101] 李晨. Informatica: 大数据时代的掘金者[J]. 中国信息界, 2014(4): 89-91.
[102] 李福, 赵放. 创新中心的形成: 创新资源的集聚与利用模式[J]. 中国科技论坛, 2018(4): 7-14.
[103] 郏红伟, 张青. 我国引进消化吸收再创新现状及国内外经验借鉴[J]. 科技管理研究, 2012, 32(7): 1-3, 16.
[104] 江静, 徐慧雄, 王宇. 以大规模技术改造促进中国实体经济振兴[J]. 现代经济探讨, 2017(6): 9-15, 23.
[105] 袁旭梅, 刘文智, 孙微微. 我国区域创新系统绩效研究进展[J]. 科学管理研究, 2011, 29(4): 37-41.
[106] 周荣荣. 增强江苏高新技术产业创新发展内生动力[J]. 唯实, 2017(12): 75-76.
[107] 丁生喜, 王晓鹏. 青海省区域创新环境对科技创新绩效影响的实证分析[J]. 科技管理研究, 2016, 36(5): 71-75.
[108] 沙德春, 曾国屏. 超越边界:硅谷园区开放式发展路径分析[J]. 科技进步与对策, 2012, 29(5): 1-5.
[109] 常桐善. 美国旧金山湾区高等教育共同体的发展特征——兼谈对成渝地区双城经济

圈高等教育发展的启示[J]. 重庆高教研究, 2020, 8(5): 18-31.
- [110] Bettinger A. Fintech: a series of 40 time shared models used at manufacturers hanover trust company[J]. Interfaces, 1972, 2(4): 62-63.
- [111] 孙娜. 新形势下金融科技对商业银行的影响及对策[J]. 宏观经济管理, 2018(4): 72-79.
- [112] 黄宁燕, 孙玉明. 从 MP3 案例看德国弗劳恩霍夫协会技术创新机制[J]. 中国科技论坛, 2018(9): 181-188.
- [113] 丁明磊, 周密. 德国私营技术转移机构的营运模式及其启示:史太白技术转移中心的经验借鉴[J]. 科技进步与对策, 2012, 29(23): 21-23.
- [114] 任晓霏, 戴研, 盖尔斯德费尔. 德国双元制大学创新驱动产学研合作之路——巴登-符腾堡州州立双元制大学总校长盖尔斯德费尔教授访谈录[J]. 高校教育管理, 2015, 9(5): 5-8.
- [115] 胡志坚, 冯楚健. 国外促进科技进步与创新的有关政策[J].科技进步与对策, 2006(1): 22-28.
- [116] 冯昭奎. 日本半导体产业发展的赶超与创新——兼谈对加快中国芯片技术发展的思考[J]. 日本学刊, 2018(6): 1-29.
- [117] 张永安,耿喆,王燕妮.区域科技创新政策分类与政策工具挖掘——基于中关村数据的研究[J].科技进步与对策, 2015, 32(17): 116-122.

附 录

附录 A　江苏创新链质量影响因素指标体系构建的调查问卷

《区域创新链质量形成机制研究》调查问卷

尊敬的女士/先生：

您好！感谢您在百忙之中抽出时间填写这份评分表，帮助我们完成本次调研任务。

本问卷旨在构建江苏创新链质量影响因素指标体系，取得的数据只用于学术统计分析，绝不用于任何商业用途。本问卷属于不记名调查，根据《中华人民共和国统计法》第三章第十四条，我们对您提供的所有信息绝对保密，恳请您真实地表达您的看法和意见。

如果您对我们的研究结果感兴趣，欢迎您留下您的联系方式，本研究的阶段性成果将反馈给您。您的联系方式是：＿＿＿＿＿＿＿＿＿＿

衷心感谢您的理解和支持！

《区域创新链质量形成机制研究》课题组

东南大学 2021 年

第一部分：个人基本信息

A1. 性别：
男　1
女　2

A2. 年龄：
25 岁及以下　1

26—30 岁　　2
31—40 岁　　3
41—50 岁　　4
51 岁及以上　5

A3. 您目前的最高教育程度是（包括目前在读的）：
大学专科 1
大学本科 2
硕士研究生　3
博士研究生　4
其他（请注明：＿＿）　5

A4. 您目前所在的单位是：
A5. 您目前的职称是：

第二部分：江苏创新链质量影响因素指标体系相对有效性评分调查

获悉您从事相关领域的研究或工作，对相关评价指标有较深的了解，因此请结合自身的工作或学术经验，根据初步构建的江苏创新链评价指标体系，对指标进行两两比较，请结合附表 A-1 中的标准，对附表 A-3 至附表 A-11 中各指标在评价江苏创新链质量中的相对有效性进行判定。

附表 A-1　判断矩阵 1—9 标度法

标度法	定义	解释
1	同等有效	i 元素与 j 元素同等有效
3	略微有效	i 元素比 j 元素略微有效
5	明显有效	i 元素比 j 元素明显有效
7	强烈有效	i 元素比 j 元素强烈有效
9	极端有效	i 元素比 j 元素极端有效
2、4、6、8	上述两相邻判断的中间值	……
上述各自然数的倒数	反比较	i 元素比 j 元素的无效程度

例如，如果 A 比 B 略微有效，且 C 比 A 极端有效，则覆盖 A、B、C 这三个元素的调查矩阵填写如附表 A-2 所示。

附表 A-2　调查矩阵填写示例

	A	B	C
A	1	3	1/9
B	1/3	1	
C	9		1

本课题组目前初步构建了江苏创新链质量影响因素指标体系，将江苏创新链质量划分为创新资源投入质量、创新资源配置质量和产出质量。其中创新资源投入质量是指江苏创新链为满足江苏对创新的需求，不同环节的创新主体（企业、高校、科研院所等）按照一定的组织结构形式（科研平台、研发中心、产学研合作等）投入创新资源（人才、资金、技术等）的能力属性。创新资源配置质量是指江苏创新链在满足江苏对创新的需求的运行过程中，合理配置和有效利用各环节创新资源的能力属性，主要表现为江苏创新链各环节创新资源的配置结构与有效利用率。产出质量是指江苏创新链不同环节的创新主体按照一定的组织结构形式，吸聚、投入和配置创新资源，开展各种创新活动所产生创新成果的基本属性或所创造的价值属性。

附表 A-3 至附表 A-11 为正式调查矩阵，请您填写您认为具体指标中，反映江苏创新链相应创新环节与质量相对有效性的估值。

附表 A-3　知识创新环节创新资源投入质量

	基础研究 R&D 人员全时当量	基础研究 R&D 人员全时当量增长率	基础研究 R&D 经费内部支出	基础研究 R&D 经费内部支出增长率
基础研究 R&D 人员全时当量	1			
基础研究 R&D 人员全时当量增长率		1		
基础研究 R&D 经费内部支出			1	
基础研究 R&D 经费内部支出增长率				1

附表 A-4　研发创新环节创新资源投入质量

	应用研究 R&D 人员全时当量	应用研究 R&D 人员全时当量增长率	应用研究 R&D 经费内部支出	应用研究 R&D 经费内部支出增长率
应用研究 R&D 人员全时当量	1			
应用研究 R&D 人员全时当量增长率		1		
应用研究 R&D 经费内部支出			1	
应用研究 R&D 经费内部支出增长率				1

附表 A-5　产品创新环节创新资源投入质量

	试验发展 R&D 人员全时当量	试验发展 R&D 人员全时当量增长率	试验发展 R&D 经费内部支出	试验发展 R&D 经费内部支出增长率
试验发展 R&D 人员全时当量	1			
试验发展 R&D 人员全时当量增长率		1		
试验发展 R&D 经费内部支出			1	
试验发展 R&D 经费内部支出增长率				1

附表 A-6　知识创新环节创新资源配置质量

	高等学校和研究与开发机构每万名研发人员发表科技论文数	高校和科研院所研发经费内部支出额中来自企业资金的比例
高等学校和研究与开发机构每万名研发人员发表科技论文数	1	
高校和科研院所研发经费内部支出额中来自企业资金的比例		1

附表 A-7　研发创新环节创新资源配置质量

	规模以上工业企业就业人员中研发人员比例	规模以上工业企业研发活动经费内部支出总额占销售收入比例	每亿元研发经费内部支出产生的发明专利授权数（不含企业）
规模以上工业企业就业人员中研发人员比例	1		
规模以上工业企业研发活动经费内部支出总额占销售收入比例		1	
每亿元研发经费内部支出产生的发明专利授权数（不含企业）			1

附表 A-8　产品创新环节创新资源配置质量

	规模以上工业企业每万名研发人员产生的新产品产值	规模以上工业企业新产品开发经费支出占应用研究 R&D 内部经费投入比例
规模以上工业企业每万名研发人员产生的新产品产值	1	
规模以上工业企业新产品开发经费支出占应用研究 R&D 内部经费投入比例		1

附表 A-9　知识创新环节产出质量

	高等学校和研究与开发机构发表科技论文数	高等学校和研究与开发机构发表科技论文数增长率	高等学校和研究与开发机构出版科技著作数	高等学校和研究与开发机构出版科技著作数增长率
高等学校和研究与开发机构发表科技论文数	1			
高等学校和研究与开发机构发表科技论文数增长率		1		
高等学校和研究与开发机构出版科技著作数			1	
高等学校和研究与开发机构出版科技著作数增长率				1

附表 A-10 产品创新环节产出质量

	规模以上工业企业新产品销售收入	规模以上工业企业新产品销售收入占总销售收入比例	规模以上工业企业新产品销售收入增长率
规模以上工业企业新产品销售收入	1		
规模以上工业企业新产品销售收入占总销售收入比例		1	
规模以上工业企业新产品销售收入增长率			1

附表 A-11 研发创新环节产出质量

	发明专利授权数（不含企业）	每万名研发人员发明专利授权数（不含企业）	发明专利授权数增长率（不含企业）	规模以上工业企业有效发明专利数	每万家规模以上工业企业平均有效发明专利数	规模以上工业企业有效发明专利数增长率
发明专利授权数（不含企业）	1					
每万名研发人员发明专利授权数（不含企业）		1				
发明专利授权数增长率（不含企业）			1			
规模以上工业企业有效发明专利数				1		
每万家规模以上工业企业平均有效发明专利数					1	
规模以上工业企业有效发明专利数增长率						1

本次问卷到此结束，再次向您表示衷心的感谢！

附录 B 江苏创新链质量影响因素原始数据（2009—2018 年）

附表 B-1 江苏创新链质量影响因素原始数据

一级指标	江苏创新链创新资源投入质量											
二级指标	知识创新环节创新资源投入质量			研发创新环节创新资源投入质量			应用创新环节创新资源投入质量			产品创新环节创新资源投入质量		
三级指标	基础研究R&D人员全时当量增长率/%	基础研究R&D经费内部支出/亿元	基础研究R&D经费内部支出增长率/%	应用研究R&D人员全时当量增长率/%	应用研究R&D经费内部支出/亿元	应用研究R&D经费内部支出增长率/%	试验发展R&D人员全时当量/人年	试验发展R&D人员全时当量增长率/%	试验发展R&D经费内部支出/亿元	试验发展R&D经费内部支出增长率/%
具体指标	基础研究R&D人员全时当量/人年			应用研究R&D人员全时当量/人年								
2009 年	8 829	8.15	17.474 86	17.22	16 624	7.64	44.666 56	13.60	247 825	8.56	788.841 2	16.02
2010 年	8 519	-3.51	22.202 97	27.06	17 213	3.54	52.597 64	17.76	290 109	17.06	955.553 4	21.13
2011 年	9 964	16.96	23.143 94	4.24	17 833	3.60	56.174 6	6.80	314 979	8.57	1283.777 0	34.35
2012 年	10 474	5.12	32.953 15	42.38	21 040	17.98	74.110 41	31.93	370 411	17.60	1587.222 0	23.64
2013 年	12 299	17.42	43.461 03	31.89	23 944	13.80	79.481 44	7.25	429 919	16.07	1758.289 0	10.78
2014 年	12 936	5.18	45.588 64	4.90	24 414	1.96	94.403 54	18.77	461 456	7.34	1927.383 0	9.62
2015 年	14 936	15.46	46.988 59	3.07	26 262	7.57	102.454 5	8.53	479 109	3.83	2063.034 0	7.04
2016 年	16 818	12.60	51.573 97	9.76	28 640	9.05	114.627 1	11.88	497 980	3.94	2341.161 0	13.48
2017 年	19 098	13.56	67.382 35	30.65	31 851	11.21	128.948	12.49	509 054	2.22	2642.398 0	12.87
2018 年	17 289	-9.47	68.095 03	1.06	31 849	-0.01	137.965 3	6.99	511 129	0.41	2939.692 0	11.25

附表 B-2 江苏创新链创新资源配置质量影响因素原始数据

一级指标	江苏创新链创新资源配置质量					
二级指标	知识创新环节创新资源配置质量		研发创新环节创新资源配置质量		产品创新环节创新资源配置质量	
三级指标	知识创新环节创新人才配置质量	知识创新环节创新资本配置质量	研发创新环节创新人才配置质量	研发创新环节创新资本配置质量	产品创新环节创新人才配置质量	产品创新环节创新资本配置质量
具体指标	高等学校和科研院所研发机构每万名研发人员发表科技论文数/篇	高校和科研院所研发经费内部支出额中来自企业资金的比例/%	规模以上工业企业就业人员中研发人员比例/%	规模以上工业企业研发活动经费内部支出总额占销售收入比例/%	每亿元研发经费内部支出产生的发明专利授权数（不含企业）/件	规模以上工业企业每万名研发人员产生的新产品产值/亿元	规模以上工业企业新产品开发经费支出占应用研究R&D内部经费投入比例/%
2009年	1 200.550	26.48	2.84	0.79	7.58	0.025 811	0.03
2010年	1 245.918	19.69	4.08	1.06	8.40	0.027 037	0.04
2011年	1 329.296	21.53	3.41	0.84	10.36	0.043 670	0.02
2012年	1 414.570	20.05	4.21	0.91	12.61	0.048 473	0.02
2013年	1 441.029	21.26	4.49	0.94	11.02	0.027 312	0.03
2014年	1 768.547	21.27	4.82	0.97	11.90	0.043 238	0.02
2015年	1 776.720	18.23	8.53	1.02	19.99	0.051 654	0.01
2016年	1 637.286	16.04	5.49	1.06	20.20	0.057 429	0.01
2017年	1 754.617	15.75	5.71	1.23	18.40	0.057 754	0.01
2018年	1 788.019	16.36	6.73	1.53	16.80	0.059 088	0.01

附表 B-3　江苏创新链产出质量影响因素原始数据

一级指标			江苏创新链产出质量							
二级指标	知识创新环节产出质量			研发创新环节产出质量				产品创新环节产出质量		
三级指标	基础研究产出质量			科研院所技术研发产出质量			规模以上工业企业专利产出质量		新产品开发质量	
具体指标	高等学校和研究与开发机构发表科技论文数/篇	高等学校和研究与开发机构发表科技论文数增长率/%	高等学校和研究与开发机构出版科技著作数/本	高等学校和研究与开发机构出版科技著作数增长率/%	发明专利授权数(不含企业)/件	每万名研发人员发明专利权数(不含企业)/件	发明专利授权数增长率(不含企业)/%	规模以上工业企业有效发明专利数/件	每万家规模以上工业企业平均有效发明专利数/件	规模以上工业企业有效发明专利数增长率/%	规模以上工业企业新产品销售收入/亿元	规模以上工业企业新产品销售收入占总销售收入比例/%	规模以上工业企业新产品销售收入增长率/%
2009 年	92 289	4.93	2 946	1.26	5 322	68.89	51.71	23 769	5 346.74	34.92	8 523.63	11.85	17.67
2010 年	98 040	6.23	2 165	−26.51	7 210	91.62	35.48	41 934	9 262.08	76.42	9 387.21	18.04	10.13
2011 年	105 002	7.10	2 238	3.37	11 043	139.81	53.16	56 985	12 358.54	35.89	14 842.11	13.89	58.11
2012 年	112 037	6.70	2 683	19.88	16 242	205.08	47.08	82 438	17 554.91	44.67	17 845.42	14.96	20.24
2013 年	114 410	2.12	3 011	12.23	16 790	211.47	3.37	94 654	19 791.3	14.82	19 714.21	14.90	10.47
2014 年	119 647	4.58	3 300	9.60	19 671	290.76	17.16	73 252	15 039.01	−22.61	23 540.93	16.58	19.41
2015 年	124 302	3.89	3 383	2.52	36 015	514.78	83.09	85 485	17 630.14	16.70	24 463.27	16.63	3.92
2016 年	124 605	0.24	3 249	−3.96	40 952	538.1	13.71	117 912	24 616.28	37.93	28 084.67	17.94	14.8
2017 年	132 356	6.22	3 085	−5.05	41 518	550	1.38	140 346	30 904	19.03	28 579	19.18	1.76
2018 年	141 985	7.28	3 063	−0.71	42 019	529	1.21	176 120	38 559	25.49	28 425.04	21.51	−0.54

附录C 江苏创新链质量指数测算结果数据（2009—2018年）

附表C 江苏创新链质量指数测算结果

质量指数	2009	2010	2011	2012	2013	2014	2015	2016	2017	2018
江苏创新链质量指数	0.000	0.190	0.325	0.718	0.614	0.719	0.781	0.871	1.000	0.816
创新资源投入质量指数	0.000	0.097	0.172	0.664	0.679	0.466	0.558	0.797	1.000	0.498
创新资源配置质量指数	0.000	0.459	0.391	0.625	0.499	0.808	1.000	0.737	0.760	0.982
产出质量指数	0.000	0.151	0.382	0.707	0.475	0.780	0.764	0.874	0.993	1.000
知识创新环节创新资源投入质量指数	0.071	0.000	0.203	0.409	0.706	0.306	0.529	0.650	1.000	0.341
研发创新环节创新资源投入质量指数	0.155	0.177	0.000	0.834	0.531	0.545	0.592	0.809	1.000	0.602
产品创新环节创新资源投入质量指数	0.000	0.526	0.643	1.000	0.787	0.610	0.488	0.879	0.881	0.823
知识创新环节创新资源配置质量指数	0.525	0.000	0.370	0.308	0.505	1.000	0.688	0.216	0.362	0.553
研发创新环节创新资源配置质量指数	0.000	0.341	0.173	0.386	0.379	0.471	0.957	0.836	0.884	1.000
产品创新环节创新资源配置质量指数	0.149	1.000	0.678	0.728	0.257	0.298	0.135	0.130	0.000	0.210
知识创新环节产出质量指数	0.370	0.000	0.463	0.763	0.557	0.852	0.805	0.473	0.807	1.000
研发创新环节产出质量指数	0.000	0.253	0.261	0.526	0.277	0.462	0.577	1.000	0.918	0.825
产品创新环节产出质量指数	0.000	0.691	0.653	0.718	0.698	0.898	0.721	0.881	0.940	1.000

附录 D 江苏创新链质量灰色关联分析结果数据（2009—2018 年）

附表 D 江苏创新链质量灰色关联分析结果

灰色关联系数	2009	2010	2011	2012	2013	2014	2015	2016	2017	2018	灰色关联度
知识创新环节创新资源投入质量	0.876	0.725	0.803	0.618	0.843	0.547	0.664	0.693	1.000	0.513	0.699
研发创新环节创新资源投入质量	0.763	0.974	0.606	0.812	0.858	0.741	0.726	0.889	1.000	0.701	0.783
产品创新环节创新资源投入质量	1.000	0.598	0.611	0.640	0.742	0.820	0.631	0.985	0.808	0.986	0.758
知识创新环节创新资源配置质量	0.488	0.725	0.917	0.550	0.822	0.641	0.842	0.433	0.439	0.655	0.618
研发创新环节创新资源配置质量	1.000	0.768	0.767	0.601	0.681	0.668	0.740	0.934	0.811	0.731	0.743
产品创新环节创新资源配置质量	-0.771	-0.382	-0.586	-0.981	-0.584	-0.543	-0.436	-0.403	-0.333	-0.452	-0.801
知识创新环节产出质量	0.574	0.725	0.784	0.917	0.899	0.790	0.956	0.557	0.722	0.731	0.738
研发创新环节产出质量	1.000	0.888	0.887	0.722	0.597	0.660	0.710	0.795	0.858	0.983	0.787
产品创新环节产出质量	1.000	0.499	0.604	0.999	0.856	0.737	0.892	0.980	0.894	0.731	0.799
江苏创新链协同质量	1.000	0.78	0.716	0.473	0.577	0.591	0.689	0.630	0.549	0.591	0.626

附录 E　江苏创新链质量影响因素灰色预测数据（2019—2023 年）

附表 E-1　江苏创新链创新资源投入质量影响因素灰色预测值

一级指标	知识创新环节创新资源投入质量				江苏创新链创新资源投入质量 研发创新环节创新资源投入质量				产品创新环节创新资源投入质量			
二级指标	知识创新环节创新资源投入质量				研发创新环节创新资源投入质量				产品创新环节创新资源投入质量			
三级指标	知识创新环节创新人才投入质量		知识创新环节创新资本投入质量		研发创新环节创新人才投入质量		研发创新环节创新资本投入质量		产品创新环节创新人才投入质量		产品创新环节创新资本投入质量	
具体指标	基础研究 R&D 人员全时当量/人年	基础研究 R&D 人员全时当量增长率/%	基础研究 R&D 经费内部支出/亿元	基础研究 R&D 经费内部支出增长率/%	应用研究 R&D 人员全时当量/人年	应用研究 R&D 人员全时当量增长率/%	应用研究 R&D 经费内部支出/亿元	应用研究 R&D 经费内部支出增长率/%	试验发展 R&D 人员全时当量/人年	试验发展 R&D 人员全时当量增长率/%	试验发展 R&D 经费内部支出/亿元	试验发展 R&D 经费内部支出增长率/%
2019 年	21 684	25.42	81.681	19.95	35 964	12.92	160.855	16.59	587 936	15.03	3 347.658	13.88
2020 年	24 174	11.48	93.128	14.01	38 900	8.16	180.865	12.44	627 648	6.75	3 763.895	12.43
2021 年	26 949	11.48	106.179	14.01	42 075	8.16	203.364	12.44	670 042	6.75	4 231.885	12.43
2022 年	30 043	11.48	121.059	14.01	45 509	8.16	228.663	12.44	715 300	6.75	4 758.064	12.43
2023 年	33 493	11.48	138.024	14.01	49 224	8.16	257.108	12.44	763 615	6.75	5 349.666	12.43

附表 E-2 江苏创新链创新资源配置质量影响因素灰色预测值

一级指标	江苏创新链创新资源配置质量					
二级指标	知识创新环节创新资源配置质量		研发创新环节创新资源配置质量		产品创新环节创新资源配置质量	
三级指标	知识创新环节创新资本配置质量	知识创新环节创新人才配置质量	研发创新环节创新人才配置质量	研发创新环节创新资本配置质量	产品创新环节创新人才配置质量	产品创新环节创新资本配置质量
具体指标	高等学校和研究与开发机构每万名开发人员发表科技论文数/篇	高校和科研院所研发经费内部支出额中来自企业资金的比例/%	规模以上工业企业就业人员中研发人员比例/%	规模以上工业企业研发活动经费内部支出总额占销售收入比例/%	规模以上工业企业每万名研发人员产生的发明专利授权数（不含企业）/件	规模以上工业企业新产品开发经费支出占应用研究R&D内部经费投入比例/%
2019年	15.80	1942.612	22.003	1.41	7.48	0.008	0.010
2020年	15.20	2028.804	24.048	1.49	8.05	0.007	0.007
2021年	14.70	2118.820	26.283	1.58	8.65	0.006	0.006
2022年	14.20	2212.830	28.727	1.68	9.31	0.005	0.005
2023年	13.70	2311.011	31.397	1.78	10.02	0.004	0.004

附表 E-3　江苏创新链产出质量影响因素灰色预测值

一级指标	江苏创新链产出质量								
二级指标	知识创新环节产出质量			研发创新环节产出质量			规模以上工业企业利产出质量		产品创新环节产出质量	
三级指标	基础研究产出质量			科研院所技术研发产出质量			规模以上工业企业有效发明专利数产出质量		新产品开发质量	
具体指标	高等学校和研究与开发机构发表科技论文数/篇	高等学校和研究与开发机构出版科技著作数/本	高等学校和研究与开发机构科技论文数增长率/%	发明专利授权数（不含企业）/件	每万名研发人员发明专利授权数（不含企业）/件	发明专利授权数增长率（不含企业）/%	规模以上工业企业有效发明专利数/件	每万家规模以上工业企业平均有效发明专利数/件	规模以上工业企业有效发明专利数增长率/%	规模以上工业企业新产品销售收入/亿元	规模以上工业企业新产品销售收入占总销售收入比例/%	规模以上工业企业新产品销售收入增长率/%
2019 年	145 404	3546	15.77	60 498	789.99	43.98	191 313	41 560.6	8.63	35 158.49	20.60	23.69
2020 年	151 484	3693	4.15	72 626	942.09	20.05	223 409	48 833.91	16.78	38 938.21	21.40	10.75
2021 年	157 818	3846	4.14	87 185	1123.47	20.05	260 888	57 380.09	16.78	43 124.27	22.30	10.75
2022 年	164 417	4005	4.13	104 663	1339.78	20.05	304 656	67 421.89	16.78	47 760.35	23.20	10.75
2023 年	171 292	4171	4.14	125 645	1597.74	20.05	355 766	79 221.06	16.78	52 894.83	24.10	10.75

附录 F 江苏创新链质量指数预测数据（2009—2023 年）

附表 F 江苏创新链质量指数预测值

质量指数	2009	2010	2011	2012	2013	2014	2015	2016	2017	2018	2019	2020	2021	2022	2023
江苏创新链质量指数	0.000	0.060	0.189	0.513	0.405	0.471	0.570	0.585	0.734	0.506	0.825	0.881	0.936	0.974	1.000
创新资源投入质量指数	0.048	0.000	0.071	0.647	0.643	0.274	0.439	0.723	0.938	0.128	0.823	0.877	0.925	0.966	1.000
创新资源配置质量指数	0.000	0.315	0.235	0.382	0.312	0.509	0.708	0.468	0.489	0.705	0.736	0.802	0.880	0.946	1.000
产出质量指数	0.000	0.039	0.252	0.468	0.227	0.513	0.465	0.429	0.592	0.595	0.750	0.818	0.889	0.947	1.000
知识创新环节创新资源投入质量指数	0.200	0.000	0.236	0.448	0.794	0.166	0.454	0.622	0.998	0.018	0.745	0.804	0.873	0.937	1.000
研发创新环节创新资源投入质量指数	0.314	0.240	0.000	0.910	0.519	0.458	0.538	0.744	0.901	0.362	0.822	0.872	0.914	0.958	1.000
产品创新环节创新资源投入质量指数	0.000	0.574	0.642	1.000	0.715	0.452	0.251	0.667	0.608	0.440	0.689	0.739	0.799	0.869	0.955
知识创新环节创新资源配置质量指数	0.186	0.386	0.565	0.584	0.019	0.414	0.367	0.000	0.760	1.000	0.621	0.643	0.687	0.716	0.760
研发创新环节创新资源配置质量指数	0.105	0.036	0.204	0.347	0.000	0.466	0.466	0.074	0.651	0.822	0.721	0.785	0.864	0.927	1.000
产品创新环节创新资源配置质量指数	0.301	1.000	0.655	0.666	0.377	0.354	0.164	0.133	0.007	0.183	0.006	0.004	0.000	0.024	0.045
知识创新环节产出质量指数	0.369	0.000	0.482	0.730	0.436	0.746	0.670	0.242	0.641	0.828	0.815	0.859	0.912	0.953	1.000
研发创新环节产出质量指数	0.000	0.207	0.156	0.332	0.063	0.251	0.272	0.632	0.533	0.334	0.591	0.685	0.787	0.894	1.000
产品创新环节产出质量指数	0.301	1.000	0.655	0.666	0.377	0.354	0.164	0.133	0.007	0.183	0.006	0.004	0.000	0.024	0.045

附录 G 江苏创新链质量边际效应前 5 项、前 10 项以及前 15 项影响因素干预模拟结果（2019—2023 年）

附表 G 江苏创新链质量边际效应前 5 项、前 10 项以及前 15 项影响因素干预模拟结果

干预项	2019 年 $\varepsilon=0.01$	2019 年 $\varepsilon=0.05$	2019 年 $\varepsilon=0.1$	2020 年 $\varepsilon=0.01$	2020 年 $\varepsilon=0.05$	2020 年 $\varepsilon=0.1$	2021 年 $\varepsilon=0.01$	2021 年 $\varepsilon=0.05$	2021 年 $\varepsilon=0.1$	2022 年 $\varepsilon=0.01$	2022 年 $\varepsilon=0.05$	2022 年 $\varepsilon=0.1$	2023 年 $\varepsilon=0.01$	2023 年 $\varepsilon=0.05$	2023 年 $\varepsilon=0.1$
无干预	0.958	0.958	0.958	1.037	1.037	1.037	1.100	1.100	1.100	1.142	1.142	1.142	1.173	1.173	1.173
干预前 5 项	0.963	1.020	1.080	1.048	1.09	1.145	1.108	1.150	1.205	1.158	1.197	1.240	1.176	1.230	1.270
干预前 10 项	0.975	1.060	1.140	1.051	1.130	1.210	1.120	1.180	1.261	1.169	1.230	1.300	1.180	1.255	1.330
干预前 15 项	0.981	1.070	1.180	1.063	1.140	1.250	1.124	1.198	1.308	1.175	1.250	1.340	1.192	1.270	1.367

附录 H　江苏创新链质量跃迁路径仿真结果（2019—2023 年）

附表 H-1　以知识、产品创新环节为核心的创新资源配置效率驱动跃迁路径仿真结果

干预强度	2019 年	2020 年	2021 年	2022 年	2023 年
无干预	0.962	1.037	1.101	1.148	1.172
$\varepsilon = 0.01$	0.984	1.065	1.13	1.179	1.198
$\varepsilon = 0.05$	1.045	1.172	1.227	1.275	1.282
$\varepsilon = 0.1$	1.223	1.297	1.361	1.402	1.420

附表 H-2　以产品创新环节为重点的创新资源吸聚增强跃迁路径仿真结果

干预强度	2019 年	2020 年	2021 年	2022 年	2023 年
无干预	0.962	1.037	1.101	1.148	1.172
$\varepsilon = 0.01$	0.968	1.045	1.111	1.156	1.179
$\varepsilon = 0.05$	0.987	1.075	1.138	1.179	1.211
$\varepsilon = 0.1$	1.038	1.118	1.170	1.223	1.241

附表 H-3　以提高各创新环节产出质量为目标的创新产出牵引跃迁路径仿真结果

干预强度	2019 年	2020 年	2021 年	2022 年	2023 年
无干预	0.962	1.037	1.101	1.148	1.172
$\varepsilon = 0.01$	0.969	1.043	1.112	1.155	1.178
$\varepsilon = 0.05$	0.978	1.063	1.123	1.169	1.189
$\varepsilon = 0.1$	0.997	1.081	1.145	1.185	1.219

附表 H-4　创新资源配置效率驱动-吸聚增强的跃迁混合路径仿真结果

干预强度	2019 年	2020 年	2021 年	2022 年	2023 年
无干预	0.963	1.041	1.101	1.132	1.164
$\varepsilon = 0.01$	0.998	1.072	1.134	1.182	1.203
$\varepsilon = 0.05$	1.132	1.204	1.274	1.304	1.323
$\varepsilon = 0.1$	1.301	1.389	1.447	1.486	1.498

附表 H-5　创新资源配置效率驱动-产出牵引的跃迁混合路径仿真结果

干预强度	2019 年	2020 年	2021 年	2022 年	2023 年
无干预	0.963	1.041	1.101	1.132	1.164
$\varepsilon = 0.01$	0.982	1.062	1.122	1.165	1.203
$\varepsilon = 0.05$	1.115	1.192	1.258	1.292	1.321
$\varepsilon = 0.1$	1.282	1.365	1.413	1.463	1.474

附表 H-6　创新资源吸聚增强-产出牵引的跃迁混合路径仿真结果

干预强度	2019 年	2020 年	2021 年	2022 年	2023 年
无干预	0.963	1.041	1.101	1.132	1.164
$\varepsilon = 0.01$	0.969	1.047	1.109	1.142	1.183
$\varepsilon = 0.05$	1.012	1.101	1.154	1.194	1.233
$\varepsilon = 0.1$	1.078	1.169	1.227	1.272	1.288

附录 I　江苏创新链主要相关政策汇总

附表 I　江苏创新链主要相关政策

编号	政策名称	政策文号	发布时间	发文机关
1	省政府关于取消下放行政审批等权力事项和清理规范中介服务事项的通知	苏政发〔2016〕1号	2016.01	省政府
2	江苏省企业制造装备升级计划	苏政发〔2016〕9号	2016.02	省政府
3	关于2016年度省级工业和信息产业转型升级专项资金项目申报具体要求的通知	苏经信综合〔2016〕118号	2016.03	省经济和信息化委员会、省财政厅
4	关于进一步推进全省企业大学建设的通知	苏中小改革〔2016〕129号	2016.03	省经济和信息化委员会
5	省政府关于加快推进"互联网+"行动的实施意见	苏政发〔2016〕46号	2016.03	省政府
6	省政府办公厅关于印发2016年苏南国家自主创新示范区建设工作要点的通知	苏政办发〔2016〕35号	2016.04	省政府办公厅
7	省政府关于推进国内贸易流通现代化建设法治化营商环境的实施意见	苏政发〔2016〕62号	2016.05	省政府
8	江苏省全民科学素质行动计划纲要实施方案（2016—2020年）	苏政办发〔2016〕60号	2016.06	省政府办公厅
9	2016年江苏省打击侵犯知识产权和制售假冒伪劣商品工作要点	苏政办发〔2016〕61号	2016.06	省政府办公厅
10	省政府关于加快质量发展的意见	苏政发〔2016〕88号	2016.07	省政府
11	江苏省促进科技成果转移转化行动方案	苏政办发〔2016〕76号	2016.07	省政府办公厅
12	江苏省知识产权专项资金管理办法	苏财规〔2016〕29号	2016.07	省财政厅、省知识产权局
13	江苏省专利发明人奖励办法	苏政发〔2016〕95号	2016.07	省政府
14	江苏省知识产权强企行动计划	苏政办发〔2016〕91号	2016.08	省政府办公厅
15	关于加快推进产业科技创新中心和创新型省份建设的若干政策措施	苏政发〔2016〕107号	2016.08	省政府
16	江苏省贯彻国家创新驱动发展战略纲要实施方案	苏发〔2016〕36号	2016.08	省委、省政府

续表

编号	政策名称	政策文号	发布时间	发文机关
17	江苏省大数据发展行动计划	苏政发〔2016〕113号	2016.08	省政府
18	省政府关于在市场体系建设中建立公平竞争审查制度的实施意见	苏政发〔2016〕115号	2016.08	省政府
19	关于培育省制造业创新中心的通知	苏经信科技〔2016〕607号	2016.09	省经济和信息化委员会
20	省政府关于金融支持制造业发展的若干意见	苏政发〔2016〕122号	2016.09	省政府
21	省政府办公厅关于开展全省消费品工业"三品"专项行动促进产业加快转型升级的实施意见	苏政办发〔2016〕103号	2016.09	省政府办公厅
22	江苏省"十三五"知识产权发展规划	苏政办发〔2016〕118号	2016.10	省政府办公厅
23	关于创建全省重点骨干企业"双创"平台示范工程的通知	苏经信企信〔2016〕694号	2016.10	省经济和信息化委员会
24	江苏省小型微型企业创业创新示范基地建设管理办法	苏中小综合〔2016〕778号	2016.11	省经济和信息化委员会
25	江苏省对外贸易"优进优出"行动计划（2016—2020）	苏政发〔2016〕123号	2016.11	省政府办公厅
26	省政府办公厅关于深入实施"互联网+流通"行动计划的意见	苏政办发〔2016〕136号	2016.11	省政府办公厅
27	省政府关于进一步降低实体经济企业成本的意见	苏政发〔2016〕156号	2016.11	省政府
28	省政府办公厅关于推进众创社区建设的实施意见	苏政办发〔2016〕150号	2016.12	省政府办公厅
29	江苏省"标准化+"行动计划（2017—2019）	苏政办发〔2016〕153号	2016.12	省政府办公厅
30	省政府办公厅关于推进制造业与互联网融合发展的实施意见	苏政办发〔2016〕161号	2016.12	省政府办公厅
31	关于聚力创新深化改革打造具有国际竞争力人才发展环境的意见	苏发〔2017〕3号	2017.01	省委
32	关于进一步推进企业管理创新工作的通知	苏经信企业〔2017〕36号	2017.01	省经济和信息化委员会
33	省政府办公厅关于规范行政裁决工作的意见	苏政办发〔2017〕8号	2017.01	省政府办公厅
34	省政府2017年立法工作计划	苏政办发〔2017〕21号	2017.02	省政府办公厅
35	省政府办公厅关于支持返乡下乡人员创业创新促进农村一二三产业融合发展的实施意见	苏政办发〔2017〕29号	2017.02	省政府办公厅

续表

编号	政策名称	政策文号	发布时间	发文机关
36	江苏省专精特新产品和科技小巨人企业培育实施意见（2017—2020年）	苏中小科技〔2017〕185号	2017.03	省经济和信息化委员会
37	省政府关于加快发展先进制造业振兴实体经济若干政策措施的意见	苏政发〔2017〕25号	2017.03	省政府
38	关于推动小型微型企业创业创新基地加快发展的实施意见	苏中小综合〔2017〕203号	2017.04	省经济和信息化委员会、省发展和改革委员会、省财政厅、省国土资源厅、省国家税务局、省地方税务局
39	关于下达江苏省2017年度企业重点技术创新导向计划的通知	苏经信科技〔2017〕207号	2017.04	省经济和信息化委员会
40	关于开展实施首批江苏"1+30+300"工程的通知	苏经信企信〔2017〕208号	2017.04	省经济和信息化委员会
41	关于修订高校科技管理相关文件的通知	苏教规〔2017〕4号	2017.03	省教育厅
42	省政府关于扩大对外开放积极利用外资若干政策的意见	苏政发〔2017〕33号	2017.04	省政府
43	关于知识产权强省建设的若干政策措施	苏政发〔2017〕32号	2017.03	省政府
44	省政府关于取消和调整一批行政许可等事项清理规范中介服务事项的通知	苏政发〔2017〕50号	2017.04	省政府
45	江苏高水平大学建设实施办法（暂行）	苏政办发〔2017〕54号	2017.04	省政府办公厅
46	江苏省科技成果登记实施方案	苏科成发〔2017〕126号	2017.05	省科学技术厅
47	省政府办公厅关于推动实体零售创新转型的实施意见	苏政办发〔2017〕70号	2017.05	省政府办公厅
48	省政府办公厅关于进一步深入推进全省放心消费创建工作的意见	苏政办发〔2017〕77号	2017.05	省政府办公厅
49	省政府关于取消、停征、转出部分行政事业性收费和经营服务性收费以及降低部分收费标准的通知	苏政发〔2017〕70号	2017.06	省政府
50	省政府关于深化沿江沿海港口一体化改革的意见	苏政发〔2017〕80号	2017.06	省政府
51	省政府关于公布国家级开发区全链审批赋权清单的决定	苏政发〔2017〕86号	2017.06	省政府
52	江苏省企业投资项目核准和备案管理办法	苏政发〔2017〕88号	2017.06	省政府

续表

编号	政策名称	政策文号	发布时间	发文机关
53	省政府办公厅印发关于全省推行不见面审批（服务）改革实施方案等四个文件的通知	苏政办发〔2017〕86号	2017.06	省政府办公厅
54	关于全省推行"3550"改革的意见	—	2017.06	省审改办、省政务服务管理办公室、省工商局、省国土资源厅、省住房和城乡建设厅
55	2017年江苏省打击侵犯知识产权和制售假冒伪劣商品工作要点	苏政办发〔2017〕95号	2017.06	省政府办公厅
56	关于下放本科院校教师职称评审权有关问题的通知	苏人社发〔2017〕169号	2017.06	省人力资源和社会保障厅、省教育厅
57	关于创新科研院所高等院校机构编制管理方式的实施意见	苏编办发〔2017〕18号	2017.06	省机构编制委员会办公室
58	关于加快推进省级示范物流园区创新发展的意见	—	2017.07	省发展和改革委员会、省国土资源厅、省住房和城乡建设厅
59	省政府关于调整工业产品生产许可事项和试行简化审批程序的决定	苏政发〔2017〕100号	2017.07	省政府
60	省政府关于促进创业投资持续健康发展的实施意见	苏政发〔2017〕101号	2017.07	省政府
61	省政府办公厅关于进一步激发社会领域投资活力的实施意见	苏政办发〔2017〕103号	2017.07	省政府办公厅
62	省政府办公厅关于"互联网+"招标采购行动方案（2017—2019年）的实施意见	苏政办发〔2017〕106号	2017.07	省政府办公厅
63	省政府关于切实减轻企业负担的意见	苏政发〔2017〕114号	2017.08	省政府
64	省政府办公厅关于加快发展冷链物流保障食品安全促进消费升级的实施意见	苏政办发〔2017〕109号	2017.08	省政府办公厅
65	省政府办公厅关于开展企业投资项目信用承诺制不再审批严格监管试点的意见	苏政办发〔2017〕120号	2017.08	省政府办公厅
66	关于完善省属高校和科研院所科研仪器设备采购管理有关事项的通知	苏财购〔2017〕53号	2017.08	省财政厅
67	江苏省天使投资风险补偿资金管理办法（试行）	苏财规〔2017〕18号	2017.09	省财政厅、省科学技术厅
68	江苏省科技成果转化专项资金管理办法（暂行）	苏财规〔2017〕24号	2017.09	省财政厅、省科学技术厅

续表

编号	政策名称	政策文号	发布时间	发文机关
69	省政府办公厅关于创新管理优化服务培育壮大经济发展新动能的实施意见	苏政办发〔2017〕79号	2017.05	省政府办公厅
70	省政府办公厅关于全面推进"多证合一"改革的实施意见	苏政办发〔2017〕122号	2017.09	省政府办公厅
71	深化简政放权放管结合优化服务改革重点任务分工方案	苏政办发〔2017〕131号	2017.09	省政府办公厅
72	省政府关于做好当前和今后一段时期就业创业工作的实施意见	苏政发〔2017〕131号	2017.10	省政府
73	江苏省加强涉审社会中介机构信用管理的指导意见	—	2017.10	省社会信用体系建设领导小组办公室、省机构编制委员会办公室
74	江苏省中小企业公共服务平台网络有效运营与服务绩效管理办法	苏中小综合〔2017〕558号	2017.11	省经济和信息化委员会
75	省政府关于取消15项行政许可事项的通知	苏政发〔2017〕142号	2017.11	省政府
76	江苏省创新能力建设专项资金管理办法(暂行)	苏财规〔2017〕27号	2017.09	省财政厅、省科学技术厅
77	外国人才签证制度实施办法	外专发〔2017〕218号	2017.11	国家外国专家局、外交部、公安部
78	江苏省"十三五"科技人才发展规划	苏科政发〔2017〕386号	2017.12	省科学技术厅、省人才工作领导小组办公室
79	省政府办公厅关于切实加快信息基础设施建设若干政策措施的通知	苏政办发〔2017〕145号	2017.12	省政府办公厅
80	苏南国家科技成果转移转化示范区建设实施方案	苏政办发〔2017〕149号	2017.12	省政府办公厅
81	加快推进"企业上云"三年行动计划	苏经信企信〔2017〕923号	2017.12	省经济和信息化委员会
82	关于江苏省深入推进信息化和工业化融合管理体系的实施意见	苏经信企信〔2017〕957号	2017.12	省经济和信息化委员会
83	中小企业管理提升行动工作意见	苏中小综合〔2017〕966号	2017.12	省经济和信息化委员会
84	关于落实企事业单位加大人才投入有关事项的通知	—	2017.12	省财政厅、省人才工作领导小组办公室
85	省政府办公厅关于大力发展粮食产业经济加快建设粮食产业强省的实施意见	苏政办发〔2018〕2号	2018.01	省政府办公厅

续表

编号	政策名称	政策文号	发布时间	发文机关
86	省政府办公厅关于进一步激发民间有效投资活力促进经济持续健康发展的实施意见	苏政办发〔2018〕4号	2018.01	省政府办公厅
87	省政府关于推进普惠金融发展的实施意见	苏政发〔2018〕6号	2018.01	省政府
88	省政府关于印发江苏省加强政务诚信建设实施意见等文件的通知	苏政发〔2018〕23号	2018.01	省政府
89	江苏省贯彻落实国家职业病防治规划行动方案	苏政办发〔2018〕15号	2018.01	省政府办公厅
90	关于深化职称制度改革的实施意见	苏办发〔2018〕5号	2018.02	省委办公厅
91	省政府办公厅关于进一步推进物流降本增效促进实体经济发展的实施意见	苏政办发〔2018〕17号	2018.02	省政府办公厅
92	江苏省开发区条例	—	2018.02	省人民代表大会常务委员会
93	省政府关于鼓励社会力量兴办教育促进民办教育健康发展的实施意见	苏政发〔2018〕31号	2018.02	省政府
94	江苏省深化医药卫生体制改革规划（2018—2020年）	苏政办发〔2018〕28号	2018.03	省政府办公厅
95	江苏省深化科技奖励制度改革方案	苏政办发〔2018〕29号	2018.03	省政府办公厅
96	省政府办公厅关于推进供应链创新与应用培育经济增长新动能的实施意见	苏政办发〔2018〕35号	2018.04	省政府办公厅
97	创新型省份建设工作实施方案	苏政办发〔2018〕36号	2018.04	省政府办公厅
98	关于我省专业技术人才申报评审职称有关问题的通知	苏人社发〔2018〕96号	2018.04	省人力资源和社会保障厅
99	省政府关于进一步扩大和升级信息消费持续释放内需潜力的实施意见	苏政发〔2018〕58号	2018.04	省政府
100	省政府2018年立法工作计划	苏政办发〔2018〕40号	2018.04	省政府办公厅
101	省政府关于促进外资提质增效的若干意见	苏政发〔2018〕67号	2018.05	省政府
102	省政府关于加快推进职业教育现代化的若干意见	苏政发〔2018〕68号	2018.05	省政府
103	关于贯彻落实乡村振兴战略的实施意见	苏发〔2018〕1号	2018.05	省委、省政府
104	省政府关于加快推进全省技术转移体系建设的实施意见	苏政发〔2018〕73号	2018.05	省政府

续表

编号	政策名称	政策文号	发布时间	发文机关
105	江苏省科学技术奖提名制实施办法（试行）	苏科技规〔2018〕134号	2018.05	省科学技术厅
106	江苏交通优质工程挂牌创建与评审办法	苏交规〔2018〕3号	2018.05	省交通运输厅
107	江苏省开展国家标准化综合改革试点工作方案	苏政发〔2018〕75号	2018.06	省政府
108	省政府办公厅关于深化产教融合的实施意见	苏政办发〔2018〕48号	2018.06	省政府办公厅
109	省政府关于加快培育先进制造业集群的指导意见	苏政发〔2018〕86号	2018.06	省政府
110	关于进一步推进省属企业创新发展的实施意见	苏科高发〔2018〕208号	2018.07	省科学技术厅、省国资委
111	关于深化教育体制机制改革的实施意见	—	2018.07	省委办公厅、省政府办公厅
112	省政府关于深入推进大众创业万众创新发展的实施意见	苏政发〔2018〕112号	2018.08	省政府
113	省政府办公厅关于推进电子商务与快递物流协同发展的实施意见	苏政办发〔2018〕56号	2018.07	省政府办公厅
114	关于促进科技与产业融合加快科技成果转化的实施方案	苏政办发〔2018〕61号	2018.08	省政府办公厅
115	关于深化科技体制机制改革推动高质量发展若干政策	苏发〔2018〕18号	2018.08	省委、省政府
116	关于进一步支持企事业单位聚才用才强化高质量发展人才引领的意见	苏办发〔2018〕36号	2018.08	省委办公厅、省政府办公厅
117	江苏省瞪羚企业培育实施方案	苏科高发〔2018〕240号	2018.08	省科学技术厅
118	关于深入推进绿色金融服务生态环境高质量发展的实施意见	苏环办〔2018〕413号	2018.09	省环境保护厅、省政府金融工作办公室、省财政厅、省发展和改革委员会、省经济和信息化委员会、人民银行南京分行、中国银行业监督管理委员会江苏监管局、中国证券监督管理委员会江苏监管局、中国保险监督管理委员会江苏监管局
119	智慧江苏建设三年行动计划（2018—2020年）	苏政办发〔2018〕70号	2018.09	省政府办公厅
120	深化"放管服"改革转变政府职能重点任务分工方案	苏政办发〔2018〕76号	2018.10	省政府办公厅

续表

编号	政策名称	政策文号	发布时间	发文机关
121	省政府关于加强质量认证体系建设促进全面质量管理的实施意见	苏政发〔2018〕125号	2018.10	省政府办公厅
122	江苏省技术转移奖补资金实施细则（试行）	苏财教〔2018〕152号	2018.11	省财政厅、省科学技术厅
123	关于鼓励跨国公司在我省设立地区总部和功能性机构的意见	—	2018.11	省商务厅、省财政厅
124	省政府办公厅关于加强危险废物污染防治工作的意见	苏政办发〔2018〕91号	2018.11	省政府办公厅
125	省政府办公厅关于加快安全产业发展的指导意见	苏政办发〔2018〕99号	2018.11	省政府办公厅
126	关于进一步降低企业负担促进实体经济高质量发展的若干政策措施	苏政发〔2018〕136号	2018.11	省政府
127	省市场监管局关于支持民营企业发展的若干意见	苏市监〔2018〕1号	2018.11	省市场监管局
128	江苏省财政厅落实深化科技体制机制改革促进高质量发展若干政策的实施细则	苏财教〔2018〕176号	2018.11	省财政厅
129	省教育厅贯彻落实省委省政府关于深化科技体制机制改革推动高质量发展若干政策的实施细则	苏教科〔2018〕9号	2018.11	省教育厅
130	江苏省人民代表大会常务委员会关于支持和保障长三角地区更高质量一体化发展的决定	江苏省人大常委会公告第8号	2018.11	省人民代表大会常务委员会
131	江苏省金融创新奖评选办法	苏财规〔2018〕17号	2018.12	省财政厅、省地方金融监督管理局、人民银行南京分行、江苏证监局、江苏银保监局筹备组
132	江苏省国资委以管资本为主推进职能转变方案	—	2018.12	省国资委
133	关于引导社会资本更多更快更好参与乡村振兴的意见	苏政办发〔2018〕109号	2018.12	省农业农村厅
134	省政府关于推动生物医药产业高质量发展的意见	苏政发〔2018〕144号	2018.12	省政府办公厅
135	关于推动开放型经济高质量发展若干政策措施的意见	苏发〔2019〕2号	2019.01	省委、省政府
136	关于推动江苏省民营企业创新发展的实施意见	苏科高发〔2019〕34号	2019.01	省科学技术厅、省工商业联合会
137	江苏省标准监督管理办法	省政府令第124号	2018.12	省政府
138	关于省属高等学校加快贯彻落实科技创新政策的通知	苏教科函〔2019〕1号	2019.02	省教育厅、省科学技术厅

续表

编号	政策名称	政策文号	发布时间	发文机关
139	省政府办公厅关于进一步调整优化结构提高教育经费使用效益的实施意见	苏政办发〔2019〕11号	2019.02	省政府办公厅
140	江苏省科学数据管理实施细则	苏政办发〔2019〕20号	2019.02	省政府办公厅
141	江苏省推进运输结构调整实施方案	苏政办发〔2019〕23号	2019.02	省政府办公厅
142	江苏省生态环境标准体系建设实施方案（2018—2022年）	苏政办发〔2019〕26号	2019.03	省政府办公厅
143	江苏省优化口岸营商环境促进跨境贸易便利化实施方案	苏政发〔2019〕12号	2019.03	省政府
144	"企业研发机构高质量提升计划"实施方案	苏企研联席发〔2019〕1号	2019.05	省推进企业研发机构建设工作联席会议办公室
145	江苏省研究生工作站管理办法	苏教研〔2019〕3号	2019.05	省教育厅、省科学技术厅
146	省政府关于推行终身职业技能培训制度的实施意见	苏政发〔2019〕36号	2019.05	省政府
147	聚焦企业关切大力优化营商环境行动方案	苏政办发〔2019〕48号	2019.05	省政府办公厅
148	省政府办公厅关于加快推进第五代移动通信网络建设发展若干政策措施	苏政办发〔2019〕49号	2019.05	省政府办公厅
149	江苏省推进高新技术企业高质量发展的若干政策	苏政发〔2019〕41号	2019.06	省政府
150	江苏省高新技术企业培育"小升高"行动工作方案（2019—2020年）	苏政办发〔2019〕57号	2019.06	省政府办公厅
151	江苏省科技企业孵化器管理办法	苏科技规〔2019〕206号	2019.08	省科学技术厅
152	江苏省众创空间备案办法（试行）	苏科技规〔2019〕207号	2019.08	省科学技术厅
153	省政府办公厅关于印发江苏省深化"放管服"改革优化营商环境重点任务分工方案的通知	苏政办发〔2019〕75号	2019.09	省政府办公厅
154	江苏省企业研究开发费用税前加计扣除核查异议项目鉴定处理办法（修订版）	苏科技规〔2019〕274号	2019.10	省财政厅、省科学技术厅、国家税务总局江苏省税务局
155	江苏省高新技术企业培育资金管理办法	苏财规〔2019〕9号	2019.11	省财政厅、省科学技术厅
156	普惠金融发展专项资金管理办法（修订稿）	财金〔2019〕96号	2019.11	财政部
157	江苏省科技计划项目信用管理办法	苏科技规〔2019〕329号	2019.12	省科学技术厅
158	江苏省大学科技园管理办法	苏科技规〔2019〕341号	2019.12	省科学技术厅、省教育厅

续表

编号	政策名称	政策文号	发布时间	发文机关
159	关于进一步弘扬科学家精神加强全省作风和学风建设的实施意见	苏科监发〔2019〕336号	2019.12	省科学技术厅、省委宣传部、省教育厅、省科学技术协会
160	江苏省财政厅关于提前下达2020年中央补助地方公共数字文化建设项目预算的通知	苏财教〔2019〕184号	2019.12	省财政厅
161	江苏省高等教育内涵建设专项资金管理办法	苏财规〔2019〕10号	2019.12	省财政厅、省教育厅
162	关于深化苏港澳多领域合作若干措施	苏办厅字〔2020〕5号	2020.01	省委办公厅
163	重大技术装备进口税收政策管理办法	财关税〔2020〕2号	2020.01	财政部、工业和信息化部、海关总署、税务总局、能源局
164	江苏省农业（水利）科技创新与推广补助专项资金管理办法	苏财规〔2020〕3号	2020.02	省财政厅、省农业农村厅、省水利厅、省农业科学院
165	省政府关于促进乡村产业振兴推动农村一二三产业融合发展走在前列的意见	苏政发〔2020〕19号	2020.02	省政府
166	省政府办公厅关于推动博士后工作高质量发展的意见	苏政办发〔2020〕8号	2020.03	省政府办公厅
167	省政府2020年立法工作计划	苏政办发〔2020〕13号	2020.03	省政府办公厅
168	省政府关于推进绿色产业发展的意见	苏政发〔2020〕28号	2020.03	省政府
169	省政府办公厅关于印发江苏省医疗卫生领域、科技领域、教育领域、交通运输领域省与市县财政事权和支出责任划分改革方案的通知	苏政办发〔2020〕14号	2020.03	省政府办公厅
170	省政府办公厅关于促进文化和旅游消费若干措施的通知	苏政办发〔2020〕15号	2020.03	省政府办公厅
171	省政府办公厅关于促进平台经济规范健康发展的实施意见	苏政办发〔2020〕17号	2020.03	省政府办公厅

注：政策编号与发布时间顺序无关。

附录 J 创新政策工具分类

附表 J 创新政策工具分类

政策工具类型	政策名称	含义
供给面	人才投入	政府通过人才引进、人才培养、人才流动、人才管理、毕业生就业等直接扩大人才的供给
	资金投入	政府通过专项基金、科技投入等直接对科技创新提供资金支持
	基础设施	政府通过建设信息网络、交通设施、闲置土地改造、提供科研设备等基础设施对科技创新给予支持
	信息支持	政府通过发展"互联网+"、大数据、云计算等对科技创新给予信息层面的支持
	公共服务	政府为科技创新提供科普教育、技术咨询、技术培训、创业咨询等公共服务
环境面	金融服务	政府通过投融资服务、质押服务、保险服务、信用担保、信用体系建设、授信服务等推动科技金融服务
	税收优惠	政府通过税收优惠、降低收费标准等为科技创新减轻压力
	市场管制	政府通过保护知识产权等激活科技创新活力
	行政环境	政府通过简政放权、放管结合、优化服务、健全法律法规等激活科技创新活力
	目标规划	政府为促进科技创新而进行目标规划
需求面	政府采购	政府通过对科技创新产品的大宗采购稳定科技创新预期
	海外机构	政府直接或间接协助成立研发或销售的海外平台
	贸易管制	政府进行有利于科技创新的进出口相关管制措施
	服务外包	政府寻找第三方机构等完善服务，从而拉动科技创新
	消费端补贴	政府通过直接为消费端提供资金补贴、发放创新创业券等鼓励科技创新成果的消费
	平台搭建	政府通过设立自主创新示范区、众创空间等发挥科技创新的示范带动作用